Heike Olbrich

Manchmal ist es pure Lust

Heike Olbrich

Manchmal ist es pure Lust

Das Abenteuer der ersten Nächte

Krüger Verlag
Frankfurt am Main

Jörg Schmidt gewidmet
Ohne seine engagierte Mitarbeit über alle Belastungsgrenzen hinaus, das Talent, Strukturen im Chaos zu erkennen, und die Fähigkeit, selbst im größten Stress gelassen zu bleiben, wäre dieses Buch niemals zustande gekommen.

2. Auflage März 2002

Satz: Pinkuin Satz und Datentechnik, Berlin
Druck und Einband: Clausen & Bosse, Leck
Printed in Germany 2002
ISBN 3-8105-1264-8

Inhalt

Vorwort 9

Teil 1 Mythen und Märchen rund um Sex

1. Mythen über Sex 18
In der Welt dreht sich alles um Sex 18
Traditionelle Rollen sind passé 22
Alle haben tollen Sex 23
Guter Sex braucht keine Worte 26
2. Mythen über Männer 28
Männer sind stark und belastbar 28
Männer wollen und können immer 29
Männer binden sich nicht gern 30
Männer haben viel Erfahrung 31
Männer sind nie überfordert beim Sex 33
3. Mythen über Frauen 34
Frauen sind selbstbewusst 34
Frauen nehmen sich, was sie brauchen 35
Frauen stehen zu ihrer Lust 37
4. Mythen über erste Nächte 39
Erste Nächte sind erotische Höhepunkte 40
Sex läuft automatisch 41
Passen zwei zusammen, klappt es auf Anhieb . . . 42

Teil 2 Vorspiele

1. *Auftakt: Viele Wege führen zum Ziel* 50
Unterschiedliche Ouvertüren 50
Was uns antreibt 57
Verwirrung der Gefühle: Was suchen wir? 62
2. *Kandidatenwahl: Wer kommt in Frage?* 64
Blitzanalyse: Taxieren – Bewerten – Entscheiden . 64
Türöffner Sympathie 66
Nur nett sein reicht nicht 70
Was macht attraktiv? 74
Sexappeal der Angst 79
Auswählen oder auswählen lassen? 80
3. *Kennenlernen: Begegnen – Bezaubern – Bezirzen* . . 83
Vor dem ersten Schritt: Das Kopfkino der Frauen 84
Flirtregeln 87
Flirtphasen 92
Das erste Treffen 94
Flirten kann man lernen 98
4. *Entscheiden: (Wann) soll es geschehen?* 108
Hürden auf dem Weg ins Bett 109
Der richtige Zeitpunkt 114
Initiative: Wie der Stein ins Rollen kommt 117
Wenn man es sich anders überlegt 135

Teil 3 Sex (und so weiter)

1. *Erwartungen und Befürchtungen* 142
(Un)Heimliche Erwartungen 146
Wovor wir Angst haben 149
Sex-Knigge: Was ist erlaubt in ersten Nächten? . . 153

2. *Wenn die Hüllen fallen* 157
Schöner Körper gleich guter Sex? 159
Sex ist keine Miss-Wahl 166
3. *Let's talk about sex* 171
Versteht sich Liebe blind? 172
Versteckspiele 176
Wann reden Gold ist – und wann nicht 178
4. *Verhütung – von wegen Randthema* 181
Souveräner Umgang mit Kondomen – Fehlanzeige 183
Ist Verhütung Frauensache? 184
Warum Kondome in der Handtasche bleiben 188
Männer und Kondome 195
Wann und wie man das Thema klärt 198
5. *Am Gipfel der Lust* 204
Was Frauen wollen 204
Höhepunkt der Lust: Orgas-muss? 209
Punktrichter im Bett: Leistungsdruck
und Prüfungsangst 213
Kontrollverlust 215
6. *Wenn die Lust (ver)geht* 220
Lustkiller – Was Frauen abtörnt 220
Was tun, wenn ihre Lust geht? 226
Wenn er die Lust verliert 228
Wann man es besser lässt 230
7. *Wem geht's besser in ersten Nächten:*
Frauen oder Männern? 233

Teil 4 Nachspiele

1. *Am Morgen danach* 242
Die ersten Stunden 243
Fremd und vertraut 246

Was die Stunden danach schön macht 251
Wodurch die Stunden danach mies werden 255
Gehen oder bleiben? 257
2. *(Wie) geht es weiter?* 260
Bedürfnisse klären 261
Wenn man nicht weiß, was man will 265
Beide wollen mehr 270
Wenn beide es nur einmal wollen............. 272
Er will, sie aber nicht 275
Sie will, er aber nicht 279
3. Was von ersten Nächten übrig bleibt 286
Lust oder Zärtlichkeit 290
Vorzeichen für den weiteren Verlauf? 292
Was erste Nächte verändern 296
Chancen erster Nächte..................... 298

Teil 5 Worauf es ankommt in ersten Nächten

Verantwortung übernehmen 305
Eigene Bedürfnisse in den Mittelpunkt stellen ... 307
Motive klären 310
Fordern und abgrenzen 312
Selbstbewusstsein stärken 316
Egoistisch sein 319
Erwartungen auf Normalmaß bringen 321

Literaturhinweise 326
Lesetipps 331
Profis für Zwischenmenschliches 333
Gesprächspartnerinnen und -partner 335

Vorwort

Erste Nächte sind Abenteuer. Sie sind aufregend, spannend und riskant. Wenn man sie besteht, fühlt man sich unglaublich gut und ist stolz. Nur wenige Momente im Leben sind so prickelnd wie die erste Nacht mit einem neuen Mann. Was interessiert uns der ausgeschöpfte Dispokredit, der lästige Streit mit der Kollegin oder das trübe Grau-in-Grau des Novembers, wenn wir ahnen: Heute Nacht passiert es! Schon die Vorstellung hebt unsere Laune. Wir fühlen uns lebendig bis in die Haarspitzen, sprühen vor Lebenslust und finden uns umwerfend.

Und wenn es dann endlich zur Sache geht, klappt alles wie am Schnürchen. Der Sex ist gigantisch, inklusive gleichzeitiger Mega-Orgasmen – oder bei Ihnen etwa nicht? Was man auch über erste Nächte liest oder im Kino sieht, ist meist die Jubel-Variante. Alles ist traumhaft. Doch wie ist es tatsächlich? Halten erste Liebesnächte, ob One-Night-Stand oder Auftakt einer Paarbeziehung, was wir uns von ihnen versprechen? Schließlich können Abenteuer auch scheitern und schlimmstenfalls nichts als Katzenjammer hinterlassen.

Ich wollte wissen, was Frauen wirklich in ersten Nächten erleben. Ist es »pure Lust«, wie eine Frau erzählt, oder eher purer Stress? Oder beides gleichzeitig? Darüber habe ich in den letzten Monaten mit knapp fünfzig Frauen (und einer Hand voll Männern) gesprochen. Die Erfahrungen der Frauen zeigen auffallende Gemeinsamkeiten und Tendenzen. Eine gute Nachricht gleich vorweg: Wie Sie sich am Morgen danach fühlen, ob euphorisch oder verkatert, liegt in erster Linie an Ihnen. Sie haben sehr viel mehr Einfluss auf Ablauf und Stimmung, als Sie wahrscheinlich immer annahmen. Es liegt in Ihrer Hand und nicht in der des Mannes, mit dem Sie das Bett teilen.

Auf der Suche nach Antworten, wie man das Abenteuer *erste Nacht* am besten angeht, sprach ich mit einer Reihe von Fachleuten. Sie arbeiten beispielsweise als Sexualtherapeut oder Verhütungsexpertin, betreiben eine Flirtschule oder eine Seitensprungagentur oder beschäftigen sich mit der Psychologie der Partnerwahrnehmung. Mich interessierte ihre professionelle Sicht auf das Thema.

Was genau waren die Fragen, denen ich nachgegangen bin? Erstens: Was passiert im Vorfeld, beim Kennenlernen und Näherkommen? Worum geht es Frauen in der ersten Nacht – *nur* um Sex? Welche Männer kommen infrage und wer trifft wann die Entscheidung *zu mir oder zu dir*?

Zweitens: Was geschieht währenddessen? Wo liegen die Hoffnungen und Sehnsüchte, Aufregungen und Stolpersteine in der ersten Nacht?

Und drittens: Wie geht es danach weiter? Woran liegt es, ob die Atmosphäre entspannt oder beklommen ist? Und wann, wie und woran entscheidet sich beispielsweise, ob es bei der einen Nacht bleibt oder ob es eine Fortsetzung geben wird?

In den Gesprächen ist mir immer wieder aufgefallen, dass die Paare nicht allein im Bett (oder wo auch immer) liegen. Es gibt geheime Mitspieler, die erste Nächte unnötig verkomplizieren: die Mythen über guten Sex im Allgemeinen und erste Nächte im Besonderen, die Mythen über Männer und die über Frauen. Und weil diese Vorstellungen immensen Einfluss auf uns, unser Bild vom Partner und auf unser Liebesleben haben, nehme ich sie zuerst kurz unter die Lupe.

Bei meiner Recherche kristallisierten sich die entscheidenden Bedingungen für gelungene erste Nächte heraus. Woran liegt es, dass sie schön werden, und was kann man dazu beitragen? Was müssen Frauen wissen, was sollten sie tun und was besser lassen? Sie müssen zum Beispiel lernen, beim Sex nur auf sich selbst zu hören. Und vor allem müssen sie ihre Köpfe entrümpeln von falschen Vorstellungen und unrealistischen Erwartungen.

Um auf das Bild des Abenteuers zurückzukommen: Wer den Mount Everest besteigen will, wird nicht einfach in Badelatschen losgehen und hoffen, dass es schon gut geht. Es ist überlebenswichtig, dass Sie Ihre Fähigkeiten einschätzen können, dass Sie wissen, wo Sie stark und wo Sie anfällig sind. Sie müssen die Situation realistisch einschätzen, den richtigen Zeitpunkt wählen, also nicht unbedingt bei Schneegestöber aufbrechen. Es bringt auch nichts zu schmollen, weil der Gletscher tatsächlich abweisend, kalt und hart ist und sich nicht plötzlich als sonnige Wiese entpuppt. Und wenn Sie Kokospalmen auf einem Achttausender suchen, sind Enttäuschungen vorprogrammiert.

Erste Nächte haben ihre Tücken, keine Frage. Aber vor allem haben sie das Zeug zu aufregenden Stunden, lustvollen Begegnungen und wahren Glücksmomenten.

Teil 1

Mythen und Märchen rund um Sex

Erste Nächte sind grundsätzlich aufregend und schön. Immer. Sie sind zärtlich, orgiastisch, lustvoll. Schamlos und wild. Keine Frage. Probleme, sich nackt zu zeigen oder dem anderen zu sagen, wie man es denn gerne hätte, sind uns fremd. Dass einer von beiden rechtzeitig ein Kondom ins Spiel bringt, ist selbstverständlich. Und mit einem schalen Gefühl wacht man auch nicht mehr auf am nächsten Morgen. So einfach ist das heute.

Und überhaupt: Wie gut, dass wir so aufgeklärt sind und dass über Sex alles gesagt ist! Vorbei die Zeiten, in denen es peinlich war, mit einem Liebhaber über Sexuelles zu sprechen. Und vorbei die Zeiten, in denen man die »bösen« Worte nicht in den Mund nehmen durfte – damals, als man sich noch schämte.

Das Einzige, was Sex im Allgemeinen und in ersten Nächten besonders für Frauen manchmal so kompliziert macht, sind Männer. Die wollen nämlich nur Sex, und davon so viel wie möglich. Gefühle, Zärtlichkeit und Intimität interessieren sie nicht. Und gibt man ihnen zu schnell, was sie wollen, ist man gleich unten durch.

Die Spezies Mann ist die alte geblieben, während Frauen sich rasant verändert haben. Moderne Frauen wissen nämlich nicht nur haargenau, was ihnen gut tut, sie nehmen sich auch unbeirrt, was sie brauchen. Ohne Zögern, ohne Zweifel, ohne Hemmungen. Der Krampf in den Betten ist Schnee von gestern. Auch danach ist es jetzt einfacher: Ruft der Mann, mit dem man eine Nacht verbracht hat, später nicht mehr an, wird nicht mehr stundenlang mit der besten Freundin beratschlagt, ob er die Nacht blöd fand. Oder ob er enttäuscht ist. Oder eine Freundin hat. Oder doch nur die Telefonnummer verloren. Selbstbewusst wie Frauen heute sind, nehmen sie selbst die Fäden – und den Hörer – in die Hand. Wäre doch gelacht.

Eigentlich wissen wir es besser. Wir wissen, dass gerade die ersten Nächte ihre Tücken haben und längst nicht immer reibungslos verlaufen. Dass wir nicht nur orgiastischen Sex haben, wie man uns glauben lassen will. Wir wissen, dass Männer keine allzeit bereiten Sexmaschinen sind. Und dass Frauen trotz aller Auf- und Abgeklärtheit noch ein gutes Stück davon entfernt sind, selbstbewusst ihr Sexleben zu gestalten.

Wir haben ganz vertrackte Mythen und Klischees über Männer, Frauen und Sex verinnerlicht, ob wir es wahrhaben wollen oder nicht. Selbst wenn wir versuchen, uns nicht von diesen Bildern leiten zu lassen, bleiben sie doch ein resistenter Teil unseres Denkens. Es ist ähnlich wie in dem alten Werbespot-Klassiker von Lenor: Da liegen wir matt und lächelnd nach einem ersten Versuch mit einem neuen Mann im Bett und sind uns sicher, dass es so ganz in Ordnung war für beide. Und plötzlich erscheint unser anderes Ich und flüstert uns ins Ohr: »Meinst Du, er findet Dich toll?« – »Warst Du nicht viel zu verkrampft?« – »Andere Frauen sind bestimmt aktiver und hemmungsloser.«

Wir richten uns nach imaginären Zielvorgaben und glauben, dass es *die* idealtypische erste Nacht gibt oder *die* eine

Art, guten Sex zu haben. Wer es anders treibt, macht etwas falsch. Aber es sind nicht allein sexuelle Mythen, denen wir auf den Leim gehen: Es ist auch unsere Vorstellung, wie Männer *in Wahrheit* sind und was Männer *eigentlich* von Frauen wollen. Und damit nicht genug: Wir stressen uns vollkommen überflüssig damit, dem Bild einer perfekten Frau zu entsprechen. Und die ist stark, attraktiv und hat ein gesundes, ungebrochenes Selbstwertgefühl.

Sie sind verdammt hartnäckig, diese Bilder, wie Frauen, Männer, guter Sex und erste Nächte sind und zu sein haben. Sie bestimmen unsere Einstellung und Erwartungen und sind die Brille, durch die wir uns selbst im Bett beobachten. Wenn wir davon überzeugt sind, dass alle Singles permanent traumhafte One-Night-Stands haben oder alle anderen Frauen nackt ganz unbefangen sind, dann erzeugt das Neid, und vor allem unnötigen Druck. Die Konsequenz? Wir plagen uns mit überflüssigen Fragen und schaffen Probleme, wo keine sein müssten. Wir sind frustriert und verkrampft. Vor allem verzichten wir freiwillig auf eine ganze Menge Spaß!

Grund genug, die Mythen und Märchen unter die Lupe zu nehmen. Und gründlich auszumisten.

1. Mythen über Sex

Was Sie schon immer über Sex wissen wollten, aber nicht zu fragen wagten. Dieser Filmtitel von Woody Allen war in den siebziger Jahren noch eine kleine Provokation, heute lockt er niemanden mehr hinter dem Ofen hervor. Kaum ein Thema ist in den Medien so ausgequetscht worden wie Sexualität. Ob SM, Fetischparty oder Swingerclub – über alles und jedes haben wir in den letzten Jahren bis zum Überdruss gelesen, gesehen, gehört. Wir kennen die Brustumfänge diverser Filmsternchen, plädieren für Pornos von Frauen für Frauen und erläutern beim Abendessen unterschiedliche Techniken des Genitalpiercing. In alle sexuellen Geheimnisse sind wir eingeweiht. Uns ist nichts mehr fremd. Wer sollte da noch Fragen haben? Über Sex ist alles gesagt und gezeigt. Was noch vor wenigen Jahren als schmuddelig und obszön galt, ist salonfähig geworden.

In der Welt dreht sich alles um Sex

Die Konsequenz: »Die schönste Sache der Welt« hat sich endlich aus der muffigen Ecke verschämter Moral befreit. Und die Kehrseite: Aus der Kür ist die Pflicht geworden. Sexualtherapeuten wie Ulrike Brandenburg, die im Universitätsklinikum Aachen arbeitet, wissen schon seit längerem, dass die geltenden sexuellen Normen viele Menschen krank machen und dass die übergroße Beschäftigung der Medien mit der Lust das private Vergnügen erheblich schrumpfen lässt. Wer täglich Sendungen wie *Tangas, Transen, Titten* anschaut, wer die hundert lustvollsten Stellungen in Hochglanzzeitschriften betrachtet, verliert die Lust, auch nur eine dieser Stellungen selbst auszuprobieren. Das sexuelle Überangebot macht träge und satt. Eine Tendenz, die der Hamburger Psychoanalytiker Micha Hilgers bestätigt: »Während die wachsende öffentliche Lust immer bizarrere Formen annimmt, schrumpft die private Lust zu zweit.«[1]

Durch die permanente Berieselung sind wir felsenfest davon überzeugt, die Welt drehe sich um Sex. Wir befürchten im Stillen, dass alle anderen ein phantasievolleres Sexleben haben als wir selbst, was sie mindestens fünfmal pro Woche unter Beweis stellen. Und bekommen wir nicht täglich Menschen im Fernsehen präsentiert, schwitzend in Swingerclubs oder stöhnend in Handschellen, die unsere Nachbarn sein könnten? Unweigerlich bleibt es hängen, dieses Gefühl, dass alle anderen sexuell aktiver, freier oder wenigstens experimentierfreudiger sind.

Es gibt wohl kaum ein Thema, über das so viele falsche Behauptungen und scheinbare Gewissheiten kursieren wie zum Sex! Daher zunächst einige Fakten:

Wir haben mehr Sex als früher

Keineswegs. Weder mit festen noch mit wechselnden Partnern. Da sprechen die Zahlen eine deutliche Sprache, wie der Frankfurter Sexualforscher Martin Dannecker betont: »Zu Hause hat sich nichts verändert. Es gibt nicht mehr Sex, auch nicht mit wechselnden Partnern.«[2]

Die Neigung zu Seitensprüngen ist gewachsen
Im Gegenteil. Man glaubt es kaum, aber die Paare von heute sind viel treuer als noch vor zwanzig Jahren.[3] Was aber in festen Beziehungen erheblich zugenommen hat, ist die Häufigkeit der Selbstbefriedigung bei Männern und Frauen.[4]

Frauen kommen ständig und gewaltig
Schön wär's. Aus statistischen Untersuchungen in Deutschland geht aber leider hervor, dass tatsächlich 70 Prozent (!) aller Frauen nur schwer oder kaum einen Orgasmus erreichen.[5] Und bei einer Umfrage des Meinungsforschungsinstitutes INRA antwortete mehr als ein Drittel der Frauen, dass sie sich ein interessanteres und spannenderes Sexualleben wünschten.[6]

Singles haben mehr Sex
Eindeutig nicht. Tatsächlich finden über 90 Prozent aller sexuellen Akte in festen Partnerschaften statt. Der Hamburger Sexualforscher Gunter Schmidt meint süffisant: »Das Single-Dasein ist ein Zustand, in dem man mit viel Aufwand wenig Sex hat.« Das Bild der fröhlich vögelnden Singles hat nur sehr wenig mit ihrer oft freudlosen Realität zu tun.[7] Aber mit Realität schafft man schließlich keine Quote.

Frauen und Männer wollen immer
Ganz bestimmt nicht. Klagten in den siebziger Jahren noch vier Prozent der Männer über Triebverlust, so sind es heute mehr als 16 Prozent. Bei den Frauen ist der Anteil noch dramatischer gewachsen: von acht auf 58 Prozent.[8] 1996 ergab

eine Untersuchung unter Studentinnen und Studenten, dass ein Drittel der Männer und mehr als die Hälfte der Frauen zeitweise lustlos sind und dass jeder fünfte Mann gelegentlich Erektionsprobleme und zwei Drittel der Frauen gelegentlich Orgasmusschwierigkeiten haben.

Dumm f... gut

Von wegen. Je besser Frauen ausgebildet sind, desto aufgeschlossener sind sie gegenüber Sex. So belegen US-amerikanische Untersuchungen, dass gebildete Frauen viel bessere Chancen haben, regelmäßig zum Orgasmus zu gelangen. Außerdem haben sie eine positivere Einstellung zum Oral-Sex, zur Masturbation und zum Koitus während der Menstruation als ungebildete Frauen.[9] Auch konnte nachgewiesen werden, dass intellektuell aktive Frauen ein höheres Selbstbewusstsein haben und dadurch auch sexuell interessierter sind.[10]

Sex ist entspannend

Für viele Menschen leider nicht. Jeder zehnte Mann und beinahe jede vierte Frau empfinden Sex nicht als pure Lust, sondern als puren Stress.[11]

Sex ist das Wichtigste im Leben

Eindeutig nein. Das Forschungsinstitut Emnid befragte 1999 Männer und Frauen, was für sie das Wichtigste im Leben sei. Das Ergebnis: Für 62 Prozent aller jungen Deutschen ist es die Familie. Sex lag mit mickrigen sechs Prozent der Nennungen abgeschlagen auf dem letzten Platz der Antwortmöglichkeiten.[12]

Traditionelle Rollen sind passé

Was waren das doch früher für einfache Zeiten, als die Regeln noch eindeutig waren: Die Frau verführt, der Mann greift an. Er will erobern und sie erobert werden. Sie gewährt ihm sexuelle Gunst beziehungsweise wehrt ihn so lange ab, wie es sich gehört. Und heute? Jede Frau kann – je nach Temperament und Geschmack – entscheiden, wie sie sich beim Flirten oder beim Sex präsentieren will, ob forsch oder zögerlich, burschikos oder feminin.

Eigentlich können wir froh sein, uns nicht mehr ins enge Korsett genormter Verhaltensvorgaben pressen zu lassen. Aber damit ist auch die Sicherheit flöten gegangen. Ist es nun plump oder raffiniert, einem Mann die Hand auf den Oberschenkel zu legen, wenn man mit ihm flirtet? Denn fest gefügte Rollen schränken nicht nur den Handlungsspielraum ein, sie geben auch Verhaltenssicherheit. Und die ist uns abhanden gekommen. Ab wann man beispielsweise als leicht zu haben oder als unstürmbare Festung gilt – keine Ahnung. Wie viele Liebhaber genau sind denn viele – fünf, zehn oder dreißig? Wenn man gleich am ersten Abend mit einem Mann ins Bett gehen möchte – sollte man lieber trotzdem warten? Wir haben zwar die traditionellen Rollen, wie Männer und Frauen sich im Umgang miteinander zu verhalten haben, abgelegt, aber noch kein neues Modell geschaffen. Anything goes: Das schafft Freiheit und Überforderung zugleich.

Auch wenn wir die alten Vorgaben als unzeitgemäß ausgemistet haben: In unseren Köpfen rotieren sie weiter. Dafür sorgten unsere Mütter und Väter, denn jede Generation gibt ihre Normen und Werte weiter. Zwar lockerte sich parallel zur Entwicklung sicherer Mittel zur Empfängnisverhütung die Sexualmoral, aber im Verborgenen ist noch immer die Vorstellung virulent, Sex sei das kostbarste Gut einer Frau, das sie sparsam zu verwalten habe. Wer sich zu früh, zu schnell, zu unüberlegt hingibt, hat keinen Trumpf mehr zum Ausspielen. Also: Zurückhaltung üben, nicht den Kopf verlieren, abwägen, wer überhaupt wert ist, mit ihm das Kissen zu teilen! Tief in den Frauen von heute sitzt die Warnung der Frauen von gestern: »Kind, gib dich nicht dem Erstbesten hin!«

Dass die sexuellen Rollen aus der Mottenkiste nicht verschwunden sind, merkt man spätestens in ersten Nächten. Mann aktiv, Frau passiv – dieses Muster verspricht Sicherheit in einer unsicheren Situation. Das alte Bild vom sexuellen Comme il faut funktioniert weiter, wie auch der Berliner Sexualtherapeut Theo Gilbers berichtet. Ich besuchte ihn im Berliner Zentrum für Familienplanung und Sexualität *Balance*: »Die klassische Aufteilung beim Sex – der Mann ist aktiv, die Frau ist passiv – wird immer noch phantasiert, und zwar von Männern und Frauen gleichermaßen. Obwohl wir wissen, dass es in der Praxis gar nicht so ist!«

Wundern Sie sich also nicht, wenn Sie in einer ersten Nacht weniger stürmisch sind, als Sie möchten. Oder wenn Ihr Liebhaber, den Sie für zurückhaltend hielten, plötzlich die Zügel in die Hand nimmt. Männer zeigen sich selten in der ersten Nacht passiv, genauso wenig, wie sich Frauen zuerst aktiv verhalten. Wir gehen auf Nummer Sicher in ersten Nächten und folgen den traditionellen Rollen.

Alle haben tollen Sex

Was ist guter Sex? Ist er hemmungslos oder zärtlich, experimentell oder romantisch? Partnerschaftlich vielleicht? Oder hocherotisch? Egal, welche konkreten Vorstellungen Sie haben: Sehr wahrscheinlich ist Ihr Sexleben meilenweit vom Ideal entfernt. Trösten Sie sich: Anderen geht es genauso! Und warum? Weil unsere Vorstellung von dem, was andere so alles miteinander treiben, schlichtweg überzogen und unrealistisch ist. »Sex ist meist viel weniger aufregend als die Vorstellung davon«, betont der Frankfurter Sexualwissenschaftler Volkmar Sigusch. Auch die neue Kollegin wird nicht wöchentlich ihre Liebhaber wechseln, und auch die attraktive Nachbarin hat nicht regelmäßig multiple Orgasmen. Was für uns das Maß aller Dinge zu sein hat, basteln wir aus Infopartikeln zusammen, die wir aus den Medien aufschnappen. Und mit wem vergleichen wir uns da? Etwa mit Frau Hinz oder Frau Kunz? Sicher nicht.

Guter Sex: Die Antworten, die uns spontan dazu einfallen, sind oft genug Klischees. Doch woher sollen wir andere Antworten haben? Die Einstellung zu Liebe, Ehe, Nacktheit, Sexualität, One-Night-Stand und Verhütung ändert sich mittlerweile in sehr kurzen Zyklen. Jede Frauengeneration muss komplett neue Antworten auf die alten Fragen finden. Für uns gilt nicht mehr, was für unsere Mütter galt. Selbst was unsere älteren Schwestern für richtig empfanden, ist keine Richtschnur mehr für uns.

Wir wissen alles über Sex

Sex hat man, über Sex spricht man nicht. Wer womöglich noch Fragen hat, outet sich als verklemmt und vorgestrig. (Scheinbare) Offenheit und Geschwätzigkeit sind die eine, Sprachlosigkeit und Missverständnisse die andere Seite der Medaille. Zwar wissen wir, was eine Domina so alles mit ihrem Sklaven treibt und wie man Sex mit Tieren nennt, aber die Fragen, die uns wirklich interessieren, bleiben nach wie vor unbeantwortet. Das technische Know-how beherrschen wir – theoretisch zumindest – aus dem Effeff, aber den Rest? Was ist mit den Gefühlen, der Aufregung, der Versagensangst, dem Wunsch zu gefallen?

Obwohl sexuelle Themen in aller Munde sind, wissen wir noch lange nicht, wie wir in intimen Situationen am besten miteinander umgehen. Männer und Frauen plagen sich weiterhin mit falschen Vorstellungen vom anderen Geschlecht, reden aneinander vorbei und setzen sich unter Leistungsdruck. Wer zugibt, Hemmungen zu haben oder sich unsicher zu fühlen, hat schon verloren. »Sex hat man einfach zu können, dazu darf man keine Fragen mehr haben«, bringt Karin es während unseres Interviews auf den Punkt. Sie hat Recht. In unserer so aufgeklärten Zeit ist es schwierig geworden zuzugeben, dass man unsicher ist oder Angst hat, dass man mehr Zeit braucht oder wirklich überhaupt kein Interesse daran hat, das Kamasutra durchzuturnen. Immer noch treiben uns die klassischen Konflikte und Fragen um: Wen kann ich lieben? Wird meine Liebe erwidert? Wie weit kann ich gehen?

Sex ist messbar

Höher, schneller, weiter beziehungsweise öfter, länger, ausgefallener: Sex wird wie eine olympische Disziplin bewertet, noch dazu nach männlichen Maßstäben. Nur die messbare Leistung zählt, und nicht die beteiligten Gefühle, die Erlebnisfähigkeit, die Stimmung. Die Bewertungsskala reicht von *sehr gut* bis *sehr schlecht*. Aber woran liegt es, ob wir eine Nacht als unvergleichlich in Erinnerung behalten? An der Zahl unserer Orgasmen oder an der Dauer des Aktes? Daran, dass der Mann nicht zu schnell kam oder er uns mehrmals oral befriedigt hat? Kann alles auch eine Rolle spielen. Doch Frauen (und nicht nur Frauen) geht es um ganz anderes. Und sie kommen immer wieder in ähnliche Situationen wie Christine. Sie erinnert sich noch gut an ihren Ex Wolfgang, dem schon nach wenigen Wochen Beziehung die »ganze Kuschelei« auf die Nerven ging, solange sie nicht das Vorspiel zum Eigentlichen war. »Hast du etwa gedacht, das geht so weiter wie am Anfang, mit so viel Streicheln und Schmusen?«, fragte Wolfgang Christine irritiert. Ja, genau das hatte sie geglaubt! »Das bisschen Orgasmus kriege ich auch alleine hin! Dazu brauche ich niemanden.« Aber zum Berühren, Schmusen und Umarmen, und für die kleinen zärtlichen Gesten – die Hand des anderen streicheln, ihn in den Arm nehmen, ihm einen Kuss geben –, dazu braucht und will sie einen anderen Menschen.

Frauen tun sich bedauerlicherweise immer noch schwer damit, ihre Bedürfnisse im Bett einzufordern. Vor allem trauen sie sich genau dann nicht, wenn die Bedürfnisse mit Sex nur am Rande zu tun haben, sondern eher mit Nähe oder Zärtlichkeit. Sie glauben, kein Anrecht darauf zu haben, denn richtig guter Sex kennt keinen Platz für die sanften, ruhigen Töne und Spielarten, sondern er ist messbar, effizient und zielorientiert.

Guter Sex braucht keine Worte

»Wenn du mich wirklich liebst, weißt du genau, was ich will.« Gehören Sie auch zu den Frauen, die glauben, dass Sex ohne Worte auskommt? Dass der andere schon wissen wird, wann Sie es wo und wie am liebsten haben? Wenn er sich nur genug Mühe gibt und wirkliches Interesse an Ihnen hat, dann ist es selbst in der ersten Nacht kein unergründliches Geheimnis für ihn, was Sie heiß macht und was Sie abkühlt?

Zu den klassischen Mythen über Sexualität gehört die Auffassung, dass man sich auch ohne Worte bestens im Bett versteht. Wieviel Schaden diese Vorstellung anrichtet, lässt sich kaum erahnen. Scharenweise mühen sich Männer und Frauen – immer noch und immer wieder – damit ab, die Wünsche, Vorlieben und Abneigungen des anderen zu enträtseln. Denn Reden ist verboten. Schade – und absurd! Woher soll er, mit dem wir das erste Mal schlafen, denn wissen, was uns gefällt? Besitzt er nicht zufällig telepathische Fähigkeiten, wird er durchs Gitter fallen: Sechs, bitte setzen!

Viele Frauen empfinden es als Zeichen mangelnder Wertschätzung oder Intimität, wenn ihre Liebhaber nicht auf Anhieb erraten, wie sie gerne behandelt werden möchten. Sie sind schnell enttäuscht und beleidigt, weil er nicht merkt, dass sie ein besonders langes oder kurzes Vorspiel brauchen, um auf Touren zu kommen. Wäre er der Richtige, so glauben sie, wüsste er genau, was sie mögen. Wir können Männern zwar einiges zutrauen – aber das nun wirklich nicht! Um sexuelle Missverständnisse zu vermeiden und erotische Wünsche erfüllt zu bekommen, lässt es sich nicht umgehen, miteinander zu sprechen. Dass es schwierig ist, über Sex zu reden, besonders in ersten Nächten: keine Frage. Dass die richtigen Worte dafür fehlen: stimmt auch. Aber es gibt keine Alternative, denn blindes Verständnis im Bett ist eine Seltenheit.

2. Mythen über Männer

Wie sehen die Klischees aus, die wir über Männer im Kopf haben? Männer hinken hinterher. Noch immer sind es die gleichen Kerle an unserer Seite wie zu Großmutters Zeiten: Kraftmeier mit aufgeblasenem Selbstbewusstsein, denen Selbstzweifel fremd sind. Großkotzige Typen, die glauben, alles zu können und alles zu dürfen. So sehr sich Frauen auch verändert haben in den letzten Jahrzehnten: Männer sind davon unberührt geblieben. Noch immer geben sie sich stark und überlegen, unterdrücken ihre Gefühle, sind auf der ständigen Jagd nach Sex und flüchten vor verbindlichen Beziehungen. Sie führen Strichlisten über ihre Eroberungen und protzen damit wie kleine Jungs. Betrachten wir diese (Vor)Urteile einmal genauer!

Männer sind stark und belastbar

Männer leben gefährlich. Was den Mann *zum Manne macht*, ist alles andere als gesund: viel trinken und rauchen, aggressives Autofahren, gefährliche Sportarten, stressige Jobs. Und das geht auf Dauer nicht gut. Männer sterben durchschnittlich sieben Jahre früher, sind häufiger krank und nehmen sich dreimal so oft das Leben wie Frauen. Sie sind im Vergleich zu Frauen überdurchschnittlich oft alkohol- und drogenabhängig.[13] Kein Wunder, dass immer mehr Männer zweifeln, ob sie den richtigen Weg gehen und sich vom traditionellen Rollenverständnis verabschieden wollen.

Männer wollen und können immer

Männer wollen Sex, Sex und nochmal Sex. So das einhellige Urteil. Der US-Amerikaner Bernie Zilbergeld, einer der erfahrensten Therapeuten bei Problemen der männlichen Sexualität, bringt dieses Klischee auf den Punkt: »Dem Mythos zufolge sind Männer im Gegensatz zu Frauen, was Sex anbelangt, sehr simple Geschöpfe. Sie haben keine besonderen Bedürfnisse, sie sind fast immer bereit und willig, und ihr einziges Problem besteht darin, wie sie nur genug Sex bekommen können.«[14]

Aber wenn Männer so versessen auf Sex sind, wenn sie tatsächlich immer wollen und können: Warum bezeichnet es dann mehr als die Hälfte aller befragten Männer bei einer großen Umfrage als Problem, keine beziehungsweise nie Lust auf Sex zu haben?[15] Und wieso haben Männer um die dreißig erheblich weniger Sex als noch ihre Altersgenossen vor fünfzehn Jahren?[16] Oder aus welchem Grund werden Männer in Beziehungen nicht selten zu Bettflüchtern: sehen fern bis in die Puppen oder brechen einen Streit vom Zaun, nur um das gemeinsame Ins-Bett-Gehen zu vermeiden?

Der Mann, das triebgesteuerte Wesen. Irgendwie glauben wir das immer noch. Das alte Dampfkesselmodell hat sich noch längst nicht aus unseren Köpfen verabschiedet: Männer stehen permanent unter (sexuellem) Druck, und wenn sie keinen Dampf ablassen können, platzen sie. Viele Frauen und Männer sind fest davon überzeugt, dass ER nicht ohne Sex leben kann. Männer glauben tatsächlich, dass sie viel öfter Lust haben sollten, als sie sie verspüren. Um nur eine Folge zu nennen: Mann schläft auch dann mit Frauen, wenn er keine Lust hat. Eine beunruhigende Vorstellung. Nicht wenige Männer ergreifen die sexuelle Initiative, weil sie davon überzeugt sind, dass es von ihnen erwartet wird. »Heute nicht, Liebes!« ist kein Satz, der zum Bild des allzeit bereiten Mannes passt. Schade eigentlich.

Männer stehen unter Beweiszwang: Verlieren sie ihre Erektion, haben sie versagt. Haben sie mal keine Lust, sind Frauen oft erstaunt und nicht selten beleidigt. Denn Männer haben zu funktionieren.

Männer binden sich nicht gern

Das klassische Bild: Männer wollen keine Beziehung. Sobald es ernst wird, sind sie verschwunden. Tauchen einfach ab und lassen nie wieder von sich hören. Männer sind gefühlsresistent. Was sie suchen, ist eine Mama (oder Haushälterin), die sie versorgt, und eine sexy Gespielin fürs Bett. Dann sind sie zufrieden.

Wenn Männer tatsächlich diesen Bindungshorror haben, frage ich mich, warum alle Untersuchungen zum Thema dann eine so eindeutig andere Sprache sprechen. Dass Männer sich nämlich viel schneller verlieben als Frauen. Dass sie länger an Beziehungen festhalten, selbst an total zerrütteten.

Vielleicht, weil es Männern ohne Partnerin bedeutend schlechter geht. Weil sie sich nach Trennungen deprimierter und einsamer fühlen als Frauen. Sie kommen mit dem Alleinleben viel schlechter klar als Frauen. Merkwürdig, wenn es doch ihr eigentliches Element zu sein scheint! Kaum verwunderlich übrigens, dass verheiratete Männer zufriedener sind und länger leben als unverheiratete. Und Männer sind auch – laut Statistik – dreimal stärker selbstmordgefährdet nach unglücklichen Liebesaffären als Frauen.[17] Wo wir doch immer dachten, aufgeschnittene Pulsadern aus Liebeskummer sei weibliches Terrain. Besonders bei jungen Männern gibt es die Tendenz, dass sie viel romantischer geworden sind und sich in ihrer Einstellung zu Liebe, Treue und Sex kaum noch von Mädchen unterscheiden. Junge Männer schlafen überwiegend mit Frauen, die auch als längerfristige Partnerinnen und eben nicht nur für flüchtige sexuelle Kontakte in Frage kommen.

Frauen wollen feste Bindungen, Männer unverbindliche Affären? Das viel beschimpfte Bild stimmt einfach nicht! »Das Bedürfnis nach Zugehörigkeit ist eine primäre Antriebskraft des Menschen, die Essenz unseres Daseins«, betont zum Beispiel die US-amerikanische Paartherapeutin Kris Rosenberg, ganz egal, »ob wir männlichen oder weiblichen Geschlechts, jung oder alt sind.«[18] Zwischenmenschliche Beziehungen einzugehen gehört so sehr zum Menschsein wie Essen und Trinken. Für Männer ebenso wie für Frauen.

Männer haben viel Erfahrung

So würden Männer es gerne sehen: Sie sind souverän beim Sex. Schließlich ist Sex ihr Hobby, sozusagen. Sind Männer unter sich, reden sie viel über Frauen, Erotik und sexuelle Techniken. Sie lesen Bücher zum Thema und schauen sich Pornos an, natürlich nur, um zu lernen, wie man eine Frau richtig befriedigt. Männer treiben sich gerne in Sexshops herum, weil sie immer auf der Suche sind nach Tipps, wie sie das Treiben im Bett noch phantasievoller gestalten können. Und weil sie ständig Sex wollen und jede Gelegenheit dazu nutzen, haben sie auch mehr Erfahrung als Frauen. Deshalb übernehmen sie die Führung im Bett. In ersten Nächten ganz besonders. So könnte es sein. Ist es aber nicht.

Jeden Monat schicken Hunderte von jungen Männern Fragen über Fragen zum Thema Sex per E-Mail an *Pro Familia*. Von wegen das erfahrene Geschlecht: Tatsächlich haben zum Beispiel Männer zwischen 18 und 27 erstaunliche Wissenslücken. Mitarbeiter von *Pro Familia* kommen zu dem Ergebnis: »Wenn es unter Jungen um Sex geht, wird vor allem geprahlt. Je älter sie werden, um so schwieriger ist es zuzugeben, dass sie etwas nicht wissen.«[19]

Eine Erhebung der Zeitschrift *Psychology Today* in den USA zum Thema Sex ergab sogar, dass erstaunliche 22 Prozent der befragten Männer noch Jungfrauen waren.[20] Vermutlich lag die Zahl noch deutlich höher, da es für Männer fast unmöglich ist zuzugeben, noch nie mit einer Frau geschlafen zu haben. Nebenbei bemerkt: Die Männer vermuteten, dass lediglich ein Prozent ihrer Altersgenossen noch Jungfrauen waren. Sie verschätzten sich also um ganze 21 Prozent![21] Dass Mannsein und sexuelle Unerfahrenheit in der gängigen Vorstellung nicht zusammenpasst, zeigt sich allein schon daran, dass es im Deutschen noch nicht mal ein adäquates Wort für männliche Jungfrauen gibt.

Männer sind nie überfordert beim Sex

Die volle Verantwortung für den Verlauf eines erotischen Treffens lastet auf männlichen Schultern. ER hat dafür zu sorgen, SIE ins Bett zu kriegen. ER muss die Initiative ergreifen, nicht nur beim Anmachen und Flirten, sondern auch später, beim Ausziehen und (Noch)Näherkommen. ER ist zuständig für die Dramaturgie beim Sex – bitte nicht zu heftig, aber bitte auch nicht zu lahm! Ach ja, und für IHRE Befriedigung hat ER natürlich auch zu sorgen, aber gut und ausreichend, versteht sich.

Und das Ergebnis? Spricht man lange und intensiv mit Männern, erzählen sie, wie extrem stressig Sex, besonders erste Nächte, für sie sind. Die Erwartungen an sie sind gigantisch, genauso wie ihre Angst, zu versagen oder Defizite zuzugeben. Denn instinktiv ahnen sie, dass Frauen keine unsicheren oder unerfahrenen Männer im Bett haben wollen. Schließlich müssten sie dann ja selbst aktiv werden und könnten sich nicht einfach zurücklehnen, genießen und die Verantwortung abgeben.

Auch Männer fühlen sich wie bei einer Prüfung, wenn sie das erste Mal mit einer neuen Frau schlafen. Sie klagen vehement über den Leistungsdruck in den Betten. Kein Wunder, dass mehr als die Hälfte aller Männer vorzeitige Ejakulationen aus eigener Erfahrung kennt.[22] Schon vorab beschäftigt sie die Frage: »Bin ich potent genug in dieser Nacht oder versage ich?« Und so ist es auch kein Wunder, dass viele Männer mittlerweile Sex alleine daran bewerten, ob sie ihre Partnerin zum Orgasmus bringen können, und ihre eigene Befriedigung nicht mehr zum Maßstab nehmen. Das kann auf Dauer zu keiner erfüllten Sexualität führen. Und: Wieso sollen wir bei Männern nun auf einmal etwas begrüßen, worunter Frauen jahrhundertelang litten?

3. Mythen über Frauen

Welche Klischees über Frauen haben wir eigentlich verinnerlicht? Frauen haben es geschafft. Sie haben erreicht, wovon frühere Generationen nicht zu träumen wagten. Sie sind stark, schön, klug, selbstbewusst, erfolgreich. Tagsüber erobern sie die Chefetagen und abends die Herzen attraktiver Männer. Frauen leiten Konferenzen und backen Plätzchen, besuchen alte Tanten und kümmern sich um streunende Katzen, trösten Kinder und renovieren Häuser. Sie pflegen ihren Freundeskreis und ihren Körper. Und da das alles noch nicht reicht, studieren sie nebenbei und trainieren für den nächsten Marathon. So sieht das Bild der Frau von heute aus.

Frauen sind selbstbewusst

Frauen wissen, was sie wert sind. Sie gehen ihren eigenen Weg und haben ihren eigenen Kopf. Sie haben gute Ausbildungen und verdienen eigenes Geld. Sie haben Ehrgeiz, Mut und Kraft, um viel zu erreichen. Niemals würden sie sich für den Mann an ihrer Seite verbiegen. Sie kennen ihre Stärken und setzen sie konsequent ein. Sie wissen, was ihnen gut tut und sorgen dafür, dass sie es auch bekommen.

Aber wenn das wirklich so ist: Warum lassen sich Frauen immer noch so viel gefallen? Wieso leben zum Beispiel so viele Frauen mit Männern zusammen, die sie schlecht behandeln? Und wie kommt es, dass Frauen so leicht zu verunsichern sind? Dass jede noch so harmlose Kritik an ihrem Selbstwertgefühl nagt? Dass eine dumme Bemerkung ihnen den Tag versauen kann? Und warum legen sie immer noch so viel Wert auf ihre äußere Erscheinung und geben Unmengen von Geld aus, um ihr Aussehen zu verändern? Warum ist die Unsicherheit, ob sie auch attraktiv genug sind, bei Frauen der größte Hemmfaktor für eine lustvolle, befriedigende Sexualität?[23] Es stimmt: Frauen von heute wissen, was sie alles erreichen und leisten können und dass sie jeden Grund haben, stolz auf sich zu sein. Nur: Sie vergessen es zwischenzeitlich immer mal wieder.

Verheerend sind die Bilder der perfekten Frau, die uns aus Werbung, Zeitschriften und Fernsehen entgegenlächeln. Daran arbeiten wir uns ab, weil wir wider besseren Wissens immer noch glauben, dass Frauen tatsächlich so sind. Die Folge: Wer keinen Traumjob hat oder keine Traumfigur, weder im Penthouse lebt noch Designerkleider trägt, gehört zu den Verlierern. »Versagt!«, flüstert die Stimme uns zu: zu arm, zu unattraktiv, zu ungebildet. Und so plagen sich alle Frauen, die nicht dem Ideal entsprechen, mit ihren *Mängeln* herum.

Frauen nehmen sich, was sie brauchen

Frauen ergreifen die Initiative. Sie warten nicht mehr, bis der Mann sie anspricht, der ihnen gut gefällt. Vorbei die Zeiten, in denen Frauen sich aussuchen ließen! Sie wissen, was und wen sie brauchen, wie sie es haben wollen und wann. Und dann greifen sie zu. Endlich haben Frauen ihr vorsichtiges, passives, zögerliches Verhalten abgelegt. Sie stehen zu ihren Wünschen und sorgen aktiv dafür, dass sie in Erfüllung gehen.

Aber warum geben sie sich dann immer noch so unendlich viel Mühe, um Männern zu gefallen? Warum geben sich Frauen lieber mit Männern zufrieden, die ihnen hinterherlaufen, anstatt die zu nehmen, die sie wirklich wollen? Wieso versuchen sie unentwegt herauszufinden, wie ein Mann sie gerne hätte, nur um seinem Wunsch in vorauseilendem Gehorsam entsprechen zu können? Warum antworten beim Hite-Report von 1988 mehr als drei Viertel der befragten weiblichen Singles, dass sie häufig schon beim ersten Date Sex hätten – obwohl sie eigentlich lieber damit gewartet hätten?[24]

Frauen ist es in Fleisch und Blut übergegangen, Männern gefallen zu wollen und männlichen Wünschen zu entsprechen. Darauf nämlich sind sie in den letzten zweitausend Jahren von Generation zu Generation programmiert worden. Als sei ihre wichtigste Funktion, Männern zu gefallen.

Hierin liegt wohl auch eine Erklärung für das mitunter seltsam anmutende Verhalten der Spezies moderne Frau: Sie nehmen klaglos, was Männer ihnen geben. Und ist das zu wenig, sind sie traurig und enttäuscht. Nimmt er kein Kondom? Naja, sie kann ihn ja nicht zwingen. Ruft er nicht an? Gefällt sie ihm eben nicht genug. Frauen sagen viel zu selten: Er macht mich nicht genug an. Er gibt mir nicht, was ich brauche. Eher stellen sie sich, ihr Handeln, ihr Aussehen und ihre Fähigkeiten in Frage.

Vielleicht wissen Frauen ja tatsächlich, was sie brauchen. Aber dafür zu sorgen, dass sie das auch wirklich bekommen, trauen sich bisher nur die wenigsten.

Frauen stehen zu ihrer Lust

Frauen haben Spaß am Sex. Sie wissen, was ihrem Körper gut tut. Sie wollen lange, oft und viel. Früher mussten sie ihre Lust drosseln, doch endlich können auch sie sich so richtig ausleben. Ein Quickie auf dem Klo? Gerne doch. Frauen sind aktiv und fordernd. Sie schlafen mit allen Männern, die ihnen gefallen, und scheren sich einen Dreck darum, was irgendjemand darüber denken könnte. Spätestens, seit AIDS ein Thema ist, benutzen sie ausnahmslos jedesmal ein Kondom. Nie würden sie mit einem Mann schlafen, der kein Gummi anziehen will. Und sie nehmen auch kein Blatt vor den Mund: Natürlich sprechen sie nicht nur mit ihrer besten Freundin über Sex, sondern auch mit ihren Partnern.

Wenn Frauen tatsächlich zu ihrer Lust stehen: Warum irritiert es sie dann, wenn sie *zu viel* Lust haben? Warum trauen sie sich selten, einen Mann damit zu konfrontieren? Wieso haben sie Angst, ihn dadurch zu verschrecken oder abgewiesen zu werden?

Und immer noch nehmen Frauen beim Sex wenig Einfluss. Sie begnügen sich damit, abzubremsen, zu stoppen, zu verweigern. Viel eher bleiben sie passiv und lassen es geschehen. Warum schweigen Frauen, wenn ihnen etwas nicht gefällt oder zu weit geht? Und warum wollen sie auf keinen Fall den Eindruck erwecken, sie hätten es darauf angelegt, einen Mann ins Bett zu kriegen?

Weil Frauen von heute über Probleme von gestern stolpern. Sie sind hin- und hergerissen: Einerseits nehmen sie für sich das Recht in Anspruch, sexuell aktiv zu sein und ihre Wünsche und Bedürfnisse einzufordern. Und andererseits sitzt ihnen die traditionelle Rolle der *passiv Liebenden* weiterhin im Nacken: das Bild der Frau, die Sex nur durch den Mann empfängt und die weniger Lust und »Trieb« hat als er. Dazu kommen Scham- und Schuldgefühle. Eine unselige Mischung ...!

Ein Beispiel: Eigentlich weiß Karin ganz genau, was sie im Bett mag. Sie kennt ihren Körper gut und hat im Laufe der Jahre genügend Erfahrungen gesammelt, um zu wissen, was sie sexuell befriedigt. Aber mit diesem Wissen rückt sie vor Männern nicht raus, in ersten Nächten schon mal gar nicht: »Ich habe zu viel Angst, das auch zu sagen. Angst, dass der andere sich darüber lustig macht. Dass ich mich bloßstelle, wenn ich mein Innerstes preisgebe.« Deshalb wartet Karin lieber ab. Erst will sie herausfinden: »Was erwartet er von mir, wie soll ich sein? Was möchte er, möchte ich das auch?« Karins Ängste hemmen sie. Die Befürchtung, dass ein Mann sie wieder aufgibt, wenn sie zu früh signalisiert, zu Sex bereit zu sein: »Männer sind gerne auf der Jagd und geben sich viel mehr Mühe, wenn man sich mehr Zeit lässt. Das habe ich oft im Hinterkopf.«

Übrigens glaubten fast alle Frauen, mit denen ich im Laufe der Interviews gesprochen habe, sie seien die einzigen, die speziell in ersten Nächten mit den »üblichen« Problemen zu kämpfen haben: mit der Angst, nackt nicht attraktiv zu sein; mit dem Druck, unbedingt einen Orgasmus bekommen zu müssen; mit der Befürchtung, den Partner zu verschrecken, wenn sie sexuell aktiv werden oder im Gegenteil, ihn zu langweilen, weil sie keine tolle Show abziehen. Doch genau diese Probleme plagen in unterschiedlichen Variationen die meisten Frauen vor, während und nach ersten Nächten!

4. Mythen über erste Nächte

Es ist unausweichlich: Früher oder später werden sie miteinander schlafen. Die erotische Anziehung ist zu stark, um von ihnen auf Dauer ignoriert zu werden. Und dann geschieht es: Nach einem romantischen Essen landen sie im Bett. Es ist gigantisch, ein Rausch der Sinne: Der Sex ist grandios, die Orgasmen zahlreich. Aneinander geschmiegt schlafen sie ein. Morgens erwachen sie lächelnd, küssen sich zärtlich und frühstücken im Bett.

So oder so ähnlich sehen in unzähligen Filmen und Liedern, in Geschichten und Mythen die ersten Nächte aus. Sie sind beinahe ausnahmslos schön, romantisch und lustvoll. Und sie sind Auftakt einer großen Liebesgeschichte oder das einmalige sexuelle Highlight mit bombastischen Orgasmen. Jeder Handgriff sitzt, gegenseitig schaukeln sich Mann und Frau in ungeahnte Sphären der Lust.

Die Erfahrungen der meisten Frauen sehen anders aus. Sie haben die perfekte Version im Kopf, wie so eine Nacht ablaufen sollte, erleben aber selten etwas, das diesem Bild nahe kommt. Verglichen mit der Hollywood-Version, sind die hausgemachten Erfahrungen eher mittelmäßig bis enttäuschend.

Erste Nächte sind erotische Höhepunkte

Tatsächlich sind erste Nächte oft der pure Stress! Da gibt es immer Momente der Unsicherheit, mindestens einer von beiden ist befangen. Man schämt sich, weil man zu laut oder zu leise stöhnt, zu feucht oder zu trocken ist. Der BH geht nicht auf und die lästige Verhütungsfrage wird auch nur selten problemlos geklärt. Was mir Kristina erzählte, kennen die meisten Frauen: Die ersten Male mit einem neuen Mann waren für sie aufregende und spannungsgeladene Erlebnisse – sexuell allerdings eher enttäuschend: »Was den Sex angeht, waren die nie gut. Ist doch klar: Man muss sich erst mal kennen lernen. Außerdem ist man viel zu aufgeregt. Man ist voller Erwartungen und Angst.«

Was stürmen in dieser Ausnahmesituation nicht alles für innere Stimmen auf uns ein:

- »Wenn's nicht auf Anhieb klappt, ist er nicht der Richtige.«
- »Du musst mindestens einen Orgasmus haben, sonst passt ihr sexuell nicht zusammen.«
- »Wenn er zu früh oder gar nicht kommt: Vergiss ihn, das wird nie was.«
- »Mein Gott, so wie du aussiehst, solltest du dich besser gar nicht ausziehen. Wenn er dich nackt sieht, vergeht ihm mit Sicherheit die Lust.«
- »Du musst dich mehr bewegen. Sei aufregend und geil, das lieben Männer. Sei doch nicht so langweilig und prüde.«
- »Reiß dich zusammen. Du bist zu laut und zu gierig. Gute Mädchen tun das nicht.«

Und so weiter und so fort. Wie um alles in der Welt soll man sich dabei entspannen?

Sex läuft automatisch

Wer hat bloß das Gerücht in die Welt gesetzt, dass der erste Sex reibungslos abläuft? Die Messlatte liegt eindeutig zu hoch. Dafür gibt es einfach zu viele potenzielle Stolpersteine. Viele davon haben mit dem (vermeintlich richtigen) Timing zu tun. Wann ist der richtige Zeitpunkt, den anderen ins Schlafzimmer zu lotsen, mit dem Ausziehen zu beginnen, das Kondom aus der Tasche zu holen oder zu sagen, dass man Oralsex gewöhnungsbedürftig findet? Sicherheitshalber schon gleich beim Kennenlernen?

Erste Nächte können schon kompliziert sein, bevor sie überhaupt begonnen haben. Viele Frauen kennen, was Sonja erzählt. Manchmal ist es wie verhext, da verpasst man es, das Startsignal zu geben. Und der andere bekommt irgendwie auch nicht den Dreh, weil er sich nicht sicher oder zu schüchtern ist: »Und dann quatscht man und quatscht man und denkt gleichzeitig: Das kann doch nicht wahr sein. Wieso sitze ich denn hier und unterhalte mich mit dem? Das ist doch gar nicht das, was ich wollte!«

Wir glauben, dass Sex automatisch gut wird, wenn man sich nur genug liebt oder richtig scharf aufeinander ist. Diese Vorstellung bezeichnet der Berliner Sexualtherapeut Theo Gilbers als mächtigen Irrtum, dem wir alle aufsitzen: »Wir glauben immer noch: Wenn man sich wirklich liebt, dann ist der Sex auch wunderbar. Ein großer Trugschluss – gerade in der ersten Nacht!« Denn Sex und Liebe haben erst mal überhaupt nichts miteinander zu tun: Ich kann mir eine höchst vergnügliche Nacht mit einem Mann machen, den ich garantiert nicht zu meinen zehn besten Freunden zählen würde. Und umgekehrt: Tiefe Gefühle sind absolut kein Garant für lustvollen Sex.

Passen zwei zusammen, klappt es auf Anhieb

Um einen Menschen kennen zu lernen, braucht man viel Zeit. Da nähert man sich langsam an, freut sich über Gemeinsamkeiten und staunt über Unterschiede. Vielleicht ist man auch mal völlig irritiert, alles kein Problem. Es sei denn, es geht um Sex. Da wollen wir bitte schön weder irritiert werden noch staunen müssen. Von Anfang an hat hier absolute Harmonie zu herrschen. Doch die ist eine große Ausnahme. Dazu noch einmal Theo Gilbers: »Viele Menschen passen sexuell erst mal überhaupt nicht zusammen – was nicht heißt, dass es so bleibt.« Sexualität muss man lernen und sich erarbeiten. Es ist der Idealfall, wenn es auf Anhieb klappt. »Zwei völlig verschiedene Vorerfahrungen, Leben und Persönlichkeiten treffen dabei aufeinander. Die müssen erst mal zueinander finden.«

Der erste gemeinsame Sex legt nicht zwangsläufig die Richtung fest, das spiegeln auch die Erfahrungen der von mir interviewten Frauen wider. In unserem Gespräch brachte es Martina auf den Punkt: »Oft ist es doch so: Du gehst mit jemandem aus, gehst essen und dann noch in eine Bar, schlägst dir die Nacht um die Ohren, trinkst was. Und wenn man dann in der Wohnung landet und zur Sache kommt, ist man eigentlich ganz schön müde, weil alles vorher schon so anstrengend war!« Körperliche Meisterleistungen sind dann nicht mehr zu erwarten – was uns allerdings nicht davon abhält, trotzdem darauf zu hoffen. Was erschwerend hinzukommt, erzählte Michaela: »Jeder hat seine Geschichte und die trägt er auch in eine erste Nacht mit rein.« Dies sind die unterschiedlichen Vorerfahrungen und Lebenswege, von denen Theo Gilbers sprach, die den Verlauf erster Nächte mit beeinflussen. Und *eigentlich* wissen wir auch, dass es eine Ausnahmesituation ist. Und doch sind wir enttäuscht, wenn nicht gleich ein sinnliches Feuerwerk abbrennt …

Erste Nächte sind auch ein Symbol: Sie gelten als Beginn einer Liebesbeziehung. Man kann den ersten Sex mit einer Toreinfahrt vergleichen: Hat man das Tor erst einmal durchschritten, gelten andere Regeln als zuvor. Nun definiert man sich als Paar. Da können sich zwei Menschen schon wochenlang die intimsten Dinge erzählt und intensive Momente miteinander erlebt haben – egal, das wirkliche Symbol ist die Sexualität! Nachdem man das erste Mal miteinander geschlafen hat, entsteht eine neue Form der Verbindlichkeit. Rückblickend auf ihre letzte Beziehung erzählte Ute, dass sie nach der ersten Nacht mit Carsten automatisch davon ausgegangen war, mit ihm weitere Nächte zu verbringen: »Die Beziehung hatte durch den Sex eine größere Verbindlichkeit für mich bekommen, oder zumindest das Eingeständnis einer Verbindlichkeit.« Utes Einschätzung und Erlebnis bestätigen viele Frauen. Kommt Sex ins Spiel, ändern sich die Bedingungen. Und das gilt für jede erste Nacht, egal wie es anschließend weitergeht.

Teil 2

Vorspiele

Ob es heute Nacht geschehen wird? Jetzt haben sie sich schon dreimal getroffen, und bislang ist nichts passiert. Aber heute, vielleicht. Das hofft sie jedenfalls.

Sie bestellen noch zwei Cocktails. Wann kommt er endlich zur Sache? Sie können hier doch nicht ewig sitzen und über ihre Jobs reden. So langsam müsste er mal eine Andeutung fallen lassen, worauf das Ganze hinausläuft.

Sie beobachtet ihn unauffällig. Er sieht gut aus. Durchtrainiert. Wahrscheinlich joggt er jeden Morgen. Und das, wo sie so unsportlich ist! Angenommen, es wird was mit ihm, dann wird sie sich jeden Morgen eine Stunde früher aus dem Bett quälen müssen. Macht nichts, das würde ihr gut tun. Sie erzählt ihm, dass sie demnächst anfangen wolle, morgens vor der Arbeit zu joggen. Den Gedanken allein findet er schrecklich, er sei Langschläfer. Pech gehabt!

Ob seine Hand zufällig neben ihrer liegt? Lag sie eben nicht weiter weg? Vielleicht hätten sie lieber ins Kino gehen sollen. Wer weiß, im Dunkeln hätte er sich bestimmt eher getraut, sie zu küssen. Nun reden sie über Filme. Ob sie den neuesten Film mit Jennifer Lopez gesehen habe, fragt er. Nein, hat sie nicht. Sie grübelt, was seine Frage wohl zu bedeuten hat: Will er mit ihr ins Kino gehen? Oder teilt er ihr damit indirekt mit, dass er mehr auf den dunklen Typ steht? Sie selbst ist blond. Generell gefielen ihm blonde Frauen aber besser, sagt er. Na wenigstens. War das jetzt ein Kompliment? Sicherheitshalber lächelt sie. »Kim Basinger, Michelle Pfeiffer und so«, die gefielen ihm gut. Sie rechnet hoch, ob sie »Kim Basinger, Michelle Pfeiffer und so« ähnlich sehen würde, wenn sie es schaffen würde, drei Pfund abzunehmen. Oder fünf. Besser sieben.

Gleich ist ihr Glas wieder leer, sie kann danach unmöglich noch mehr trinken. Außerdem ist es schon spät, so langsam könnte er mal in die Gänge kommen. Erst mal die Gedanken ordnen! Sie geht aufs Klo, zieht die Lippen nach und betrachtet sich im Spiegel. Bei der richtigen Beleuchtung ist die Bluse durchsichtig. Ob er das überhaupt schon bemerkt hat? Wenn sie nur wüsste, ob sie ihm gefällt. Schrecklich, diese Ungewissheit. Vielleicht ist er bloß schüchtern.

Als sie zurückkommt, stehen neue Cocktails auf dem Tisch. Obwohl sie schon ewig nicht mehr geraucht hat, nimmt sie eine von seinen Zigaretten. Er gibt ihr Feuer. Dabei legt sie ihre Hand auf seine und lächelt ihn an. Ganz schön mutig! Und jetzt? Noch direkter kann sie unmöglich werden. Sie kann ihn ja schlecht fragen, ob er mit zu ihr kommt. So langsam müsste er doch geblickt haben, dass sie was von ihm will. Und wenn er gar nicht will? Wieso sagt er nichts? Er hat noch nicht mal versucht, sie zu küssen.

Er fragt, ob sie Rotwein mag. Rotwein kann sie nicht ausstehen. Davon bekommt sie sofort Kopfschmerzen und Sodbrennen. Schade, sagt er, er habe nämlich einen ganz besonders guten Saint Emilion geschenkt bekommen. Mist, Chance verpasst! Hätte sie bloß ja gesagt. Aber Moment mal: Hat er vielleicht gerade versucht, sie in seine Wohnung zu lotsen? Zu ihm also. Auch gut. Obwohl sie heute extra ihre Wohnung aufgeräumt hat, falls sie die Nacht bei ihr verbringen würden. Dann hätte sie sich auch sparen kön-

nen, das Bett frisch zu beziehen. Egal, Hauptsache, es geht bald mal los! Andererseits würde sie sehr gerne seine Wohnung sehen. Vielleicht stehen ja zwei Zahnbürsten im Bad. Oder es hängt ein Foto seiner Ex irgendwo an der Wand. Sie überlegt, ob er wohl Kondome hat. Sicherheitshalber hat sie welche in der Tasche. Hoffentlich ist er nicht einer dieser Kondomhasser. Sie hat zwar ausgerechnet, dass heute ein ungefährlicher Tag ist, aber trotzdem. So genau weiß man das ja nie. Außerdem ist es ihr wichtig, wegen AIDS und so, dass er ein Kondom benutzt.

Bald sind die Gläser wieder leer. Heute wird das nichts mehr, denkt sie, und gähnt verstohlen. Da hat sie plötzlich die geniale Idee: »Ich könnte jetzt einen starken Kaffee gebrauchen!«, sagt sie. Ob er wohl versteht, dass sie ihm gerade eine Vorlage geliefert hat? Wenn nicht, geht sie jetzt nach Hause. Allein.

Sein Espresso sei der beste in der ganzen Stadt, sagt er.

Na endlich …

1. Auftakt: Viele Wege führen zum Ziel

Mal dauert es wenige Stunden und mal einige Monate. Manchmal dauert es Jahre. Mal kennen sie sich schon sehr gut und mal sind sie sich fast fremd. Mal treibt sie die pure Lust und mal sind sie bis über beide Ohren ineinander verliebt. Manchmal ergibt es sich »einfach so« und ein anderes Mal steuern sie direkt aufs Ziel los. Das eine Mal ist die erste Nacht der Auftakt zu einer großen Liebe, ein anderes Mal startet eine kurze, aber heftige Affäre. Und manchmal ist das erste auch zugleich das letzte Mal.

Wie erste Nächte zustande kommen, ist so vielseitig und unterschiedlich wie der Ablauf der Nächte selbst. Und wie die Motive der Frauen, warum sie gerade mit diesem Mann die Nacht verbringen.

Unterschiedliche Ouvertüren

Jede erste Nacht mit einem neuen Mann ist einzigartig. Sie hat ihre eigenen Regeln und ihr eigenes Tempo. Es gibt sie nicht, die *klassische erste Nacht* (ganz abgesehen davon, dass es auch morgens oder nachmittags passieren kann). Hier vorab unterschiedliche Geschichten von Frauen, die das Spektrum der Möglichkeiten von Ouvertüren zeigen.

Des Widerspenstigen Zähmung

Tanja musste sich ganz schön ins Zeug legen, um Klaus herumzukriegen. Kennen gelernt hatte sie ihn in einer Bar, und er gefiel ihr auf Anhieb gut. Beide fühlten sich voneinander angezogen. Dummerweise war Klaus in festen Händen, wie er ihr schon beim zweiten Treffen erzählte. Aber seine Freundin Kathrin wohnte in einer anderen Stadt, war also weit weg. Außerdem war er gerade dabei, sich von ihr zu trennen. So schlecht standen die Chancen also nicht für Tanja. Trotzdem dauerte es noch fünf lange Monate, bis etwas zwischen ihnen passierte. Vorher allerdings gab es für beide eine Klippe zu meistern: Klaus erzählte Tanja, dass er seine Noch-Freundin Kathrin besuchen und auch die Nacht bei ihr verbringen werde. Tanja war stinksauer, drei Wochen lang wollte sie Klaus weder sehen noch von ihm hören. Als er ihr nach dieser Auszeit auch noch gestand, er hätte das Gefühl, dass es nicht gut gehen werde mit ihnen beiden, war Tanja kurz davor, die Finger von ihm zu lassen: »Das hat mich sehr getroffen und ich habe mich erst mal ziemlich unnahbar verhalten.« Zuerst wollte sie den Kontakt zu ihm abbrechen. Dann aber trafen sie sich doch noch mal, gingen in eine Bar. Und da beschloss Tanja trotzig, ihn nicht so ohne weiteres davonkommen zu lassen, und ging zum Angriff über: »Ich dachte, was soll's! Er wollte zuerst nicht und wehrte sich mit Händen und Füßen gegen meine Zärtlichkeiten. Aber dann ist er doch mitgekommen und hat die Nacht bei mir verbracht. Ich dachte, solange ich es schaffen würde, das Beste mitzunehmen, so lange würde ich mich auf so was einlassen.« In manchen Fällen führt Hartnäckigkeit also tatsächlich zum Ziel. Danach war Kathrin für Klaus kein Thema mehr.

Es hat sich so ergeben

Bei Angelika ergab es sich eher zufällig, dass sie die Nacht mit Martin verbrachte. In ihrer Wohngemeinschaft war ein Zimmer frei. Einer der Bewerber für das Zimmer machte einen netten Eindruck. Sie unterhielten sich, und abends lud er Angelika ins Kino ein. Zwar zog Martin dann doch nicht in die WG ein, aber er besuchte Angelika häufig, obwohl er schon bald in eine andere Stadt zog. Ihr war ziemlich schnell klar, dass er an ihr interessiert war. Ihr Interesse dagegen hielt sich in Grenzen. Aber es schmeichelte ihr natürlich, dass er sich so um sie bemühte. Und eines Tages, Martin war wieder einmal zu Besuch, redeten sie und tranken etwas und redeten und tranken noch mehr, und plötzlich war es spät in der Nacht. Was nun? Auto fahren ging nicht mehr, dazu hatte er zu viel getrunken. Also bot Angelika ihm an, die Nacht bei ihr zu bleiben: »Und da ich nur ein Bett habe, war es irgendwie klar, wie es weitergehen würde. Und so kam es auch. Sobald wir im Bett lagen, fing er an mich zu streicheln.« Und so weiter und so fort. Eine erste Nacht, die sich eher so ergab – jedenfalls aus Angelikas Perspektive.

Alles Schicksal?

Genau vom Gegenteil erzählt Doris: »Es musste einfach passieren mit uns, anders ging es gar nicht!« Bevor sie Robert überhaupt das erste Mal gesehen hatte, war sie sicher, irgendwann eine Nacht mit ihm zu verbringen. Schon vor ihrem ersten Treffen hatte es zwischen ihnen gefunkt. Und das kam so: Eines Tages saß Doris im Büro und langweilte sich. Weihnachten stand kurz vor der Tür, die meisten Kollegen waren schon im Kurzurlaub, und in der Firma war kaum etwas los. Ein Unbekannter aus einer anderen Stadt rief an, mit der Bitte um eine Auskunft. Doris, froh über die Abwechslung und durchaus in Stimmung, dem sympathisch klingenden Mann einen Gefallen zu tun, suchte die Information heraus. Er – Robert – freute sich sehr darüber und fragte nach ihrer Mailadresse in der Firma. Wenige Minuten später hatte Doris ein Bild mit einer Rose als kleines Dankeschön auf ihrem Bildschirm. Und so fing ihre Geschichte an. In den nächsten Tagen und Wochen schickten sie sich ständig Mails, zuerst an die dienstlichen Adressen, dann privat. »Dadurch sind wir uns näher gekommen.« Der Kontakt wurde immer intensiver. Schließlich begannen sie, stundenlang miteinander zu telefonieren. »Es war klar, dass wir uns früher oder später treffen würden«, erzählt Doris, »das war unausweichlich.« Nach kurzer Zeit – sie kannten sich gerade mal sechs Wochen per Mail und Telefon – kam Robert zu Besuch. Und zu diesem Zeitpunkt war beiden längst klar, was an diesem Tag und in dieser Nacht geschehen würde. Und so kam es auch. »Ich hatte das Gefühl, na endlich, da ist er, auf den ich so lange gewartet habe.«

Was lange währt ...?

So schnell Doris und Robert zu ihrer ersten Nacht kamen, so lange dauerte es bei Brigitte: Fast ein Jahr musste sie warten, bis sie den Mann, der ihr gefiel, ins Bett bekam. Sie sah Uli öfter auf Partys und fand ihn von Anfang an ausgesprochen anziehend. Als sie an einem Abend »in Sektlaune« war, sprach sie ihn ohne lange zu überlegen an. Die Anziehung war gegenseitig, sie flirteten und küssten sich heftig. »In dieser Nacht wollte er mich mitnehmen zu sich.« Warum es dann noch so lange dauerte, bis es endlich passierte? »Ich war mit alten Freunden unterwegs, die bei mir übers Wochenende zu Besuch waren. Da konnte ich schlecht die Nacht ohne sie verbringen.« Sträflicherweise hatten beide vergessen, ihre Telefonnummern auszutauschen. Uli ging Brigitte nicht aus dem Kopf. »In meiner Phantasie war Sex mit ihm unheimlich aufregend. Und ich wollte nicht so eine normale Geschichte mit ihm haben, dass man dreimal miteinander Kaffee trinkt, einmal ins Kino und einmal essen geht und dann miteinander im Bett landet.« So dauerte es viele Wochen, bis sie sich das nächste Mal über den Weg liefen. Und an diesem Tag war Uli nicht allein: Er hatte eine neue Freundin im Schlepptau. Das hätte Brigitte an sich nicht weiter gestört, da sie sowieso kein Interesse an einer festen Beziehung mit ihm hatte. Trotzdem war es natürlich schlecht möglich, im Beisein seiner Freundin mit Uli zu flirten. Das gelang ihnen erst knapp ein Jahr nach ihrer ersten Begegnung. Brigitte und Uli sahen sich zufällig auf einer Party wieder. Er kam allein, seine Freundin war verreist.

»Für mich war gleich klar, dass etwas passieren würde. Die Atmosphäre zwischen uns war so aufgeladen. Ich sagte zu Uli: ›Lass uns von hier verschwinden!‹ Und er stand auf und rief ein Taxi.« Im Taxi beschlichen ihn Skrupel. Es könne durchaus sein, sagte er, dass sexuell doch nichts laufe. Er hatte Angst, dass ihn sein schlechtes Gewissen gegenüber seiner Freundin lähmen würde. Aber es kam anders. »Wir tranken Sekt bei ihm und redeten. Irgendwann wurde es hell draußen, und wir merkten beide, dass wir viel zu betrunken und zu müde waren, um noch guten Sex zu haben. Wir hatten einfach den Zeitpunkt verpasst.« Erst am nächsten Morgen haben sie dann miteinander geschlafen. »Es war ganz anders, als ich es mir vorgestellt hatte. Leider längst nicht so aufregend.« Das lange Warten hatte sich nicht unbedingt gelohnt.

Bloß kein One-Night-Stand!

Was Anne mit Sicherheit nicht von Henning wollte, war eine einzige gemeinsame Nacht: »Ich dachte: Ein One-Night-Stand – was soll der Quatsch!« Dafür bedeutete er ihr einfach zu viel. Doch Henning war verheiratet. Also Finger weg und Schluss mit den Phantasien? Genau diese Strategie verfolgte Anne zuerst. Aber es kam anders. Die beiden verbrachten einen ganzen Tag miteinander und sprachen lange über ihre Zuneigung, die gegenseitige Anziehung, den Wunsch, sich aufeinander einzulassen, die Lust, miteinander zu schlafen. Als Anne hörte, dass es Henning um sie ging und nicht nur um eine schnelle Nummer en passant, drehte sie sich innerlich um hundertachtzig Grad. Sie ergriff noch am gleichen Tag die Initiative, weil sie dachte: »Ich bin doch bescheuert, wenn ich mir diesen Mann durch die Lappen gehen lasse!« Es war Anne vollkommen egal, wie und ob es nach diesem ersten sexuellen Abenteuer weitergehen würde. Und es blieb nicht bei einer Nacht.

Klassiker: Urlaubsflirt

Urlaub bietet ideale Bedingungen und Voraussetzungen für Flirts. Fern ab von zu Hause fallen viele Normen und Schranken. Nicht wenige Frauen erzählten mir von ihren Urlaubsabenteuern und ersten Nächten in fremden Ländern. So auch Julia. Vor einigen Jahren flog sie mit ihrem besten Freund Thomas nach Kairo. Schon am Flughafen trafen sie auf Patrick, einen Engländer. Er hatte zufällig im gleichen Hotel ein Zimmer gebucht wie sie. Sie beschlossen, gemeinsam ein Taxi zum Hotel zu nehmen. Schon während der Taxifahrt hatte Julia zu Patrick »Witterung aufgenommen«. Die folgenden Tage kamen sie sich näher und näher, die Atmosphäre zwischen ihnen lud sich auf. Sie steuerten eindeutig auf Sex zu. Irgendwann gelang es ihnen, Alkohol aufzutreiben, was in Ägypten nicht ganz einfach ist. Zu dritt – mit Thomas – verbrachten sie einen Abend im Hotelrestaurant. Im Nachhinein schmunzelt Julia: »Ich muss mich damals so produziert haben, dass Patrick gar nicht anders konnte, als quer über den Tisch zu langen und meine Hand zu nehmen.« Zu diesem Zeitpunkt war beiden sonnenklar, worauf es in dieser Nacht hinauslaufen würde. Doch es gab ein Problem: Mehrbettzimmer! Aber auch das konnte Julia und Patrick nicht abhalten, miteinander zu schlafen. »Der arme Thomas musste so leiden, weil wir einfach keine Rücksicht genommen haben. Und ein anderer Tourist, der auch noch mit im gleichen Raum schlief, war morgens ziemlich sauer und hat ein anderes Zimmer verlangt. Mir war das am nächsten Morgen ziemlich peinlich!« Für die kommenden Nächte hatten sie – zum Glück für alle Schlafsuchenden – eine bessere Lösung gefunden.

Doppel-Seitensprung

Auch bei Kristina bahnte sich das Erlebnis einer ersten Nacht im Urlaub an. Allerdings unter ganz anderen Voraussetzungen. Mehrere Jahre hintereinander verbrachten sie und ihr Freund Georg die Ferien auf Menorca. Dort lernten sie Heide und Jörg kennen. Das Ehepaar verbrachte traditionell jedes Jahr seinen Urlaub auf der Balearen-Insel. So wurde es zur Gewohnheit, über Jahre hinweg auf Menorca etwas miteinander zu unternehmen: Ausflüge, Restaurantbesuche, Strandspaziergänge. Es brauchte mehrere Jahre, bis Kristina sich eingestehen konnte, dass sie nicht nur Spaß an den gemeinsamen Unternehmungen hatte. Sie war in Jörg verliebt. Und auch bei ihm spürte sie ein Interesse, das nur wenig mit Freundschaft zu tun hatte. Da die beiden aber immer mit ihrem Partner unterwegs waren, hatten sie keine Chance, um sich deutlich näher zu kommen. Dann aber, während eines Spazierganges, sprachen sie es endlich aus. »Wir bändelten miteinander an und hatten quasi verabredet, uns einmal zu treffen, wenn wir wieder in Deutschland sind. Mehr passierte erst mal nicht.« Als Kristina wieder zu Hause war, ließ ihr der Gedanke an Jörg keine Ruhe mehr. Die Vorstellung, wieder ein Jahr warten zu müssen, bis sie ihn – auch noch samt Gattin – wiedersehen würde, war deprimierend. Also fuhr sie unter dem Vorwand, eine alte Freundin besuchen zu wollen, zu Jörg, »in der festen Absicht, mit ihm ins Bett zu gehen«. Kristina wusste, dass Jörgs Frau gerade auf Fortbildung war. Aber das Abenteuer ihrer ersten Nacht wurde zu einer mittleren Katastrophe. »Wir waren beide einfach viel zu aufgeregt!«

Was uns antreibt

Warum suchen wir amouröse Affären, was motiviert uns überhaupt, immer mal wieder aufs Neue mit einem Noch-Fremden ins Bett zu gehen? Wer glaubt, das seien überflüssige Fragen, ahnt nicht, wie viele unterschiedliche Beweggründe wir für Sex haben. Denn so verschieden die Erlebnisse und Ouvertüren vor ersten Nächten sind, so facettenreich sind auch die Motive. Pure Lust auf Sex kann ebenso eines sein wie der ominöse »biologische Trieb zur Reproduktion«. Vielleicht versprechen wir uns auch vom Sex, den anderen intensiver kennen zu lernen. Oder wir hoffen, ihn durch eine gemeinsame Nacht stärker an uns zu binden. Ein Motiv kann auch sein, einen Vater für unsere noch zu gebährenden Kinder zu finden. Sex kann für unterschiedliche Menschen in unterschiedlichen Lebensphasen auch unterschiedliche Bedeutungen haben. Und: Was ich will, muss noch lange nicht das Ziel des anderen sein. Diesen Aspekt betont auch die Aachener Sexualtherapeutin Ulrike Brandenburg: »Für den einen bedeutet er Nähe und Beruhigung, die Gewissheit, beschützt und geliebt zu werden, für den anderen Ekstase, für den Dritten vielleicht einfach gemütliche Geilheit, und für die meisten sicherlich mal das eine und mal das andere.«[25]

Sex als Bezahlung

Bei manchen Frauen existiert immer noch die Vorstellung von Sex als Zahlungsmittel. Aus der Regel des kindlichen Doktorspiels »Zeigst du mir deins, zeige ich dir meins« ist im Erwachsenenalter »Zeigst du mir deins, bekommst du etwas« geworden. Noch immer spukt die unsinnige Vorstellung durch unzählige Köpfe, Sex sei ein Geschenk, dass Frauen dem Mann machen, den sie lieben. Und dafür sei er ihnen etwas schuldig (Treue, Geborgenheit, soziale Absicherung etc.). Die US-amerikanische Sexualpädagogin Carol Cassell spricht daher von einem »verschleierten Vertrag«, den Frauen unausgesprochen mit Männern schließen: »Die Vorstellung, Frauen müssten sparsam mit der Sexualität umgehen, um von einem Mann zu bekommen, was sie wollen, mögen wir lächerlich finden, trotzdem verhalten wir uns so, trotzdem benutzen wir sexuelle Zuwendung als Belohnung und Liebesentzug als Strafe.«[26] Ihrer Ansicht nach stammt diese Vorstellung noch aus der Zeit, als Frauen keinen anderen Tauschwert besaßen als ihre Sexualität. Das Einzige, was sie in die Waagschale werfen konnten, war ihre Jungfräulichkeit. Auch wenn dieser Zustand für die meisten Frauen in Westeuropa überholt ist:

Dieses Relikt aus alter Zeit taucht immer mal wieder in den Köpfen der Frauen von heute auf. Wenn wir uns betrogen fühlen, weil ein Mann offensichtlich »nur« Sex wollte: Dann steht plötzlich unter dem Strich ein dickes Minus auf der Rechnung.

Verliebtsein als Voraussetzung?

Welche Rolle spielt das Verliebtsein als Motiv? Ist es für Frauen notwendig, in einen Mann verliebt zu sein, um sich mit ihm auf ein erotisches Erlebnis einzulassen? Oder spielt diese Bedingung mittlerweile nicht mehr die alles entscheidende Rolle?

Nur ganz wenige Frauen, mit denen ich im Verlauf der Arbeiten am Buch sprach, mussten grundsätzlich und immer verliebt sein, um mit einem Mann zu schlafen. Aber dass zärtliche Liebesgefühle überhaupt keine Rolle mehr spielen, erzählen auch nur wenige. Die Haltung der meisten Frauen ist ambivalent: Mit Gefühlen ist das Abenteuer einer ersten Nacht meistens schöner, aber Liebe ist keine Voraussetzung mehr dafür. Viele Frauen haben im Laufe ihres Lebens eine ähnliche Position entwickelt wie Monika: »Früher gehörte es für mich eigentlich immer dazu, verliebt zu sein. Je jünger ich war, desto weniger ging es ohne. Heute amüsiere ich mich, wenn gerade jemand Passendes da ist.« Dass man Lust und Verliebtheit auch voneinander trennen kann, lernte Monika erst im Laufe der Zeit.

Für Julia haben Lust und Verliebtsein gar nichts miteinander zu tun: »Wenn ich jemanden sehr sexy, aufregend und nett finde, dann ist mir der Rest egal.« Sprich: Dann braucht Julia keinen weiteren Grund, um eine Nacht mit einem Mann zu verbringen. Nur bei ihrem allerersten Mal war sie richtig verliebt. »Ansonsten glaube ich nicht, dass ich jemals schon in einer ersten Nacht in den anderen verliebt war. Es hat damit irgendwie gar nichts zu tun.«

Manchmal stört es beim Sex sogar, wenn man verliebt ist. Lisa erzählt zum Beispiel von einer Phase vor einigen Jahren, in der sie niemanden nahe an sich heranlassen wollte. Und schon gar nicht einen Mann. Zwar hatte sie in dieser Zeit auch mit Männern Sex, aber »aus irgendeinem Frust heraus habe ich nur mit ihnen gespielt«. Und in keinen war sie damals verliebt: »Das wäre für mich auch nicht gut gewesen.« Denn dann wären ihr die Männer wieder zu nahe gekommen, was sie ja verhindern wollte. Aber auf Sex verzichten, wollte sie deswegen nicht.

Früher gehörte das Gefühl, verliebt zu sein, für Barbara immer dazu. »Und selbst wenn die Nächte dann Scheiße waren, habe ich weitergemacht.« Das änderte sich erst, als sie Ende zwanzig war. Da verbrachte sie eine Nacht mit Christian, in den sie überhaupt nicht verliebt war. Und diese Nacht wurde für Barbara so etwas wie eine Initiation, denn die war trotz fehlender Liebesgefühle aufregend und schön: »Ich hatte begriffen, dass ich mir mit Sex einfach etwas Gutes tun kann. Vorher dachte ich immer, verliebt zu sein bedeutet, dass ich viel investiere. Und plötzlich habe ich gemerkt, dass ich gar nicht viel investieren muss, um viel zu bekommen.« Ein positiver Nebeneffekt: Die Gefühle halten sich in Grenzen. Nach einer gemeinsamen Nacht mit einem Mann, in den sie nicht verliebt ist, kann sie besser differenzieren, was sie eigentlich will und ob er überhaupt der richtige Kandidat für mehr ist. »Dann kann ich es schätzen, wenn es nett ist mit ihm, aber wenn es nicht für mehr reicht, ist es auch kein Drama. Und es verursacht mir kein Herzklopfen und ich sterbe nicht vor Sehnsucht, wenn ich ihn eine Woche lang nicht sehe.«

Für die meisten Frauen ist es eine Frage der Erfahrung und des Selbstbewusstseins, Lust und Verliebtheit voneinander trennen zu können. Einerseits. Andererseits finden viele Frauen: Sind Gefühle mit im Spiel und geht es nicht nur um die pure Lust, ist es »irgendwie« schöner und intensiver. Eine Erfahrung, die übrigens auch viele Männer teilen. So erzählt zum Beispiel Jens, dass es für ihn schöner ist, wenn er in die Frau verliebt ist, mit der er ins Bett geht: »Sonst kann ich mich nicht so gut fallen lassen.« Auch seine Partnerin sollte verliebt sein: »Sie sollte nicht nur Lust haben, einen Typen mal so eben durchzuziehen, und wenn es dann doch nichts ist, sucht sie sich eben einen Neuen.« Übrigens antworteten bei einer aktuellen Umfrage der Forschungsstelle für Sexualwissenschaft und Sexualpädagogik der Universität Landau neunzig Prozent der Befragten, dass Liebe eine entscheidende Voraussetzung für Sex sei, Liebe und Sex gehörten für sie zusammen.

Wird also die Entscheidung, mit jemandem zum ersten Mal ins Bett zu gehen, im Herzen getroffen? Die Antwort heißt: Jein. So jedenfalls das Fazit meiner Interviews. Verliebtheit *kann* die Bedingung zu einer ersten Nacht sein, muss aber nicht. Was aber unbedingt dazu gehört – außer Lust – ist eine Art geistige Verbundenheit mit dem anderen. Denn die Frage Sex oder Nicht-Sex wird letztlich nicht zwischen den Schenkeln entschieden, sondern im Kopf.

Verwirrung der Gefühle: Was suchen wir?

Ob pure Lust oder Verliebtheit, Neugierde oder erotische Ausstrahlung, Geilheit oder geistige Verbundenheit – es gibt viele Motive für abenteuerliche erste Nächte. Was uns letztlich ins Bett eines anderen treibt, ist eigentlich egal.

Problematisch wird es immer dann, wenn man sich über seine Motive nicht im Klaren ist. Der Sexualtherapeut Theo Gilbers kennt viele solcher Fälle aus seiner therapeutischen Arbeit in der Berliner Familienberatungsstelle *Balance*: »Ein Kontakt wird schwierig, wenn ich meine Motive nicht kenne. Wenn ich beispielsweise denke, dass ich auf der Suche nach einem erotischen Abenteuer bin, insgeheim aber nach einem Partner fürs Leben Ausschau halte. Dann purzeln die Empfindungen rauf und runter, und ich bekomme nicht das, was ich wirklich will.«

Sie glauben, dass Sie in Stimmung sind für ein unverbindliches Abenteuer. Und dann lernen Sie einen Mann kennen, der Ihnen gut gefällt, sehr gut sogar. Plötzlich bricht sich etwas Bahn: Einsamkeitsgefühle zum Beispiel oder die heimliche Sehnsucht nach einer stabilen Liebesbeziehung. Was dann? Schon reicht eine nette Episode zwischendurch nicht mehr. Jetzt wollen Sie etwas anderes – Verbindlichkeit, Dauer, Treue. Sie krallen sich fest, verlieben und sehnen sich. Und verstehen gar nicht, warum der andere so abweisend wird und nicht mehr anruft. Warum er sich über Ihre Ansprüche ärgert, die Sie plötzlich an ihn stellen. Warum er sich bedrängt und vereinnahmt fühlt. Aus seiner Sicht haben Sie ihn betrogen, denn Sie haben die Abmachung einer unverbindlichen sexuellen Begegnung gebrochen – frei nach dem Motto »Gibt man ihr den kleinen Finger, will sie gleich die ganze Hand!«

Verwirrung der Gefühle – so beschreibt es Klara:

»Schwierig ist es meistens bei diesen Partygeschichten, also One-Night-Stands, weil ich eigentlich immer davon ausgehe, dass es eine rein körperliche Angelegenheit ohne große Gefühle wird.« Aber spätestens wenn auf die erste eine zweite Nacht folgt – manchmal auch schon am Morgen danach –, sind sie plötzlich da, die Gefühle. »Da merke ich dann, wie ich empfindsam, verletzlich und sehnsüchtig werde. Da hat mich jemand berührt, und den gibt's jetzt immer noch. Und dann will ich, dass dieser Mensch entweder ganz in mein Leben kommt oder sofort wieder verschwindet.«

Solche Bedürfniskollisionen führen häufig zu eigener Enttäuschung und zum Rückzug des anderen. Wie können Frauen das vermeiden? Indem sie sich Rechenschaft über die eigenen Motive ablegen, und zwar bevor sie mit jemandem das Lager teilen. Das ist natürlich nicht immer einfach: Wer kann schon genau sagen, welches Bedürfnis ihn gerade am stärksten umtreibt? Und um es noch komplizierter zu machen, sind die eigenen Beweggründe selten eindeutig. Da mischen sich Lust und Sehnsucht, Neugier und Sympathie, Langeweile und Abenteuerlust.

2. Kandidatenwahl: Wer kommt in Frage?

Was auch immer der Motor ist, der uns in die Betten der Männer treibt, es stellt sich die Frage, in *wessen* Bett wir gerne landen möchten. Mit anderen Worten: Wen wählen wir aus? Wer kommt in Frage? Mit wem möchten wir das Lager teilen?

Blitzanalyse: Taxieren – Bewerten – Entscheiden

Wir sitzen in der U-Bahn oder im Wartezimmer beim Arzt, stehen am Fotokopierer in der Uni oder in der Schlange an der Kasse. Wo auch immer wir uns in der Öffentlichkeit bewegen, wimmelt es von Menschen. Die meisten nehmen wir nur am Rande wahr, sie rauschen mehr oder weniger an uns vorbei. Und dann gibt es andere, an denen bleibt unser Blick hängen. Die registrieren wir und betrachten sie genauer. Manchmal ergibt sich ein Blickkontakt, vielleicht sogar ein kurzes Gespräch. Um zu entscheiden, ob wir mit einem Mann ins Bett gehen wollen, reicht ein kurzer Moment (in der Regel) nicht aus. Aber um zu entscheiden, ob er uns sympathisch ist, brauchen wir gerade einmal dreißig Sekunden.

In dieser kurzen Zeitspanne haben wir entschieden, ob wir den anderen sympathisch finden und ob wir mehr aus der Zufallsbekanntschaft machen wollen. Zu diesem Ergebnis kamen Verhaltensforscher des Max-Planck-Institutes für Humanethologie in Andechs (Bayern).[27] Um das Flirtverhalten zu untersuchen, setzten sie jeweils zwei Unbekannte in einen Raum mit einer Videoüberwachung. Schon nach dreißig Sekunden war die Sache geritzt. Da stand fest, ob die beiden sich interessant fanden und mehr voneinander wollten oder nicht – und das trotz der lauschig-anregenden Institutsatmosphäre.

Was passiert in Sekundenschnelle? In den ersten Sekunden registrieren wir nicht nur das Aussehen des anderen, sondern auch seine Stimme, seine Art zu sprechen, den Geruch und vieles mehr. Sämtliche Details kommen unter die Lupe: Ist er rasiert? Trägt er ein gebügeltes Hemd? Lächelt er? Hat er einen Ehering am Finger? Raucht er? Wir sammeln akribisch alle Informationen, um uns ein Bild machen zu können. Und dazu nehmen wir die Accessoires nicht nur wahr, sondern interpretieren sie fleißig. Sinn der Sache: Zu Urzeiten musste der Mensch blitzschnell entscheiden können, ob ein Unbekannter Feind oder Freund war. Und heute nutzen wir dieses Erbe bewusst/unbewusst: So früh wie möglich wollen wir die Spreu vom Weizen trennen. Ob sein sozialer Status zu uns passt, ob wir vielleicht gemeinsame Interessen haben – dies und noch mehr versuchen wir gleich zu Beginn herauszufinden, um möglichst nicht in die falsche Person zu investieren.

Klar, dass wir uns auf die Schnelle kein exaktes Bild von dem anderen machen können. Dafür werden wir bei unserer Blitzanalyse viel zu sehr von unseren Vorurteilen geleitet. Sieht ein Mann sehr gut aus, ist er bestimmt eitel. Hat er Muskelpakete an Armen und Beinen, wird es mit seiner Intelligenz nicht allzu weit her sein. Trägt er die Haare exakt gescheitelt, ist er ordentlich bis penibel. Und je nach dem, welchen Typ wir bevorzugen, leuchtet das grüne oder rote Lämpchen auf: Näher kennen lernen oder Finger weg!

Fazit: Die Wahl, wer für uns – sei es für eine Nacht oder für mehr – in Frage kommt, ist ein aktiver Prozess. Es passiert nicht einfach aus heiterem Himmel, dass wir einen bestimmten Mann näher kennen lernen wollen oder uns in ihn verlieben. Wir haben die Fäden in der Hand und wählen aktiv aus. Nichts geschieht uns einfach so! Das bedeutet aber auch, dass wir die Verantwortung für unsere Wahl tragen.

Türöffner Sympathie

Die erste Hürde, die ein potenzieller Kandidat nehmen muss, heißt: Ist er sympathisch? Welche Verhaltensweisen einen Menschen sympathisch machen (und wie man nachhelfen kann), ist eines der spannenden Themen, mit denen sich der Partnerschaftsforscher Georg Felser an der Universität Halle beschäftigt. Er weist auf die Ergebnisse einiger Experimente hin, die für unser Thema sehr aufschlussreich sind.

Sympathiegarant Gegenseitigkeit

Wer Verliebte im Umgang miteinander beobachtet, wird schnell feststellen, dass viele ihrer Verhaltensweisen fast synchron ablaufen: Sie greifen zur gleichen Zeit zum Glas; zündet der eine sich eine Zigarette an, tut es wenige Momente später auch der andere; auf das Lächeln des einen reagiert der andere ebenfalls mit einem Lächeln. Solche reziproken, also wechselseitigen, Verhaltensweisen zeigen wir automatisch, wenn uns das Gegenüber (zumindest) sympathisch ist.

Georg Felser sagt, dass Gegenseitigkeit sympathisch macht. Wenn zum Beispiel Grüße erwidert werden, fördert das die Beziehung, bleiben Erwiderungen aus, gerät die Beziehung ins Stocken: »Zurückgrüßen hat eine aufmunternde Wirkung, ebenso wie das Erwidern von Gesten.« Grüßen wir aber jemanden und er grüßt nicht zurück, fühlen wir uns von ihm abgelehnt.

Die Ergebnisse eines Experimentes veranschaulichen die Bedeutung von wechselseitigem Verhalten auf frappierende Weise. Eine Person wird in das gut gefüllte Wartezimmer eines Arztes gesetzt. Die wartenden Patienten blättern in Zeitschriften, gucken in die Luft oder lesen ein Buch. Eine ganz alltägliche Situation. Allerdings sitzt im Wartezimmer ein in das Experiment Eingeweihter. Dieser kopiert unauffällig das Verhalten der Versuchsperson: Schlägt die Versuchsperson beispielsweise die Beine übereinander, tut der Eingeweihte – mit leichter zeitlicher Verzögerung – das Gleiche. Wird die Versuchsperson nach einigen Minuten herausgerufen und befragt, wen sie im Wartezimmer am sympathischsten fand, benennt sie immer die Person, die sie kopiert hat.

Beobachten Sie mal Ihr Gegenüber verstohlen aus den Augenwinkeln. Erringt er vielleicht deshalb erste Sympathiepunkte, weil er Sie – dezent natürlich – kopiert und Ihre Gesten erwidert? Dass wir dieses probate Mittel auch selbst einsetzen können, versteht sich.

Sympathiegarant Ähnlichkeit

Woran denken Sie, wenn Sie den Namen Rasputin hören? Wohl nur die wenigsten können sich noch genau an ihren Geschichtsunterricht erinnern. Der fanatische russische Mönch Grigori Jefimowitsch Rasputin hat am Hof des

Zaren Nikolaus II. eine mysteriöse und nicht immer positive Rolle gespielt. Trotzdem haben die meisten von uns eine vage Ahnung, dass er nicht der nette Mönch von nebenan war, sondern eher eine finstere Gestalt.

Bei einem weiteren Experiment, von dem Georg Felser berichtet, wird Versuchspersonen die Aufgabe gestellt zu beurteilen, ob Rasputin eine eher positive oder negative Person der Zeitgeschichte gewesen sei. »Eine eher negative Person«, urteilen unisono alle – es sei denn, der Versuchsleiter streut beiläufig im Vorgespräch ein: »Wussten Sie übrigens, dass Rasputin am gleichen Tag Geburtstag hat wie Sie?« Diese belanglose (vorgetäuschte) Ähnlichkeit reicht aus, um das Antwortverhalten radikal zu ändern: Wer glaubt, am gleichen Tag Geburtstag zu haben wie Rasputin, beurteilt den Mönch positiver.

Was steckt dahinter? Ähnlichkeiten machen sympathisch, selbst bei unwichtigen Dingen, wie zum Beispiel der gleiche Geburtstag oder der gleiche Geburtsmonat. Und das nicht nur bei Menschen, die an Horoskope glauben. Die Betonung von Ähnlichkeiten ist strategisch einsetzbar, um die Sympathie eines Menschen zu gewinnen. Georg Felser: »Wenn der andere zum Beispiel einen Film mag, der mir gut gefällt, dann tue ich gut daran, ihm das auch zu sagen.« Denn: Auch ein ähnlicher oder übereinstimmender Geschmack erzeugt Sympathie. Allerdings warnt der Psychologe: »Wenn man dabei lügt, kann das irgendwann mal nach hinten losgehen.«

Sympathiegarant positive Assoziation

Angenommen, Sie erfahren von Ihrem Chef, dass der Kollege, auf den Sie ein Auge geworfen haben, befördert werden soll. Dann sollten Sie ihm die Nachricht mitteilen: Dadurch wird er Sie mit der positiven Nachricht in Verbindung bringen, und das gibt ordentlich Pluspunkte. Erfahren Sie dagegen, dass Ihrem Kollegen die Kündigung droht, wäre es zwar kollegial, ihm das möglichst frühzeitig zu sagen, ansonsten aber unklug: Dadurch würde er Sie mit der negativen Nachricht assoziieren, und das gibt Punktabzug. Denn: Ein Glücksbote ist sympathisch, der Überbringer schlechter Nachrichten hingegen wird *getötet*.

»Es gibt die spontane Tendenz, sich angenehm für den anderen zu machen«, erläutert der Partnerschaftsforscher Georg Felser. Irgendwie ist uns das unbewusst klar, wie ein Experiment belegt: Die Versuchsperson A wird beauftragt, einem Kollegen die Nachricht zu überbringen, dass sein Stipendium bewilligt wurde und er sich beim Studienleiter melden soll. Versuchsperson B dagegen gibt man den Auftrag, einem Kollegen auszurichten, dass sein Stipendium *nicht* bewilligt wurde und er sich auch beim Studienleiter melden solle. Wie verhalten sich nun die Versuchspersonen? A teilt ihrem Kollegen sofort persönlich die frohe Botschaft mit, während B dem Kollegen lediglich ausrichtet, er möge sich doch bitte mal beim Studienleiter melden. Gute Nachrichten überbringen wir gerne selbst; bei schlechten Nachrichten dagegen suchen wir nach Ausflüchten und drücken uns davor, sie auszusprechen.

Um in den Augen eines anderen Menschen sympathisch zu erscheinen, ist es nicht nur wirkungsvoll, mit positiven Ereignissen oder Dingen assoziiert zu werden. Auch vor Ort zu sein, wenn jemandem etwas Positives widerfährt, färbt ab, genauso wie angenehme Situationen: eine Feier oder ein Urlaub. Georg Felser: »Wenn man jemandem zum Beispiel auf einem schönen Fest begegnet, erscheint er einem gleich sympathischer. Auch Urlaub ist so ein Beispiel. Es gibt natürlich noch andere Gründe dafür, warum man sich im Urlaub verliebt oder Menschen sympathisch findet, die man im Alltag nicht sympathisch fände. Aber einer der Gründe ist, dass man den anderen mit dem positiven Grundgefühl assoziiert.« Dieses positive Grundgefühl allein ist allerdings kein starker Kitt, sondern lediglich ein Katalysator und deshalb nur kurzfristig wirksam. Aber immerhin wird so der Anfang erleichtert.

Nur nett sein reicht nicht

Sympathie ist als Türöffner schon mal ganz gut, reicht aber bei weitem nicht aus. Denn wer geht schon mit einem Mann ins Bett, nur weil er ganz nett ist? Damit er als Liebhaber in die engere Wahl kommt, muss er zumindest die absoluten *Mindeststandards* der Frauen erfüllen.

Null Promille, null Ehemann

Nicht wenige Männer benötigen alkoholische Unterstützung, wenn sie auf die Suche nach einer geeigneten Partnerin gehen. Ob auf Festen oder in der Kneipe, Alkohol spielt eine wichtige Rolle. Und so kann Gabrieles Position stellvertretend für viele Frauen gesehen werden: Sie würde sich auf keinen Mann einlassen, der betrunken ist: »Der wäre für mich nicht vertrauenswürdig.« In einem anderen Punkt dagegen ist Gabriele nicht so rigoros in der Auswahl. Denn eigentlich dürfte der geeignete Kandidat für eine Nacht auch nicht verheiratet sein, weil sie die Kinderfrage zurzeit sehr beschäftigt. »Noch bin ich in dem Alter, in dem ich ein Kind bekommen kann, aber ich habe nicht mehr so viel Zeit dafür. Trotzdem mache ich da aber häufig Kompromisse.«

Null Duschen gleich Null Sex

Das absolute Minimum, und damit das einzige Kriterium, das wirklich jeder erfüllen muss, um als Mann für eine Nacht in Frage zu kommen, nennt Angelika: »Er muss gepflegt sein, sich regelmäßig waschen, auch seine Klamotten sollen sauber sein.« Christine geht einen Schritt weiter: »Wenn ein Mann nachlässig ist bei seinem Äußeren – wenn er zum Beispiel einen Bierbauch hat –, dann ist das für mich ein Zeichen dafür, dass er sich selbst nicht mag.« Und dann ist es niemand, mit dem sie gerne das Lager teilen will.

Gewaschen und möglichst nicht sturzbesoffen: die Mindeststandards sagen viel über die Männer auf dem Partnermarkt. Dass ausgerechnet diese beiden Aspekte häufig in meinen Interviews genannt wurden, dass Frauen solche Selbstverständlichkeiten überhaupt erwähnenswert finden, erstaunte mich sehr. Dem bin ich ausführlich im Kapitel über die Lustkiller nachgegangen.

Welche weiteren Wünsche und Ansprüche stellen Frauen an Männer für erste Nächte?

Sympathisch und klug

Schon eine bessere Voraussetzung bringt ein Mann mit, der mehr zu bieten hat als nur gutes Aussehen, meint zum Beispiel Doris: »Ich muss mir vorstellen können, dass ich mehr mit ihm anfangen kann als nur im Bett zu liegen. Also sollte er nicht ganz so doof sein. Wenn er nur eine schöne Hülle hätte, würde mir das keinen Spaß machen.«

Interessant und sensibel

Friederike schaut auf die Hände der Männer: »Es gibt Hände, die mir sehr gefallen, und dann ist es schon interessant sich vorzustellen, dass diese Hände einen überall berühren.« Außerdem hat sie überhaupt keine Lust, eine Nacht mit einem klassischen Macho zu verbringen. »Er sollte eher sensibel sein. Und wenn ich einen Mann interessant finde, dann hat er schon mal ganz gute Karten.«

Reif und befriedigend

Christiane braucht das Gefühl, mit einem Mann in allen möglichen Situationen reden zu können. Dann kann sie sich auch auf ihn einlassen: »Dazu gehört eine gewisse Reife: Hat er die schon?« Und dann überlegt sie intensiv, ob der Mann, der ihr gut gefällt, wohl auch in der Lage ist, sie sexuell zu befriedigen: »Ich muss das sichere Gefühl haben, dass das ausbaufähig ist mit ihm. Dadurch sortiere ich vielleicht einige aus, bei denen das irgendwann vielleicht auch möglich wäre. Aber darauf kann man nicht hoffen.«

Chemisch passend

Oder ist es nur eine Sache der seelischen und körperlichen Chemie, ob man mit diesem oder lieber doch mit jenem Mann ins Bett fällt? Das jedenfalls meint Marianne: »Es liegt an der Chemie. Manchmal passt es einfach. Das kommt aber leider nicht so oft vor.« Vielleicht meint sie mit Chemie tatsächlich solche biochemischen Sachverhalte, die der Schweizer Zoologe Claus Wedekind erforscht. Er ließ Frauen an verschwitzten T-Shirts riechen, die Männer zwei Nächte lang getragen hatten. Das verblüffende Ergebnis: Frauen bevorzugen manche Schweißgerüche vor anderen. Am besten gefällt ihnen der Geruch eines Mannes, »der sich von ihnen in einem Punkt möglichst stark unterscheidet: in der Mischung der Immun-Gene«[28]. Insofern scheinen die erschnupperbaren chemischen Botenstoffe den Frauen zu signalisieren, welches männliche Gen-Profil in der Lage ist, ihren weiblichen Gen-Pool bestmöglich zu ergänzen. Ist also doch alles in unserem genetischen Programm codiert?

Noch zu haben

Viele Frauen sind nur dann zu einer Nacht mit einem neuen Mann bereit, wenn er noch nicht vergeben ist. An Sex mit einem verheirateten oder gebundenen Mann waren die wenigsten Frauen, mit denen ich sprach, interessiert. Denn es geht meistens eben nicht nur um Sex, zumindest soll wenigstens die Option auf mehr bestehen. Für Barbara ist es zum Beispiel wichtig zu wissen, ob der andere Single ist: »Das ist mir ein paarmal passiert: In dem Moment, in dem ich die Initiative ergriffen habe, erfuhr ich, dass er schon eine Beziehung hat.« Und damit war die Sache für Barbara gelaufen, denn am Dasein einer Zweitfrau oder an einem One-Night-Stand hat sie kein Interesse.

Gleich und gleich gesellt sich gern oder *Gegensätze ziehen sich an* – beide Volksweisheiten gehören zum Standardrepertoire von Gesprächen, die sich um Partnerwahl und Partnerschaften drehen. Welche stimmt denn nun? Georg Felser hat sich mit dieser Frage in seinem Buch *Bin ich so wie du mich siehst?* beschäftigt. Er kommt zu dem eindeutigen Ergebnis: »Man kann beobachten, dass Partner sich in allen möglichen Merkmalen – Zielen und Einstellungen, Temperament und Begabung, selbst bei demographischen Merkmalen wie zum Beispiel Herkunft und Einkommen – in der Regel ähnlicher sind, als es eine Zufallsverteilung ergeben würde.« Mit anderen Worten: In der Regel gefällt uns ein Mann, wenn er uns ziemlich ähnlich ist. Also doch: *Gleich und gleich gesellt sich gern*!

Was macht attraktiv?

Aussehen und Attraktivität bilden entscheidende Auswahlkriterien bei der Partnerwahl. Sie bilden quasi eine Form von universeller Währung. Habe ich viel zu bieten, bekomme ich auch den entsprechenden Gegenwert. Das heißt, die meisten Frauen flirten nur mit den Männern, die nach ihrer Werteinschätzung auf ungefähr dem gleichem Level liegen wie sie selbst. Und lassen die abblitzen, die nach erstem Taxieren unter ihrem Niveau liegen.

»Attraktivität bestimmt unseren Wert auf dem Partnermarkt, und zwar schnell und eindrucksvoll«, betont auch Georg Felser. Und da sich kaum jemand gerne unter Wert verkauft, tun sich also meistens zwei zusammen, die ähnlich attraktiv sind. Insofern ist die klassische Ausnahme – reicher Mann und schöne Frau – nur eine andere Variante des gleichen Handels. Reichtum und körperliche Attraktivität liegen da gleichrangig Kopf an Kopf auf der Skala der Wertmaßstäbe. Denn der Markt wird ja nicht allein durch körperliche Attraktivität bestimmt, sondern auch durch Geld und damit sozialen Status. Fehlende körperliche Attraktivität lässt sich mit anderem kompensieren. Für einen wohlhabenden Unternehmer ist es deshalb kein Problem, alt und häßlich zu sein. Ihn werden trotzdem junge und schöne Frauen begehren.

Was übrigens körperlich als attraktiv gilt, ist stark dem Zeitgeist und der Mode unterworfen. Noch 1951 galten mollige Frauen als bedeutend attraktiver als schlanke Frauen, breite Hüften gefielen besser als schmale. Und Marilyn Monroe, einst schönste und begehrteste Frau der Welt, hätte heute wohl kaum eine Chance, auch nur zu der Vorentscheidung einer provinziellen Miss-Wahl zugelassen zu werden. Attraktivität und Schönheit liegen im Auge des Betrachters. Man erinnere sich nur an die Aussagen von Richard Burton über seine Ehefrau Elizabeth Taylor: »Ihr Körper ist ein Wunder der Baukunst.« Und an sein späteres Urteil über seine Ex: »Sie ist zu fett und hat zu kurze Beine.«[29]

Interessanterweise tauchte das Aussehen eines Mannes als Auswahlkriterium in meinen Interviews kaum auf. Knackiger Hintern, schmale Hüften, breite Schultern – konkrete körperliche Attribute spielen offensichtlich keine besonders große Rolle bei der Entscheidung, welcher Mann in Frage kommt.

Männer und Frauen wählen einen Partner nach verschiedenen Kriterien aus, wie nicht nur der Psychologe Georg Felser weiß: »Frauen gucken eher auf Merkmale wie Status, auf die Männer ganz selten gucken. Auf physische Reize achten Frauen auch, aber das relative Gewicht nimmt ab, je nach dem, worum es geht. Frauen, die kurzfristige sexuelle Kontakte suchen, achten eher auf physische Attraktivität.« Bei einem One-Night-Stand ist es Frauen – verständlicherweise – wichtiger, wie der Partner aussieht. Suchen sie dagegen den zukünftigen Vater ihrer Kinder, treten körperliche Merkmale zurück. Immer noch ist den meisten Frauen da ein beeindruckender Kontoauszug bedeutend lieber als ein hübsches Gesicht oder ein durchtrainierter Körper.

Um es kurz zu machen: Männer wollen eine äußerlich attraktive Partnerin, Frauen suchen einen Mann mit hohem gesellschaftlichen Status. Und da kaum eine Frau von Natur aus so aussieht wie Nadja Auermann und kein Mann so reich ist wie Bill Gates, wird getäuscht und manipuliert, was das Zeug hält. Frauen basteln mit Hingabe an ihrem Aussehen, ändern die Haarfarbe, modellieren durch Make-up eine andere Gesichtsform, polstern sich an manchen Stellen aus und schnüren sich an anderen ein.

Die Manöver der Männer dagegen beziehen sich auf das Vortäuschen von gesellschaftlicher Dominanz und finanzieller Potenz. Kein Wunder also, dass Männer sich mitunter so grauenhaft aufblähen. So scheint es, dass Männer und Frauen sich gleichermaßen daran abmühen, dem anderen zu zeigen, dass sie genau das besitzen, woran das andere Geschlecht großes Interesse hat. Jeder präsentiert seine Schokoladenseite.

Trotz Gleichberechtigung und zunehmender Erwerbsquote bei Frauen scheint es also immer noch eine nicht unerhebliche Rolle zu spielen, wie finanzkräftig der potenzielle Partner ist. Auch wenn es weder dem romantischen Bild noch dem emanzipatorischen Entwurf von modernen Frauen entspricht: Haben Frauen die Wahl zwischen einem jungen und attraktiven Friseur und einem alten, aber wohlsituierten Unternehmer, werden sie sich im Zweifelsfall für den letzteren entscheiden. Hat dagegen ein Mann die Wahl zwischen einer jungen hübschen Friseurin und einer alten reichen Firmenchefin, wird er sich zumeist für die junge Hübsche entscheiden.

Es ist paradox: Die gleichen Eigenschaften, die den Marktwert von Männern auf dem Partnermarkt verbessern, verschlechtern sie bei Frauen. Lakonisch kommentiert dies der amerikanische Psychiater Morton Shaevitz: »Je älter, wohlhabender, intelligenter, mächtiger, erfolgreicher und attraktiver ein Mann ist, desto größere Auswahl hat er unter den Frauen. Je reicher, intelligenter, mächtiger und erfolgreicher hingegen eine Frau im Lauf der Zeit wird, desto mehr schmilzt die Zahl der möglichen Partner.«[30]

Männer tun im Übrigen nicht nur gut daran, ihren Status aufzupeppen, sondern sich auch als möglichst stark und souverän darzustellen, wenn sie gefallen wollen. So erzählt zum Beispiel Sylvia, was sie an ihrem jetzigen Freund schätzt: »Bevor ich Thorsten kennen lernte, hatte ich immer nur solche Weicheier. Bis dahin war das immer mein Part in Beziehungen, die Starke zu sein und die ganze Verantwortung zu tragen. Mit ihm ist es ganz anders. Er vermittelt viel Stärke.«

Auch Stefanie schildert etwas Ähnliches. Jasper, mit dem sie einige Zeit später dann eine Nacht verbrachte, war ihr durch seine Souveränität aufgefallen. Sie hatte erst vor kurzem den Job bei einem Fernsehsender bekommen. Eines Tages ging alles drunter und drüber. Was schief gehen konnte, ging schief, und alle waren sehr gestresst. Ihr Chef brüllte sie an, weil sie einen Text nicht vorbereitet hatte, der dringend gebraucht wurde. »Ich stand da wie angewurzelt. Auf einmal sagte einer zu meinem Chef: ›Mensch, reg dich ab.‹ Und drückte ihm einen passenden Text in die Hand, den er kurz vorher geschrieben hatte.« Jasper hatte als Einziger in dem ganzen Chaos die Nerven bewahrt. Und dadurch die Aufmerksamkeit von Stefanie gewonnen: »Da habe ich mir ihn erst mal genauer angeguckt und gedacht: Na ja, hässlich ist er nicht. Außerdem hat es mir gut gefallen, wie souverän er in der Situation reagiert hat.« Danach hat Stefanie Jasper nicht mehr aus den Augen gelassen. Obwohl er kein Single war, ging sie von nun an zielgerichtet auf seine Eroberung aus. »Das war aber eine Ausnahme. Normalerweise ist meine Frauensolidarität größer und ich lasse die Finger von einem vergebenen Mann.«

Es ist immer noch ein Tabu, und dennoch spielt es bei der Partnerwahl von Frauen eine nicht geringe Rolle: Geld und der soziale Status eines Mannes. Nur wenige Frauen sprechen offen darüber. Denn es widerspricht ihrem Selbstbild einer unabhängigen Frau beziehungsweise dem Urbild der romantischen Liebe. Wie sehr Geld einen Mann attraktiv macht, sieht man nicht zuletzt an den geschmacklosen TV-Shows, in denen (angebliche) Millionäre eine Frau zum Heiraten suchen – und nicht wenige Frauen sich dazu bereit erklären. Obwohl sie nichts über den Mann wissen und ihn auch nie zu Gesicht bekommen haben. Denn das Wichtigste wissen sie ja schon von ihm: Er hat Geld, viel Geld.

Monika spricht offen darüber. Für sie müssen auch die Finanzen des Kandidaten stimmen. Und das ist es auch, was ihr an ihrem neuen Freund besonders gut gefällt: »Gerd hat all das, was mir in meiner letzten Beziehung fehlte: Er ist alltagstauglich und unterstützt mich, und auch der finanzielle Hintergrund stimmt. Auf diese Dinge schaue ich bei Männern. Es war mir vorher klar, dass er Geld hat, und das ist mir auch wichtig. Es ist ein Grund dafür, dass er für mich als Partner attraktiv ist.«

Schöne Frauen und reiche Männer haben große Auswahl auf dem Partnermarkt – es ist also leider doch etwas dran am Klischee. Aber letztlich ist es eine Frage der *Quantität* und nicht der *Qualität*: Was kratzt es mich, wenn alle meine männlichen Kollegen auf die hübsche Praktikantin fliegen, so lange der Mann, der mir gefällt, mich will? Und wenn

Millionen Männer von Pamela Anderson träumen, heißt das noch lange nicht, dass sie die glücklichste, geliebteste und sexuell zufriedenste Frau der Welt ist.

Sexappeal der Angst

Kaum zu glauben: Angst steigert die erotische Spannung. Tatsächlich hat man nachgewiesen, dass ein gewisses Maß an Angst – oder besser: Spannung – die sexuelle Erregung steigert beziehungsweise schafft. Donald Dutton und Arthur Aron konnten zum Beispiel belegen, dass Angst unter gewissen Umständen für sexuelle Spannung verantwortlich ist.[31] Um dies nachzuweisen, ließen sie Männer auf unterschiedliche Weise über eine hundert Meter tiefe Schlucht gehen: Die eine Hälfte der Männer ging über eine stabile Brücke, die andere Hälfte musste die tiefe Schlucht auf einer unsicher aussehenden Hängebrücke überqueren. Auf der anderen Seite der Schlucht wurden die Männer beider Gruppen von attraktiven Frauen interviewt. Die Fragebögen waren so angelegt, dass mit ihrer Hilfe die sexuelle Spannung der Befragten gemessen werden konnte. Das Ergebnis: Die Männer, die sich über die Hängebrücke hangeln mussten, hatten eindeutig höhere Werte.

Und das Experiment ging weiter: Heimtückisch gaben die Interviewerinnen den Männern unter einem Vorwand ihre private Telefonnummer. Und auch hier zeigte sich schon bald ein signifikanter Unterschied: Die Abenteurer und Helden der Hängebrücke riefen zu einem deutlich höheren Prozentsatz bei den Frauen an, um sich zu verabreden. Für Dutton und Aron ein weiterer Hinweis, dass Furcht sexuelle Spannung begünstigt: »Dies könnte ein Grund dafür sein, warum außereheliche Affären trotz des Risikos so attraktiv sind. Das Element der Gefahr ist immer vorhanden und macht die Sache außerordentlich reizvoll.«[32]

Gilt das nur für Männer, oder finden auch Frauen gefährliche Situationen prickelnd? Zumindest in der Phantasie. Dabei sind Frauen aber nicht die aktiv Handelnden, sondern mal wieder passive Akteurinnen. In unzähligen Filmen und Groschenheften bilden Frauen, die in großer Gefahr schweben und vom tapferen Helden gerettet werden, das zentrale Motiv. Gefahr scheint geradezu die fundamentale Bedingung für ihr Verlieben zu sein und den Reiz des Helden zu steigern. Ob Feuersbrunst oder Entführung, schwerer Unfall oder brutaler Ehemann – die Situation, in der sich die weibliche Hauptfigur befindet, kann nicht gefährlich genug sein, um endlich auf den Helden zu treffen. Und der wird dann letztlich mit einer gemeinsamen Nacht beglückt, beschenkt, bezahlt.

Auswählen oder auswählen lassen?

Sie hatten die Hoffnung schon aufgegeben. Die schöne junge Frau, die reglos vor ihnen lag, war bestimmt tot. Ermordet – vergiftet durch die Hand einer bösartigen Verwandten. Da plötzlich tauchte aus dem Nichts ein Mann auf. Auf einem weißen Pferd reitend, näherte er sich der bleichen Jungfrau und den sieben trauernden Freunden. Er stieg ab und warf einen langen Blick auf die Frau, deren Augen fest geschlossen waren. Noch nie hatte er eine so schöne Frau gesehen! Sie, nur sie wollte er zur Frau. Er kniete nieder und küsste die bleiche Schönheit. Und das Wunder geschah: Langsam öffnete sie die Augen und strahlte ihn an. Alle waren außer sich vor Glück: Schneewittchen war wieder am Leben! Und hatte vor allem nun einen Gemahl, den schönen jungen Prinzen auf dem weißen Pferd.

Ob Schneewittchen im Laufe der Zeit glücklich wurde, haben uns die Gebrüder Grimm leider nicht mehr verraten. Doch was sie erzählt haben, ist das ewig gleiche Muster, wie Frauen zu einem Mann kommen: Sie lassen sich aussuchen. Ob Schneewittchen, Dornröschen oder Aschenputtel – alle warten auf ihren Prinzen, der sie auserwählt aus der Schar der Frauen.

Und welchen Beitrag leisten Frauen zur Wahl? Sie machen sich hübsch, präsentieren sich, zeigen, dass sie zu haben sind, und legen sich ins Zeug, um den potenziellen Prinzen zu gefallen. Sie reagieren zustimmend oder ablehnend auf die Männer, die sie wählen wollen, anstatt selbst aktiv zu suchen. Das alte Rollenmuster greift immer noch. Die meisten Frauen sind darauf fixiert, von Männern ausgewählt zu werden.

Das passive Wahlverhalten von Frauen bestätigt mir die Berliner Flirtlehrerin Sylvia Baeck. In ihren Seminaren macht sie den Frauen dieses passive Verhaltensmuster zunächst bewusst: »Nur ein ganz geringer Prozentsatz der Frauen nimmt sich das Recht, aktiv einen Partner auszuwählen. Das sind nur die sehr selbstbewussten Frauen.« Die Schneewittchen-Rolle liegt erwachsenen Frauen offenbar immer noch im Blut.

Und wie ist das bei den jungen Mädchen? Wie verhalten sich Fünfzehn- und Sechzehnjährige, hat sich da mittlerweile irgend etwas geändert? Das wollte ich von Anja Wilser wissen, die durch ihre Arbeit im Stuttgarter *Mädchengesundheitsladen* viel mit Heranwachsenden über Liebe, Sexualität und Partnerschaft redet. »Immer mehr Mädchen wählen ihren Partner aktiv aus. Zwar fragen sie nicht direkt ›Willst du mit mir gehen?‹, aber sie kriegen es trotzdem hin, dass es zu einer Beziehung kommt.« Die Mädchen von heute kennen und nutzen ihre Rechte: Sie wissen, dass es auch als Mädchen völlig okay ist, aktiv bei der Beziehungsaufnahme zu sein.

Alles in Butter also? Ist das passive Sich-auswählen-lassen der Frauen nur ein Problem der Generationen über 30? Leider nicht! Denn obwohl die meisten Mädchen ihre Möglichkeiten kennen und zuweilen auch nutzen, so erzählt Anja Wilser, ist es ihnen lieber, wenn sie von Jungen ausgewählt werden, anstatt selbst aktiv zu werden: »Die Mädchen zwischen zwölf und vierzehn sind noch relativ unbefangen. Danach setzt die Scham ein.« Deshalb wählen Mädchen eher indirekte Wege, die es ihnen erlauben, sozusagen »hintenherum« aktiv zu sein, aber zugleich dem Jungen die Möglichkeit zur Initiative zu überlassen. Eigentlich ein cleveres Verhalten, findet Anja Wilser: Mädchen schaffen dadurch den Spagat, einerseits ihre Rechte zu nutzen und auszuwählen, »und andererseits passt ihr Verhalten trotzdem noch zu den althergebrachten Spielregeln.«

Und diese Spielregeln beachten wir bewusst oder unbewusst, wenn es ums Flirten geht. Denn wann wer welchen Schritt beim Anmachen und Abschleppen macht, ist beileibe nicht gleichgültig. Es sind eben doch die tradierten und althergebrachten Rituale, die wir dabei befolgen.

3. Kennenlernen: Begegnen – Bezaubern – Bezirzen

Jeden Tag sehen wir diesen Mann in der U-Bahn oder in der Kantine sitzen. Sieht ganz sympathisch aus. Optisch kommt er in die engere Wahl. Er trägt keinen Ehering, das haben wir natürlich schon gecheckt. Seine Stimme klingt angenehm, mehr als das – anziehend. Und erst die Hände! Zum Streicheln wie gemacht. Drei-, viermal hat sich unser Blick getroffen. Bestimmt nicht zufällig. Er gefällt uns so gut, dass wir sogar schon unserer besten Freundin von ihm erzählt haben. In langweiligen Konferenzen schweifen unsere Gedanken zu dem Unbekannten und wir fragen uns, wie es wohl wäre, ihn zu küssen. Wir haben uns auch schon bestimmt zehn Situationen ausgemalt, wie wir ihn kennen lernen. Vielleicht ist es ja wirklich einer, mit dem wir die ein oder andere Nacht verbringen könnten. Bislang blieb es beim Träumen und Ausmalen. Wie bekommt man aber die Dinge zum Laufen? Wir können ihm ja schlecht zuraunen: »Schau mir in die Augen, Kleiner«, ihm einen Zettel mit unserer Telefonnummer in die Jackentasche schmuggeln oder ihn einfach fragen, ob er Lust hat auf einen Kaffee. Oder etwa doch?

In solchen Situationen fragen Frauen sich meistens: »Warum spricht er mich nicht an?« Und zerbrechen sich den Kopf über die phantasierten Gründe. Rein statistisch gesehen ist es sehr viel wahrscheinlicher, dass er zu dem kontaktscheueren Dreiviertel der Männer gehört als zum forschen Viertel: Repräsentativen Umfragen zufolge haben nämlich mehr als 75 Prozent der ledigen Erwachsenen in Deutschland Kontaktprobleme.[33]

Auf dem Weg von der Auswahl des potenziellen Liebhabers bis zum gemeinsamen ersten Showdown liegt noch eine beträchtliche Strecke, und damit leider auch noch einige Hürden, über die wir stolpern und auf die Nase fallen können. Denn nur den wenigsten Männern und Frauen fällt das Aufreißen, Ansprechen und Anbandeln leicht. Und je länger das letzte Date zurückliegt, desto mehr fehlt es an Übung. Je weniger Übung, desto größer die Unsicherheit: ein Teufelskreis.

Und dann beginnen wir in Gedanken perfekte Sätze zum Kennenlernen zu formulieren. Bloß kein unbeholfenes Gestammel, kein nervöses Gezupfe am Kleid, keine zitternde Stimme. In der Realität verläuft das Kennenlernen leider selten so bilderbuchhaft wie in unseren Tagträumen. Denn anstatt mit Mut, Selbstbewusstsein und Optimismus an die Situation heranzugehen und den Mann anzusprechen, wählen die meisten Frauen einen anderen und weitaus komplizierteren Weg: Sie warten nervös ab, bis er die Initiative ergreift.

Vor dem ersten Schritt: Das Kopfkino der Frauen

Um die Zeit bis zum Tag X auch gut zu nutzen, machen sich Frauen fleißig Gedanken, wälzen jedes Beobachtungsdetail hin und her und interpretieren, was das Zeug hält: Jeder Blick, jede Geste, jedes Lächeln des Mannes wird in seine Bestandteile zerlegt. »Frauen machen viel im Kopf mit sich aus«, weiß Sylvia Baeck aus ihrer Erfahrung in den Flirtkursen. »Männer sind da bedeutend einfacher. Die denken: Sie lächelt, also findet sie mich nett. Frauen denken: Er lächelt, also amüsiert er sich vielleicht gerade über mich.« Diesen Hang der Frauen zur Interpretation nennt Sylvia Baeck treffend das *Kopfkino der Frauen*.

Eine Probe aus dem ersten Akt gefällig? Eine Frau hat einen neuen Kollegen bekommen, der ihr gut gefällt. Nun kann sie Stunden damit verbringen, über ihn nachzudenken. Wie grüßt er sie morgens? Grüßt er sie so, wie seine anderen Kolleginnen? *Genau* so? Oder doch etwas anders? *Wie* anders – freundlicher? Und wie hat er sie heute Mittag in der Kantine angesehen? Neugierig? Interessiert? Abschätzig? Warum hat er sich nicht neben sie gesetzt, da wäre doch ein Platz frei gewesen? Vielleicht, weil er schüchtern ist. Oder weil er sie provozieren will. Oder eher, weil er nicht möchte, dass die Kollegen mitbekommen, dass bald etwas zwischen ihnen laufen wird. Um ihr nicht zu zeigen, dass er etwas von ihr will. Um sie auf die Folter zu spannen und sich interessant zu machen. Weil er vielleicht nicht geduscht hat und es ihm peinlich ist, nach Schweiß zu riechen. Weil er sie ganz toll findet und sie ihn nervös macht.

Welche Antworten man sich auf diese Fragen gibt, bestimmen übrigens weder Erfahrung noch Menschenkenntnis, sondern das eigene Selbstbewusstsein. Das sollten Sie sich vor Augen halten, wenn Sie das nächste Mal nach Gründen für das Verhalten Ihres Auserwählten suchen.

Sicher kennen Sie die berühmte Geschichte vom Mann und dem Hammer, mit der der Psychotherapeut und Kommunikationswissenschaftler Paul Watzlawick beschreibt, welche Fallen man sich mit selbst gebastelten (und unüberprüften) Theorien stellen kann. Ein Mann will von seinem Nachbarn einen Hammer ausleihen. Gerade will er bei ihm klingeln, da kommen ihm Zweifel: Ob der ihm seinen Hammer überhaupt ausleihen wird? Gestern hat der Nachbar ihn schon so komisch angesehen. Vielleicht war er ja in Eile. Vielleicht hat er aber auch nur so *getan*, als sei er in Eile. Der Mann überlegt, was der Nachbar wohl gegen ihn haben könnte. Jedenfalls gibt es keinen Grund, so unwirsch zu sein. Schließlich hat er ihm nichts getan. Und wenn der Nachbar *ihn* fragen würde – er liehe ihm selbstverständlich ein Werkzeug aus. Nach nur wenigen Minuten ist der Mann fest davon überzeugt, dass sein Nachbar ihm seine Bitte abschlagen wird. Was ihn so sehr ärgert, dass er an die Tür nebenan klopft und – bevor der Nachbar auch nur Guten Tag sagen kann – schreit: »Behalten Sie doch Ihren Hammer, Sie Rüpel!«[34]

Ein absurdes Verhalten? Mag sein, aber genauso funktioniert das Kopfkino. Schnell wird es zum Selbstläufer: Einmal angefangen, läuft der Film. Und so kommt es, dass Frauen, bevor sie auch nur den ersten Satz mit einem Mann gewechselt haben, sich in Gedanken schon mit der Frage beschäftigen, ob er lieber in die Berge oder ans Meer fährt, oder ob er wohl mal Kinder haben will. Männer wären ziemlich schockiert, wüssten sie, worüber sich Frauen, die sie dreimal angelächelt haben, den Kopf zerbrechen!

Ganz schön arrogant von Frauen, dass sie immer zu wissen glauben, wie der andere *wirklich* ist und was er gerade denkt und fühlt, findet Sylvia Baeck: »Durch so eine Haltung hört man gar nicht mehr richtig zu, weil man ja glaubt, schon alles über ihn zu wissen.« Und was er wirklich sagt, ist dann gar nicht mehr relevant, man hört eh nur das, was ins eigene Bild von ihm passt. Die Gefahr, die dahinter lauert: Frauen verlieben sich in das Bild von einem Mann, aber nicht in ihn selbst. Sie glauben ihn in- und auswendig zu kennen und bleiben dabei an der Oberfläche kleben. Die Leerstellen füllen sie akribisch mit ihrer Phantasie. Eine fatale Haltung, die bei Frauen weit verbreitet ist, wie die Flirtlehrerin immer wieder in ihren Seminaren beobachtet.

Flirtregeln

Mit dem Kennenlernen beginnt das Spiel konkreter zu werden, zumindest dann, wenn beide die Bereitschaft zum Flirt haben. Und dieses Spiel ist überall gleich. Es läuft in den unterschiedlichsten Kulturen nach ähnlichen Mustern ab und folgt gleichen Regeln. So jedenfalls die These des bedeutenden Humanethologen Irenäus Eibl-Eibesfeldt, der das Flirtverhalten in verschiedenen Kulturen beobachtete.[35] Sein Fazit: Flirten ist eine universelle Sprache, die überall gesprochen und von allen verstanden wird. Und genau diese Sprache nutzen wir bewusst und unbewusst. Wollen wir einen anderen Menschen für uns gewinnen, sind wir unglaublich charmant, können ein Wunder an Aufmerksamkeit sein und lächeln unentwegt. Wir hören dem Mann, den wir umgarnen, mit einer Intensität zu, die jedem Psychotherapeuten Konkurrenz machen würde. Wir trumpfen mit unseren Vorzügen auf und stellen unser Leben um einiges interessanter dar, als es in Wahrheit ist. Wir basteln gerne ein wenig an unserer Biographie herum und schmücken sie aus: Aus zwei Semestern Anglistik wird ein Studium der Sprachen, die sechswöchige USA-Reise wird zum langen Auslandsaufenthalt (»Damals, als ich in New York lebte …«) und die dröge Stelle als Aushilfs-Sekretärin mutiert zum aufregenden Job in einer Agentur.

Regel Nr. 1: Der heiße Brei

Zu den Flirtregeln gehört es, dass man zunächst erst mal um den heißen Brei herum redet. Oder hat jemals ein Unbekannter zu Ihnen gesagt: »Sie gefallen mir gut, ich würde Sie gerne näher kennen lernen. Hoffentlich verlieben Sie sich in mich!« Natürlich nicht, denn das wäre gegen die Regel.

Regel Nr. 2: Männer sind die Eroberer

Die bekannteste Regel lautet: Männer greifen an, sie jagen und versuchen, Frauen zu erobern. Der Part der Frauen ist dazu komplementär: Sie präsentieren sich und spielen die lockenden Weibchen. Sie verhalten sich indirekt, kokett und passiv: »Eine Frau wartet ab, bis der Mann die Initiative ergreift«, erklärt der italienische Soziologe Francesco Alberoni in seinem Buch *Erotik*.[36]Selbst wenn sie ihn verführen will, fordert sie ihn nicht direkt auf, sondern »erwartet, dass er begreift und die einladenden Gesten dechiffriert.« Wenn sie Pech hat, kann sie lange warten. Und zu guter Letzt weiß sie noch nicht mal, ob er bloß nicht begriffen hat, dass sie schon längst bereit war, erobert zu werden, oder ob er einfach kein Interesse an ihr hat. Was für eine Vorlage für das *Kopfkino*.

Frauen haben diese Grundregel in Mark und Bein aufgesogen: Therese ist dafür ein gutes Beispiel. Sie achtet genau auf die Signale des anderen. Da sie alle Männer, mit denen sie bisher geschlafen hat, bereits vor ihrer ersten gemeinsamen Nacht gut kannte, hatte sie schon ein Gespür dafür, ob sie Interesse an ihr hatten oder nicht. Eigentlich ist sie immer so lange passiv geblieben, bis sie zum ersten Mal geküsst wurde. Und erst der Kuss ist für Therese dann das eindeutige Signal seines erotischen Interesses: »Dann bin ich mir immer ganz sicher, dass es weitergeht, wenn ich es zulasse oder will.« Therese greift nie aktiv an, sondern sie »lässt zu« oder »blockt ab«. »Aber dann versuche ich, das Tempo vorzugeben, oder es wenigstens zu steuern. Unsicher bin ich bis zum Kuss – ob er mich will oder nicht –, dann komischerweise überhaupt nicht mehr.«

Auch Sarah erzählt, dass sie sich lieber aufs *Re*agieren verlässt. Sie traf Tim an einem Wochenende bei ihrem Bruder. Sie unterhielten sich zunächst über belanglose Themen und schauten sich später gemeinsam mit anderen einen Videofilm an. Plötzlich merkte Sarah, wie ihr jemand den Rücken kraulte: »Eine Hand krabbelte unter meinem Pullover den Rücken hoch. Als ich mich herumdrehte, sah ich, dass es Tim war. Ich dachte: Mal gucken, was noch so passiert.« Doch vorerst geschah gar nichts weiter, denn *er* unternahm keinen weiteren Versuch. Und Sarah wartete ab. Schließlich hatte Tim, jedenfalls nach Sarahs Vorstellung, das Ganze aktiv voranzutreiben. Ein typisches weibliches Verhalten. So haben die beiden an diesem Abend noch in getrennten Zimmern geschlafen. Erst am nächsten Abend startete Tim seinen nächsten Versuch, und an diesem Abend haben sie dann auch zum ersten Mal miteinander geschlafen.

Die Frage, ob und wie sie einen reizvollen Mann kennen lernt, beantwortet Martina ähnlich. Auch sie wartet ab, bis er aktiv wird: »Ich gehe nicht auf einen Mann zu und sage: Du bist es. Ich bin eher eine Beobachterin. Ich glaube, ich merke ziemlich genau, wo und wie meine Chancen liegen. Ich kann das nicht, so einfach auf einen zugehen.« Eine Haltung, die viele Frauen teilen.

Es ist typisch für Frauen, dass sie ewig lange in dieser Warteposition verharren, selbst wenn ihnen ein Mann mehr als gut gefällt. Dazu noch einmal die Beobachtungen von Sylvia Baeck. In den Kursen ihrer Flirtschule wird diese Situation regelmäßig thematisiert. Da berichten Frauen immer wieder stereotyp, dass sie alles dafür geben würden, diesen einen Mann kennen zu lernen, ganz unbedingt – machen aber keine Anstalten, selbst die Initiative zu ergreifen. Insofern passiert häufig – wie nicht anders zu erwarten – nichts. Die Frauen sagen aber eher: »Dann hat er eben Pech gehabt« oder »Es hat eben nicht funktioniert«, anstatt ihrerseits einen Versuch zu starten. »Frauen gehen selten so weit, darüber nachzudenken, dass sie vielleicht beginnen könnten«, meint Sylvia Baeck, zumindest nicht beim ersten oder zweiten Treffen. Wenn ihr Interesse stark bleibt und sie ihn das fünfte oder sechste Mal treffen, ohne dass er eindeutig wird, erst dann denken sie langsam darüber nach, selbst einen Versuch zu wagen – jedenfalls vielleicht.

Es geht auch anders – weibliche Attacken

Geht es auch anders? Es geht – und zwar gut, wie ein Erlebnis von Tanja beweist. Sie sprach Klaus, der ihr verdammt gut gefiel, einfach in einer Kneipe an. Das hatte sie vorher noch nie getan, aber der spätere Erfolg gab ihr Recht. Wie kam es dazu? Eines Abends war Tanja mieser Stimmung; sie hatte ein paar langweilige Stunden mit Bekannten verbracht, ärgerte sich über die vertane Zeit und war schlechter Laune. In dieser Stimmung wollte sie nicht nach Hause gehen. Also ging sie in eine Kneipe, in der eine gute Freundin von ihr häufig arbeitete. Aber ausgerechnet an diesem Abend hatte sie frei. Mit wem sollte sie nun ein paar Worte wechseln und ein Bier trinken? Da tauchte Klaus mit einem

Freund neben ihr am Tresen auf. Ohne lange zu überlegen, sprach sie ihn an: dass sie gerne ein Bier tränke, aber ungern allein. Ob er und sein Freund wohl ein Glas mit ihr trinken wollten? Und sie wollten. »Es war absolut außergewöhnlich, dass ich einen Mann angesprochen habe«, erzählt Tanja. Aber sie hatte keine Lust, unverrichteter Dinge und mit schlechter Laune nach Hause zu gehen. Außerdem gefiel ihr einer der beiden Männer: Klaus. Tanja meint, dass sie durch diese positive Erfahrung viel aktiver geworden ist und nicht immer darauf wartet, dass die Männer sie ansprechen.

Spätere Folgen in der Beziehung

Wer war aktiv und wer passiv beim Werben – das wollen Psychotherapeuten von Paaren wissen, die später ratsuchend in ihren Praxen landen. Die Stuttgarter Familientherapeutin Isolde Schaugg erzählt mir zum Beispiel, dass die Kennenlerngeschichten von Paaren äußert aufschlussreich sind. Denn besonders die Rollenverteilung – wer agiert, wer reagiert – lässt Schlüsse auf die spätere Partnerschaft zu. Die Wahrscheinlichkeit sei nämlich hoch, dass sich das anfängliche Muster durch die ganze Beziehung zieht.

Nehmen wir einmal an, er hat beim Kennenlernen die Initiative übernommen, die Treffen arrangiert, Sie immer wieder angerufen und auch sonst nichts ausgelassen, um aktiv um Sie zu werben. Dann kann es sein, dass ihm das irgendwann – im Laufe einer Beziehung – zu dumm wird. Isolde Schaugg: »Die ursprüngliche Rollenverteilung beim Kennenlernen kann später für ein großes Konfliktpotenzial sorgen.« Früher oder später erwartet er, dass Sie gefälligst auch mal die Initiative übernehmen, dass nicht jedesmal alles an ihm hängen bleibt. Dass Sie auch einmal die Theaterkarten organisieren, den Wagen zur Werkstatt bringen oder ein Essen mit Freunden planen. Und Sie ärgern sich, dass Ihr Partner immer schneller ist und Ihnen gar keine Chance zu handeln lässt. »Möglicherweise gefällt es ihr später nicht mehr, dass sie nie drankommt, nie die Initiative übernehmen kann, weil sie bei seinem Tempo einfach nicht mithalten kann.«

Flirtphasen

Das Flirten folgt nicht nur bestimmten Regeln, es läuft auch in immer gleichen Phasen ab, egal von wem oder wo geflirtet wird. Das fand Karl Grammer, Forscher am Max-Planck-Institut für Verhaltensphysiologie in Starnberg, heraus.[37]

Phase 1: Aufmerksamkeit

Entgegen aller Erwartung machen Frauen in der Regel den Anfang. Sie sorgen dafür, dass der Ball langsam ins Rollen kommt. Geraten Männer ins Blickfeld, die ihre Aufmerksamkeit erregen, versuchen sie, ihn einzuschätzen: Ist er sympathisch, interessant, langweilig? Wäre er was für sie? Männer spüren diesen Blick und reagieren auf ihre Weise: Sie entscheiden, ob die Frau ihnen gefällt, ob sie nach ihrem Geschmack gut aussehend und somit eine potentielle Partnerin sein könnte. Ist die Prüfung positiv, beginnen Männer mit dem Angriff. Bis zu diesem Zeitpunkt kommen lediglich Blicke zum Einsatz. Sie versuchen, Blickkontakt zu der Auserwählten herzustellen. Und erst langsam werden die Körper ins Ritual einbezogen. Jeder beginnt zu zeigen, was er zu bieten hat: Frauen gehen wie zufällig ins Hohlkreuz und präsentieren ihren Busen, Männer straffen die Schultern und spielen mit ihren Muskeln. Falls sie nun auch noch lächelt, lächelt er zurück. Und dies alles geschieht in wenig mehr als dreißig Sekunden.

Phase 2: Erkennen und Erkunden

Jetzt wollen Frauen mehr wissen: Wie groß ist sein Interesse denn wirklich? Um das herauszufinden, ermuntern sie ihn zur Eroberung auf zweierlei Weise: Sie wenden ihm auffällig den Oberkörper zu und senken dann den Blick. Männer versuchen daraufhin, wieder und wieder ihren Blick aufzufangen. Und je öfter ihnen das gelingt, um so eher sind sie davon überzeugt, nicht abgewiesen zu werden. Jetzt erst ist die Zeit reif, um ein Gespräch zu beginnen.

Phase 3: Identifikation

Im ersten Gespräch mühen sich beide, Gemeinsamkeiten herauszufinden. Dass dabei geschummelt, gemogelt und gelogen wird, was das Zeug hält, versteht sich von selbst. So wird der Liebhaber von blutigen Steaks erklären, dass er eigentlich wochenlang ohne Fleischgenuss leben kann, wenn er auf eine Vegetarierin trifft. Die überzeugte Großstädterin gibt vor, schon immer vom Landleben geträumt zu haben, wenn sie einen Mann kennen lernt, der Großstädte hasst. Zudem versuchen Frauen in dieser Phase außerdem, die Vorzüge des Mannes herauszufinden. Zum Beispiel: Ist er gebildet, hat er Geld, wird er mal Karriere machen? Der Sinn des Ganzen: Sie wollen vermeiden, aufs falsche Pferd zu setzen und nicht auf einen Mann reinzufallen, »der es nicht wert ist«. Meist reden die Männer im ersten Gespräch mehr, und die Frauen halten sich bei der Selbstdarstellung vornehm zurück. Besteht er die Prüfung in ihren Augen, kommt der erste Körperkontakt zustande:

Zufällig berührt sie ihn, wodurch er weiß: Phase 3 erfolgreich beendet!

Phase 4: Sexuelle Erregung
Schon nach zirka neun Minuten beginnt der Kontakt intensiver zu werden. Noch immer handeln beide Akteure nach einem unbewussten Fahrplan, aber die Signale, die sie aussenden, werden eindeutiger. Frauen beginnen mit ihrem Körper auf die Reaktionen des Mannes zu agieren: Sie bewegen sich synchron. Zu diesem Zeitpunkt haben beide zwar einerseits ihr Interesse signalisiert, könnten aber andererseits, wenn sie es sich anders überlegen, ohne Gesichtsverlust den Kontakt abbrechen und so tun, als wäre alles nur ein Missverständnis.

Gehen wir mal davon aus, dass beide vorsichtig miteinander umgehen, nicht gleich am ersten Abend ihren Kontakt intensivieren, sich aber wiedersehen wollen und zu einem Date verabreden. Was passiert vor und während des Treffens?

Das erste Treffen

Das erste Treffen ist ein Training in Selbstsicherheit. Kein Wunder, dass man aufgeregt ist und sich vorher unendlich viele Gedanken macht: Wie wird es wohl werden, was wird passieren? Frauen versprechen sich vor allem davon, den anderen zunächst einmal besser kennen zu lernen. Für sie ist die erste Verabredung der Auftakt, ein Anfang. Mag sein, dass mehr daraus wird, das wird sich im Laufe der Begegnung zeigen! Wenn Frauen phantasieren, ob und wie das erste Treffen wohl weitergehen wird, haben sie meist eher romantische als sexuelle Vorstellungen.[38] Sie malen sich aus, wie der Mann ihnen Komplimente macht, wie sie mit ihm Arm in Arm durch einen Park spazieren, wie sie eng miteinander tanzen und sich küssen. Nur wenige Frauen gehen den Schritt weiter und überlegen, wie oder in welcher Stellung sie am liebsten mit ihm Sex haben würden. Und trotzdem: Eine Hamburger Studie, die sich auf das Verhalten von Studenten beiderlei Geschlechts stützt, weist nach: Jeder – Männer und Frauen – macht sich beim ersten Treffen Gedanken darüber, wie es wohl mit dem anderen im Bett ist.[39]

Ein Köder für den Besten

Bei der Vorbereitung für das erste Treffen nehmen sich Frauen viel Zeit für das Styling – die Auswahl ihrer Garderobe und das Zurechtmachen im Bad. Martina beispielsweise verbringt vor einem Rendezvous wesentlich mehr Zeit vor dem Kleiderschrank und im Badezimmer als sonst. Die ganze Vorbereitung macht ihr viel Spaß. Schon Tage und Stunden vorher denkt sie sich hinein in die Situation. Zu den verschiedenen Männern, mit denen sie verabredet war, gehören für sie auch bestimmte Lieder. Und die hat sie dann vorher immer gehört: »Zehnmal nacheinander das gleiche Lied. Wie ein Ritual.« Das war für sie ein wichtiger Teil der Einstimmung. Die Gedanken an das vielleicht stattfindende neue sexuelle Abenteuer beschäftigten sie immer schon den ganzen Tag vorher. Alles andere wurde für sie im Vergleich dazu unwichtig.

Und tatsächlich verrät die Aufmachung, wonach einem der Sinn steht: »Frauen kleiden sich häufig anders als sonst, wenn sie auf ein Abenteuer aus sind«, berichtet der Sexualtherapeut Theo Gilbers, »sie haben dann auch eine andere Ausstrahlung.« Na klar: Schließlich wollen sie ja gefallen. Und dazu wollen sie nicht nur so gut wie möglich aussehen, sondern am besten auch den Geschmack des anderen treffen. Ihre Entscheidung für das kleine Schwarze oder die hautengen Jeans wird beeinflusst von dem Bild, das sie sich von dem Mann, den sie bezirzen wollen, haben: Was gefällt ihm wohl besser, in welcher Verpackung bin ich für ihn attraktiver? Wir zeigen uns also bewusst von der Seite, von der wir vermuten, dass der andere sie mag.

Aber durch die Art, wie wir uns kleiden, können wir uns nicht nur offenbaren, sondern auch falsche Fährten legen. In ihrem Buch *Körpersignale der Liebe* beschreiben Julius Fast und Meredith Bernstein, zu welchen Fehlinterpretationen Menschen neigen, wenn es um die Interpretation von Kleidung geht. So unterstellen Männer Frauen sexuelle Absichten, sobald sie durchsichtige Blusen, große Ausschnitte, enge Hosen oder keinen BH tragen.[40] Männer nehmen dies als bewusste Verführung wahr. Im Vergleich dazu deuten Frauen offene Hemden und enge Hosen bei Männern nicht automatisch als sexuelles Angebot – was dazu auch noch wahllos allen Frauen offeriert wird.

Wie sehr Kleider Reaktionen beeinflussen, zeigen die Ergebnisse des folgenden Experimentes, das an der Universität von Indianapolis durchgeführt wurde: Eine junge Frau im Minirock und mit knappem Oberteil bekleidet, bittet nacheinander mehrere Männer mittleren Alters auf der Straße um eine Auskunft. Das Ergebnis: Siebzig Prozent helfen ihr weiter. Wenig später steht die gleiche Frau wieder auf der Straße und bittet um Hilfe, doch nun bekleidet mit einem streng wirkenden Schneiderkostüm. Ergebnis: Nur vierzig Prozent der männlichen Passanten helfen. Kleider machen Leute.

Es ist also keineswegs unwichtig, wie man sein Äußeres beim ersten Treffen präsentiert. Was ziehe ich an: Designerkostüm mit Perlenkette oder doch den Stretchmini? Schließlich soll der Versuch, unsere Attraktivität auf denjenigen abzustimmen, dem wir gefallen wollen, nicht zuletzt auch unsere Anpassungsfähigkeit zeigen.[41]

Frauen sind in dieser Hinsicht ziemlich anpassungsfähig. Besonders bei der ersten Verabredung neigen sie – aus Unsicherheit und geringem Selbstbewusstsein – zu vorauseilendem Gehorsam. Die eine zwängt sich in die Lederhose, die seit Jahren ungetragen im Kleiderschrank liegt, weil sie davon überzeugt ist, den Auserwählten damit zu beeindrucken. Die andere glaubt, ladylike besser anzukommen und rauscht elegant zum Rendezvous, obwohl sie sich in engen Röcken und hohen Schuhen absolut unwohl fühlt. Bei manchen Frauen lässt sich sogar am Inhalt ihrer Kleiderschränke ablesen, welche Vorlieben und Hobbies ihre Ex-Freunde hatten: Da stehen Tangoschuhe und Bergsteigerstiefel einträchtig nebeneinander, neben Tennisrock und Golfhose. Kennen Sie auch nur einen Mann, der an seiner Erscheinungsform so heftig herumbastelt, um einer Frau zu gefallen? Sie werden lange in den Schächten Ihrer Erinnerung graben müssen. Männer kämen gar nicht auf die Idee, und sie haben Recht damit!

Ebenso wie der eigene Körper wird auch die Wohnung dekoriert und aufgepeppt, denn wer weiß, ob man in einigen Stunden nicht doch hier landet. Sicher ist sicher! Um den richtigen Eindruck zu machen, legen Frauen sich mächtig ins Zeug und bereiten ihre Wohnung entsprechend vor. Und so liegen dann zwei, drei ausgewählte Fotos, auf denen man sich gut gefällt, wie zufällig auf dem Tisch, über die Stuhllehne hängen lässig geworfene Seidentücher, deren Farben perfekt zum Teppich passen, und je nach vermutetem intellektuellem Anspruch des Mannes stapeln sich Comics, Modezeitschriften oder die im *Literarischen Quartett* besprochenen Neuerscheinungen auf Augenhöhe platziert im Regal. Früher hat Christine vor jedem Rendezvous gründlich ihre Wohnung geputzt. Danach badete sie lange und nahm sich viel Zeit fürs Schönmachen. Heute macht sie das nicht mehr. Seitdem sie zwei Kinder hat, fehlt ihr die Muße für solche ausführlichen Vorbereitungen: »Ich habe gar nicht mehr die Zeit dazu, jetzt habe ich Kinder.«

Vorab-Check

Bevor man jedoch in seiner oder der eigenen Wohnung landet, trifft man sich bei der ersten Verabredung eigentlich meistens im Café, Kino oder Restaurant. Und das ist auch sinnvoll, denn in dieser unverbindlichen Situation erfährt man bereits eine Menge über den anderen. Keine Situation ist mehr dazu geeignet, sein Sozialverhalten, seine Souveränität und seine Umgangsformen kennen zu lernen. Behandelt er die Kellnerin von oben herab, als sei sie seine persönliche Bedienstete? Flirtet er mit der Frau am Nachbartisch? Protzt er bei der Bestellung? Gibt er maximal fünfzig Pfennig Trinkgeld, und auch das nur widerwillig? Das Ideale am Flirt: Er gibt beiden die Gelegenheit, in Ruhe zu testen, ob sie zueinander passen oder nicht. Ob die Vorstellung, die man sich von dem anderen gemacht hat, auch beim ausführlicheren Gespräch noch positiv bleibt. Ob er auch von Nahem noch so gut aussieht wie nachts in der schummrigen Bar.

Flirten kann man lernen

Bereits seit Stunden sitzen die beiden am Tisch des Restaurants und unterhalten sich. Jedem Beobachter erschließt sich bereits auf den ersten Blick, dass dieser Mann und diese Frau etwas voneinander wollen. Aber irgendwie kommt es nicht dazu. Beim Gespräch streifen sie alle möglichen Themen, immer auf der Suche nach Gemeinsamkeiten. Die finden sich auch, und trotzdem: Das Eis bricht und bricht nicht. Man ahnt: So werden sie hier noch sitzen, wenn der Laden schließt. Oder vielleicht schlägt auch einer von beiden vor, das Lokal zu wechseln. Und dann werden sie eben an einem anderen Tisch sitzen, vom Hundertsten zum Tausendsten kommen und reden und leider nur reden. Und dabei sehnen sich beide danach, den anderen zu berühren und von ihm berührt zu werden. Wenn der andere sich doch bloß einen Schubs geben könnte und über den Tisch greifen, die Hand nehmen, einen Kuss geben oder was auch immer tun – aber eben tun, und nicht bloß reden! Doch keiner traut sich aus seiner Ecke. Sie sehen angestrengt aus und unglücklich, geben sich aber noch immer jede erdenkliche Mühe, gute Miene zu traurigem Spiel zu machen. Als Beobachter würde man am liebsten zu ihrem Tisch gehen und sagen: »Können Sie sich bitte endlich küssen, damit dieser Krampf ein Ende hat?« Und man ahnt es: Beide werden am Schluss des Abends allein nach Hause gehen, traurig über die verpasste Chance.

Manchmal ist es wie verhext, da findet man nicht die richtigen Worte oder wartet endlos auf die passende Gelegenheit. Und wenn man sich endlich aufrafft, all seinen Mut zusammennimmt und gerade die magischen Worte sagen will, kommt garantiert der Kellner an den Tisch oder das Handy klingelt. Grässlich! Wie kriegt man in so einer verfahrenen Situation die Kurve? »Setzen Sie krasse aber respektvolle Signale«, rät Sylvia Baeck den Teilnehmern und Teilnehmerinnen ihrer Flirtkurse, »seien Sie mutig!« Wer nur über Gott und die Welt redet, obwohl er doch etwas ganz anders möchte, riskiert, dass das Treffen im Sande verläuft. Dann hat man miteinander zwar nette Stunden verbracht, ist aber keinen Schritt weiter gekommen.

Wenn Sie also wollen, dass mehr passiert, können Sie entweder nach Frauenart abwarten (und warten und warten und ...) oder aber Sie kratzen Ihren Mut zusammen und forcieren das Ganze: Unterbrechen Sie Ihr Gegenüber ruhig mitten im Satz. Schauen Sie ihn an und machen Sie ihm ein Kompliment: »Mir fällt gerade auf, was für schöne Hände du hast.« Zum Beispiel. Weg vom allgemeinen Blabla, hin zum persönlichen. Wenn Sie Pech haben, findet er Ihr Verhalten unhöflich und unpassend. Haben Sie aber Glück, hat er nur darauf gewartet. Selbst wenn nicht, schaffen Sie wenigstens klare Verhältnisse.

Komplimente als Eisbrecher

Komplimente eignen sich ganz hervorragend als Eisbrecher. Wenn er beim ersten Mal nicht reagiert: Macht nichts, versuchen Sie es ruhig ein zweites Mal! Aller Voraussicht nach wird das Gespräch eine persönlichere Wendung nehmen, wenn Sie ihn auf diese charmante Weise unterbrechen. Was aber tun, wenn er auch beim zweiten Mal nicht auf Ihren Vorstoß reagiert? Dann haben Sie wenigstens die Chance, den Abend noch zu retten, indem Sie zum Spätfilm wieder zu Hause sind.

Bei einer Untersuchung über Komplimente gaben die meisten Frauen an, dass sie unbegründete Schmeicheleien unangenehm finden. Männer müssen sich schon ins Zeug legen, um Frauen verbal zu erobern. Die haben nämlich ein feines Gespür dafür entwickelt, ob ein Kompliment persönlich gemeint oder nur Teil seiner Masche ist. Und nichts ist peinlicher, als zugeben zu müssen, dass man die Augenfarbe der umgarnten Frau gar nicht kennt, der man gerade zugeflüstert hat, was für schöne Augen sie doch habe. Wenn ein Mann allerdings etwas an einer Frau bemerkt, was sie annehmen und glauben kann, ist sie – verständlicherweise – sehr angetan von ihm.[42]

Nutzen wir es aus! Männer bekommen so selten Komplimente, sind viel weniger misstrauisch und hören sie natürlich genauso gerne wie wir. Ob seine feingliedrigen Hände, seine schön geformten Beine, seine wohlklingende Stimme, die schmalen Hüften, seine Art, sich zu kleiden – suchen Sie aus, woraus sich ein Kompliment basteln lässt. Und wenn Sie nichts finden, sollten Sie sich fragen, warum Sie ausgerechnet mit diesem Exemplar Ihre Zeit verschwenden.

Komplimente gehören zum Flirten wie Parmesan zur Pasta. Was außerdem noch dazugehört, erfahren die Teilnehmer in den Flirtseminaren von Sylvia Baeck. Zum Glück kann man Flirten lernen – ob mit oder ohne Hilfestellung einer Trainerin. In den Kursen lernen die Frauen und Männer zunächst eine ganze Menge über sich selbst: Welches Bild haben sie eigentlich von sich und wie werden sie von anderen Menschen gesehen? Passen Selbst- und Fremdbild überhaupt zusammen? Dann wird die Körpersprache unter die Lupe genommen: Mit welchen Gesten werden Signale ausgesendet? Absicht und Wirkung klaffen oft weit auseinander. Das, was eine für Anteilnahme und Interesse hält, kann auf andere aufdringlich wirken. Was ist das Ziel der Flirtkurse bei Sylvia Baeck? »Ich möchte Männer und Frauen dazu ermutigen, aktiv zu werden beim Flirten.« Einige Tipps, wie man am besten vorgeht.

Machen Sie auf sich aufmerksam

Banaler Merksatz: Flirten kann man mit einem Gegenüber. Das heißt: Derjenige, den ich ins Visier genommen habe, muss mich erst einmal wahrnehmen. Was nützt mir das schönste Lächeln, wenn der Mann, dem es gilt, mich noch gar nicht bemerkt hat? Verschaffen Sie sich also zuerst seine Aufmerksamkeit. Machen Sie ihn neugierig. »Laufen Sie nicht wie ein Klappmesser herum, mit gesenktem Blick, sondern schauen Sie dem anderen ins Gesicht!«, rät Sylvia Baeck. Trauen Sie sich, seien Sie provokant: Schauen Sie ihm länger in die Augen, als man es eigentlich tut.

Übung macht die Meisterin

Steuern Sie nicht gleich morgen auf den Mann zu, für den Sie schon seit Monaten schwärmen. Üben Sie erst einmal: Auch mit Männern, die für Sie als potenzielle Partner überhaupt nicht in Frage kommen, kann Flirten Spaß machen. Je öfter Sie üben, desto leichter fällt es. Denn Übung macht die Meisterin. Wer nur alle Jubeljahre mal einen Flirtversuch startet, ist natürlich befangener, ungeschickter und nicht so locker wie eine Frau, die immer mal wieder flirtet und entsprechend viele gute Erfahrungen sammelt.

Lassen Sie ihm Luft zum Atmen

Wenn Sie sich zum ersten Mal mit dem Subjekt Ihrer Begierde treffen, überlegen Sie vorher genau, was Sie von sich preisgeben und was Sie vom anderen erfahren wollen. Denn Frauen texten Männer häufig zu, über ihre Exmänner oder die Probleme mit ihrer Mutter. Bloß nicht! Überfrachten Sie Ihr Gegenüber nicht, rät Sylvia Baeck, behalten Sie Ihre alten Beziehungsgeschichten für sich. Die besten Karten hat eine Frau, die gute Stimmung verbreitet und den Mann nicht gleich mit aller Gewalt in ihr Leben zerren will: »Kaum haben Frauen einen Mann kennen gelernt, wollen sie gleich sichern. Da fehlt das Spielerische, das schlägt Männer in die Flucht.« Bildlich gesprochen: Anstatt gleich ins Zimmer zu rennen und die Tür hinter sich und dem anderen zu verriegeln, sollten Sie lieber erst mal im Türrahmen stehen bleiben.

Stehen Sie zu sich

Dreh- und Angelpunkt ist ein gesundes Selbstbewusstsein, das Gefühl, dass man schon ganz in Ordnung sei, so wie man ist. Denn wie man sich selber sieht, so stellt man sich auch dar – und erntet die passenden Reaktionen. Eine Frau, die sich mag und für begehrenswert hält, benimmt sich anders beim Flirten als eine, die sich unscheinbar und langweilig findet. Und eine selbstbewusste Frau deutet die Signale ihres Gegenübers auch anders: Zustimmung verbucht sie als persönlichen Erfolg, Ablehnung nimmt sie nicht persönlich.

Pluspunkte beim Flirten

Was mögen Männer beim Flirten? Welches Verhalten finden sie anziehend? In einer Untersuchung fand man heraus, dass Männer es tatsächlich am liebsten mochten, wenn Frauen unkompliziert und einfach waren und sich weder aggressiv noch schüchtern verhielten.[43] Dann nämlich fühlen Männer sich wohl und sicher. Unwohl dagegen fühlen sie sich, wenn sie von Frauen aktiv nach Informationen ausgefragt werden. Die Armen – denn genau das tun Frauen mit Vorliebe beim Kennenlernen. Löchern die Männer, weil sie so viel wie möglich von ihnen wissen wollen: ihre Einstellung zu Familie, Kindern und Zusammenwohnen, sämtliche Vor- und Nachteile seiner Ex, woran seine letzte Liebesbeziehung gescheitert ist, welches Verhältnis er zu seiner Mutter hat, ob er im Urlaub lieber Surfen oder zum Skilaufen fährt. Und so weiter und so fort.

Hinter diesen Fragen steckt auch großes Interesse am anderen: Doch das ist nur *ein* Motiv. Auch aus Unsicherheit werden Fragen gestellt, verheerend sind besonders solche über die Ex-Partner. Dagmar zum Beispiel quetscht jeden Mann, der ihr gefällt, gleich mit Fragen zu seinen Verflossenen aus: Wie sah sie aus, warum hast du dich damals in sie verliebt, was mochtest du besonders an ihr? Dagmar geht auf Indiziensuche: »Welche Frauen gefallen ihm, hängt sein Herz noch an einer Ex, habe ich Chancen, so wie ich bin?« Eigentlich will sie durch die Antworten nur beruhigt werden. Das klappt aber nie, im Gegenteil.

Männer und Frauen sind sich übrigens einig, was sie beim Flirten überhaupt nicht leiden können: »Dinge, die zu auffällig waren, zu berechnend kalkuliert oder zu aufdringlich.«[44]

Körpereinsatz

Frauen reagieren sehr sensibel auf Gefummel und Betatschen. Wenn Männer zu schnell und direkt grapschen, haben sie schon verloren. Kaum eine Frau mag die Vorstellung, dass ein Mann möglichst schnell *ran an den Speck* will. Wer dem anderen im falschen Moment, zu früh oder zu plump, den Arm um die Schulter oder die Hand auf den Schenkel legt, kann viel vermasseln.

Frauen dürfen sich viel eher trauen, direkt zu sein und Körperkontakt aufzunehmen, Männer fühlen sich davon nämlich in der Regel nicht bedroht oder abgestoßen. Einen Vorteil, den Frauen offensiv beim Flirten nutzen sollten! Wie zum Beispiel Brigitte: Sie hatte auf einer Party Uli gesehen, der ihr gut gefiel. Zuerst stellte sie sich in seine Nähe und blickte ihn viel länger an, als man es üblicherweise macht. Sie lächelte ihn immer wieder an und mischte sich später einfach in seine Unterhaltung. Dann rückte sie Uli weiter auf die Pelle, setzte sich so neben ihn, dass sich ihre Beine leicht berührten. »Ich bin ihm körperlich einfach immer näher gerückt.« Mit Erfolg im Übrigen – dieser geballten Ladung Aufmerksamkeit und Körpereinsatz konnte Uli bald nicht mehr widerstehen. »Und irgendwann habe ich ihm auch noch gesagt, dass ich ihn absolut scharf finde, ich weiß nicht mehr mit welchen Worten, aber ausgesprochen hatte ich es schon, dass ich ihn sehr aufregend finde.«

Katja Wolf, die als Hure in Berlin arbeitet, ist ein Profi in Sachen *auf den Leib rücken*. Sie weiß durch ihren Job genau, wie man einen Mann körperlich umgarnt. Wenn sie – auch privat – einem Mann ihr erotisches Interesse signalisieren will, rückt sie nah an ihn heran und überschreitet die Grenze, die Menschen unbewusst um sich ziehen. Zum Einsatz kommen Augenaufschlag und Hände, zudem bindet sie ihn in ein Gespräch ein und umgarnt ihn mit Worten. »Beides ist wichtig: ihm sowohl verbal als auch körperlich näher zu kommen.« Und wenn er das nicht mag? »Dann will er eben nicht«, sagt Katja Wolf, und dann sollte man auch die Finger von ihm lassen.

Verbal oder nonverbal

Frauen verlassen sich beim Flirten auf nonverbale Verständigung und flirten mit intensiven Blicken und einladenden

Gesten, während Männer die Sprache höher schätzen und mit ihren Leistungen und tollen Taten prahlen. Eine Studie von Karl Grammer und Christiane Doermer-Tramitz vom Max-Planck-Institut für Verhaltensforschung in Starnberg stellt fest, dass Männer viel stärker als Frauen beim Flirten aus sich herausgehen und unverhohlen für sich werben. Frauen dagegen sind vorsichtig: Sie warten erst mal ab, sondieren und fällen dann ihre Entscheidung.[45] Ein Verhalten, das man problemlos immer wieder beobachten kann: Ein Mann und eine Frau stehen in einer Bar am Tresen und flirten. Und wie tun sie das? Er legt es darauf an zu beeindrucken, erzählt von seinem Tauchurlaub, von seiner Beförderung, von seinem Freund, dem Chefarzt, und spielt ganz nebenbei mit dem Schlüssel seines neuen Sportwagens. Und was macht sie? Hält sie dagegen und protzt mit dem Haus, das sie gerade geerbt hat, mit ihrer Promotion, mit ihrer Freundin, der erfolgreichen Unternehmerin? Nein. Sie lächelt, hört ihm zu und streicht sich die Haare aus dem Gesicht.

Wollen Männer und Frauen das Gleiche?

Männer wollen Sex, Frauen wollen Liebe? Oder anders ausgedrückt: »Typischerweise sehen Männer Sex als Weg zur Intimität und Frauen Intimität als Weg zum Sex.«[46] So ärgerlich und banal es klingen mag, an dieser Feststellung ist tatsächlich etwas dran. Zumindest haben Frauen und Männer andere Vorstellungen von Erotik, Verführung, Begehren und der Reihenfolge der einzelnen Schritte, die letztlich zum Sex führen. Eine interessante These des Soziologen Francesco Alberoni lautet, dass Frauen Männer gar nicht deshalb verführen, um Sex mit ihnen zu haben. Ihr vorrangiges Ziel sei es vielmehr, sie in sich verliebt zu machen und ihr Begehren zu wecken. »Deshalb also muss die Einladung zu Sex gleichzeitig Verweigerung und Behinderung einschließen.«[47]

Für Frauen ist es außerordentlich wichtig, bei einem neuen Liebhaber einen unauslöschlichen Eindruck zu hinterlassen: Auch nach dem Sex wollen sie das Gefühl haben, weiterhin für ihn begehrenswert zu sein – sagt Alberoni und sagen auch die Frauen, mit denen ich gesprochen habe. Manche Frauen wollen ausschließlich das Begehren. Auf den Sex können sie manchmal gut verzichten. Sie wünschen sich, einen Mann zu faszinieren, und ziehen sich sofort zurück, wenn sie dabei erfolgreich waren. Ihnen geht es darum, Verlangen und Liebe auf sich zu lenken.[48]

Verführung bedeutet für Männer, eine Frau ins Bett zu kriegen! Frauen verstehen etwas anderes darunter. Sie wollen nicht einfach nur Sex haben, deshalb lehnen sie die unpersönlichen Wünsche der Männer ab. Sie wollen, dass Sex sich auf sie persönlich bezieht.[49] Die Vorstellung, für einen Mann nicht mehr als ein reizvoller Körper zu sein, törnt die wenigsten Frauen an. Es soll bitte schön im Bett um mehr gehen. Eine Konsequenz daraus: Selbst wenn Frauen großes Interesse an einem Mann haben, springen sie nicht sofort auf seine Verführungsversuche an. Sie lassen ihn erst eine Weile zappeln und setzen ihm Widerstand entgegen, um zu testen, wieviel Mühe und Zeit er in die Beziehung investiert.

Welches Ziel beide auch immer verfolgen: Verlief der Flirt erfolgreich, wollen beide sich wiedersehen! Vielleicht aber stellt sich auch schon am Ende des Treffens die Frage, wie es nun konkret weitergeht. Und zwar jetzt, diese Nacht noch, und nicht irgendwann. Oder lieber doch (noch) nicht? Die Entscheidung steht an. Jetzt oder bald.

4. Entscheiden: (Wann) soll es geschehen?

Da stehen Sie nun mit Ihrer neuen Eroberung am Straßenrand und warten auf ein Taxi. Der Abend war ausgesprochen aufregend. Sie haben geflirtet, sich geküsst, und eigentlich wissen beide, was in dieser Nacht noch passieren wird. Oder doch nicht? In den Minuten, bis das Taxi kommt, rattert es in Ihrem Kopf: Steige ich allein ein oder nehme ich ihn mit? Will *ich* überhaupt? Und will er überhaupt? Sollen wir vielleicht lieber noch warten? Bis zum letzten Moment wissen beide nicht, ob sie allein nach Hause fahren werden oder nicht. Manchmal wird diese Entscheidung durch äußere Umstände forciert: Der Gastgeber, auf dessen Party man dem anderen hemmungslos nahe kam, will schlafen gehen – und jetzt? Gehen beide getrennt oder gemeinsam nach Hause? Manchmal ergibt es sich erst im letzten Moment, wie der Abend beendet wird. Sie bringen ihn mit dem Wagen nach Hause – halten Sie mit laufendem Motor vor seiner Haustür oder suchen Sie einen Parkplatz, auf dem das Auto auch am nächsten Vormittag noch stehen kann?

Egal, ob es nach dem ersten, dritten oder zehnten Treffen so weit ist – wenn beide mehr voneinander wollen, kommt irgendwann unweigerlich der Zeitpunkt der Entscheidung: Verbringen wir die Nacht miteinander? Diese Frage wird oft nicht ausgesprochen, aber sie liegt in der Luft. Doch wann ist diese Nacht der Nächte? Wer fällt wann und aus welchen Gründen die Entscheidung? Wird sie spontan getroffen oder weiß man es eigentlich schon lange vorher? Zumindest eine Voraussetzung ist das grundsätzliche Interesse am anderen, erzählt Bettina, »und dann checkt man ab, was möglich ist mit ihm, obwohl das etwas hart klingt. Und je nach dem, wie das verläuft, endet es dann im Bett oder nicht. Und je nach dem, wie es im Bett ist, macht man weiter – oder eben nicht!«

Hürden auf dem Weg ins Bett

Wenn es doch immer so einfach wäre. Denn auf dem Weg ins Bett sind für beide noch einige Hürden zu überwinden. Ob Sie diese, die nächste oder doch keine Nacht mit einem Mann verbringen werden, hängt nicht nur von Ihrer (und seiner) Lust ab. Viele andere Kriterien spielen dabei eine Rolle.

Soziale Kontrolle

Erinnern wir uns an die Zeit, als wir noch zu Hause bei den Eltern lebten. Da überlegten wir uns zweimal, ob so heikle Treffen nicht doch lieber auf ein Wochenende verschoben werden sollten, wenn die Eltern verreist waren. Wenn Vater und Mutter nebenan im Wohnzimmer vorm *Tatort* sitzen, ist das ein klarer Fall von sozialer Kontrolle, der sich eindeutig hemmend aufs Liebesleben ausgewirkt hätte.

Später übernehmen neugierige Nachbarn oder interessierte Mitbewohner diesen Part. Wird meine klatschsüchtige Nachbarin mich sehen, wenn ich spät abends in Männerbegleitung nach Hause komme? In Großstädten spielt das keine Rolle, in einem 500-Seelen-Dorf aber überlegt man es sich zweimal, wie oft man über Nacht Besuch haben möchte. Vor allem dann, wenn man Angst hat, seinen *guten Ruf* zu verlieren. Wenn es eine stört, dass über sie beim Metzger getuschelt wird: weil sie schon wieder einen Neuen hat, wo sie doch gerade erst geschieden ist und kleine Kinder hat.

Vielleicht will man aber auch nicht, dass die Mitbewohnerin den Neuen sieht. Kann ja sein, dass man zwar einerseits ständig betont, wie wichtig Stil und intellektuelles Niveau bei einem Mann sind – und andererseits die Nächte am liebsten mit gut gebauten Muskelprotzen verbringt, die nicht unbedingt die Aufnahmeprüfung einer Hochschule bestehen würden. Und wenn die Männer, die man begehrt, so gar nicht dem lautstark geäußerten Anspruch gerecht werden, kann es unangenehm bis peinlich sein, mit ihnen gesehen zu werden. Das ist schließlich ein Verhalten, das Frauen Männern zuschreiben: dass sie ihre Vorliebe für selbstbewusste, intelligente Frauen predigen, aber mit vulgären Busenwundern ins Bett hüpfen. Aber auch bei Frauen klaffen Theorie und Praxis, Anspruch und Wirklichkeit mitunter weit auseinander. Und dafür möchte man dann doch lieber keine Zeugen haben.

Kinder

Für Frauen, die mit Kindern zusammenleben, existiert eine Hürde mehr als für kinderlose Frauen. Keine Frau mag ihren Kindern zumuten, ständig einen neuen Mann in Mamas Bett zu finden. Wie Christine, die mit ihren zwei kleinen Kindern zusammenlebt, sagt, kann es immer vorkommen, dass eines der Kinder nachts um drei plötzlich vor ihrem Bett steht, weil ihm zum Beispiel schlecht ist: »Und ich muss schnell sehen, wo ich dann einen Eimer herkriege, in den der Kleine kotzen kann. Vielen Männern ist das viel zu intim.« Deshalb findet bei den Frauen mit Kindern eine noch strengere Vorauswahl statt: Ist der Mann es wert, die Nacht mit ihm zu verbringen? Werde ich wohl mehr als eine Nacht mit ihm verbringen?

Fallen die Antworten eindeutig negativ aus, verkneift man es sich lieber, wie Stefanie erzählt. Ihre Tochter Alina ist viereinhalb Jahre alt. Fast jede Nacht wacht sie irgendwann auf und krabbelt in Stefanies Bett. »Da kann ich nicht spontan zu einem Mann sagen: Komm, gehen wir zu mir auf einen Kaffee. Das geht einfach nicht. Man muss das ganz genau planen.« Früher war das einfach für Stefanie: Hatte sie einen Mann kennen gelernt, der ihr gefiel, dachte sie nicht lange nach, ob sie ihn mitnimmt oder nicht. »Jetzt kann ich einen Mann zwar mitnehmen, aber da sitzen wir dann doof in der Küche herum. Und ich weiß, ins Bett kannst du nicht, denn da liegt gleich Alina.« Und weil Stefanie ihre Tochter nicht mit vielen Liebhabern konfrontieren will, nimmt sie nur noch solche mit, »die vielleicht bedeutsam werden können«. Oder sie sorgt im Vorfeld dafür, dass Alina nicht da ist. Als sie ein Rendezvous mit Jasper vorbereitete, mit dem sie gerne schlafen wollte, musste sie sich zunächst einmal einen Alina-freien Abend organisieren: »An dem Abend hatte ich Alina dann zu meinem Ex gebracht, so dass ich die Nacht frei hatte. Es war klasse. Wir fingen in der Küche barbarisch an zu knutschen. Aber der Tisch war dazwischen. Jasper sagte: Können wir uns hier nicht mal irgendwo hinlegen? Und ich bin dann völlig geschäftig durch die Gegend gerannt und habe Weinflaschen, Musik, Kerzen in mein Zimmer geschleppt, um es dort gemütlicher zu machen.«

Für Frauen ist es schwierig, jemandem spontan mit nach Hause zu nehmen, wenn sie Kinder haben: Die Kleinen können jederzeit aufwachen und wollen dann wissen, wer der Mann im Bett ihrer Mutter ist. Und wenige Dinge törnen beim Sex so schnell ab wie ein schreiendes Baby im Nebenraum oder ein erstaunt guckender Zweijähriger neben dem Bett, während man gerade mit einem Mann beschäftigt ist.

Bereits vorhandene Partner

Was tun, wenn einer in festen Händen ist? Wem der Sinn nach einem Seitensprung steht, kann die Nacht nicht dann mit dem Auserkorenen verbringen, wenn sie möchte. Die eigenen vier Wände scheiden schon mal aus, wenn man mit dem Beziehungspartner zusammenwohnt oder er zumindest jederzeit vor der Tür stehen könnte. Da muss ein geeigneter Zeitpunkt abgewartet oder konstruiert und ein ungestörter Ort gesucht werden, was organisatorisches Geschick verlangt und jede Menge Geduld, Vorsicht und Verstellung. Und das ist nicht jedermanns Sache.

Zyklus

Nur wenige Frauen mögen mit einem Mann schlafen – zumindest das erste Mal – wenn sie ihre Periode haben. Es ist ihnen unangenehm, gleich in der ersten Nacht mit Tampons, Binden und Papiertüchern zu hantieren. Und wer weiß, welche Einstellung der Neue dazu hat. Vielleicht sprengt es ja seine moralischen oder ästhetischen Schamgrenzen, mit einer Frau zu schlafen, die ihre Tage hat. Überhaupt der Zyklus! Viele Frauen, die nicht permanent (also mit Pille oder Spirale) verhüten, gehen lieber auf Nummer sicher und verlegen Sex auf die – höchstwahrscheinlich –

unfruchtbaren Tage des Zyklus. Denn wer weiß, ob es mit dem Neuen gleich so gut klappt mit den Kondomen.

Ein weiterer Grund, auf Sex zu verzichten und die erste Nacht zu verschieben: wenn einer oder beide körperlich nicht mehr hundertprozentig in der Lage sind, die Nacht mit allen Sinnen auszukosten. Kluge Frauen, die ihren Körper gut kennen, wissen, wann sie zu müde oder zu betrunken sind, um den Sex noch genießen zu können. Sie verschieben dann das Erlebnis lieber auf einen anderen Zeitpunkt.

Stimmungsschwankungen

Eigentlich waren Sie sicher, dass es diese Nacht passieren wird. Und dann kippt plötzlich die Stimmung. Sie sind irritiert und enttäuscht, und merken, dass der andere die Klimaveränderung ebenfalls gespürt hat. Was ist geschehen? Vielleicht gar nicht viel. Kann sein, dass er Sie irgendwie an Ihren Ex erinnert hat und Sie dadurch in eine schwermütige Stimmung kamen. Kann auch sein, dass eine beiläufige Bemerkung Sie störte, zögern ließ oder gar abstieß. Oder es war eine Geste, die zum Lustkiller geriet. Und jetzt – trotzdem weitermachen? Nein. Denn es muss überhaupt nicht weiter von Bedeutung sein, wenn die Atmosphäre plötzlich abkühlt. Es kann an ganz unwichtigen Details liegen. Kann so sein, muss aber nicht: Vielleicht ist er auch einfach nicht der Richtige oder es ist für Sie noch zu früh, mit ihm ins Bett zu gehen. Verschieben Sie den Zeitpunkt der ersten Nacht, nehmen Sie sich die Zeit, die Sie brauchen.

Moralische Bedenken

Heutzutage wirkt es altbacken und unzeitgemäß, auf Sex aus moralischen Gründen zu verzichten. Doch solche Bedenken sitzen manchen Frauen trotzdem weiter im Nacken. Monika wurde zu Hause streng katholisch erzogen. »Das Sich-Hingeben wurde als etwas so Kostbares hingestellt. Das tut man einfach nicht nur mal so, wurde mir beigebracht. Dann verschleudert man sich.« Und obwohl sie sich von vielen lustfeindlichen Dogmen mittlerweile befreit hat, stolpert sie immer mal wieder über ihre anerzogenen moralischen Schranken. Tu ich's oder tu ich's nicht – für Monika eine Entscheidung, bei der unbewusst mitspielt: »Was gebe ich her, wenn ich mich hingebe? Ist dieser Mann das wert?«

Der richtige Zeitpunkt

Sind die äußeren Bedingungen perfekt und die inneren Schwingungen ebenfalls, kann es ja eigentlich munter zur Sache gehen. Einen Haken gibt es aber noch: die Frage nach dem *richtigen* Zeitpunkt.

Hure oder Zicke?

Ist Sex schon beim ersten Treffen okay oder sollten wir doch lieber aus *strategischen Gründen* warten? Denken Männer schlecht von Frauen, wenn die sich nicht lange bitten lassen? Gehört das weibliche Zögern, Zaudern, Zicken einfach zum Eroberungsspiel dazu oder können wir die Angst vor dem Imageverlust endlich in der Mottenkiste begraben? In den Interviews äußerten einige Frauen Bedenken, dass es ein schlechtes Licht auf sie werfen könnte, wenn sie den Avancen eines Mannes zu schnell nachgäben. Carla zum Beispiel bringt es auf den Punkt: »Das ist die große Frage: Wann darfst du dich flachlegen?« Wenn sie zu schnell – wann immer das ist – mit einem Mann ins Bett geht, befürchtet sie, seinen Respekt zu verlieren. Aber: »Zierst du dich zu lange, giltst du als Zicke. Das Maß zu finden, ist schwierig: Wie lange musst du warten?«

Die Frage nach dem richtigen Zeitpunkt bekommt Sylvia Baeck häufig von den Teilnehmerinnen ihrer Flirtkurse gestellt: Wie weit gehe ich beim Flirten? Wann lasse ich mich auf mehr ein? Ruiniere ich womöglich mein Image? Wie lange kann ich ihn zappeln lassen, ohne dass er mich für zickig hält? Frauen befürchten immer noch, dass ein Mann schlecht über sie denken könnte, wenn sie zu schnell mit ihm ins Bett gingen. Dann könnte er ja denken, dass sie wahllos mit jedem herummachen.

Wie kann man sich davor schützen? Gar nicht! »Ich kann es sowieso nicht verhindern, dass der andere sich irgendwelche Phantasien über mich macht«, betont Sylvia Baeck. Es liegt gar nicht in Ihrer Hand, sondern in den Phantasien des anderen. Auch Männer beschäftigt übrigens die Frage, wann denn nun die Zeit reif ist für mehr: wann sie etwas erwarten oder gar fordern dürfen. Die Unsicherheit ist auf beiden Seiten groß.

Stimmt das gemeinsame Tempo?

Gerade beim ersten Mal ist eminent wichtig, den richtigen Zeitpunkt zu finden, meint auch der Berliner Sexualtherapeut Theo Gilbers. »Beim ersten Mal sind beide Beteiligten nicht unbedingt auf der gleichen Stufe der Bereitschaft. Das wäre eher der Idealfall.« Einer von beiden will schon und der andere könnte genauso gut auch noch warten. Wie bei

Mareike. Als sie sich mit Bastian traf, hatte sie nicht die feste Absicht, mit ihm zu schlafen. Es hatte sich erst im Laufe des Abends ergeben. Vorher dachte sie noch: »Es kann heute passieren oder beim nächsten oder übernächsten Mal.« In Nachhinein ist sie sicher, dass Bastian ziemlich direkt aufs Ziel zusteuerte: Er ergriff die Initiative. »Das Startsignal kam eindeutig von ihm, aber ich habe das im Vorfeld durchaus schon subtil gefördert.« Für Mareike wäre beides in Ordnung gewesen: noch zu warten oder gleich mit ihm zu schlafen: »Sonst hätte ich es ja nicht getan«, sagt sie.

Wann Frauen sich auf Sex einlassen, ob nach zwei Stunden oder zwei Jahren, spielt keine Rolle – solange der Zeitpunkt *für sie* richtig ist. Und wenn das Gefühl Nein sagt, das Vertrauen fehlt oder nicht genügend Lust auf den anderen da ist, ist man definitiv noch nicht so weit. Theo Gilbers weiß aus seiner Arbeit, dass es meistens katastrophal endet, wenn beide nicht auf der gleichen Stufe der Bereitschaft miteinander schlafen. Dann heißt es, lieber warten! Spätestens in der Retrospektive sollte man sich überlegen, ob der Zeitpunkt der ersten Nacht richtig gewählt war. Falls nicht, erklärt das unter Umständen, warum der Sex nicht so lustvoll empfunden wurde. Vielleicht war es einfach noch zu früh?

Was läuft zwischen uns?

Nicht immer haben zwei die gleiche Vorstellung davon, was eigentlich zwischen ihnen vorgeht: ein unverfänglicher Flirt, der Auftakt einer großen Liebe oder ein höchst erotisches Abenteuer. Vielleicht ist es für Sie sonnenklar, dass Sie früher oder später eine Nacht mit Ihrer aktuellen Eroberung verbringen werden, während er noch zweifelt, ob Sie überhaupt Interesse an ihm haben und nicht doch bloß den guten Freund in ihm sehen. Schließlich wissen Sie nicht, wie er das für sich definiert. Und er ahnt nichts vom Stand der Dinge bei Ihnen. Weshalb es auch nicht schaden kann, ab und zu entsprechende Hinweise einzustreuen. Dass Sie Single sind. Dass Sie zwar in festen Händen, aber einem erotischen Zwischenspiel nicht abgeneigt sind. Dass es Sie nicht im Geringsten stört, dass er verheiratet ist. Dass Sie es zwar – im Allgemeinen – unmöglich finden, etwas mit einem Arbeitskollegen anzufangen, aber im Besonderen auch gerne mal eine Ausnahme machen. Auf diese Weise können Sie eine Initialzündung in Gang setzen.

Dass die Beziehung zwischen zwei Menschen von ihnen ganz unterschiedlich definiert werden kann, betont auch der Partnerschaftsforscher Georg Felser: »Die Frage: Wie weit sind wir jetzt eigentlich schon? wird von jedem anders beantwortet.« Er empfiehlt zu versuchen, kurz in die Perspektive des anderen zu schlüpfen: Was wird er jetzt denken, was wohl erwarten?

Initiative: Wie der Stein ins Rollen kommt

Was ist eigentlich dran an dem (Vor-)Urteil, dass Frauen, die die Initiative ergreifen, Männer verschrecken? Wie groß ist die Gefahr, dass ein Mann vergrault wird, nur wenn man signalisiert, einer Nacht mit ihm alles andere als abgeneigt zu sein?

Wie ein Mann auf meinen Vorstoß reagiert – freudig erregt und geschmeichelt oder verängstigt und empört –, liegt weniger an meinem Verhalten als an meinem Gegenüber. Der renommierte Psychoanalytiker Wolfgang Schmidbauer vertritt die Ansicht, dass eine erotisch aktive Frau »manche Männer stimulieren und andere einschüchtern« wird, »eine passive und eher kühle wird die Libido mancher Liebhaber herabsetzen, die anderer steigern.«[50] Beides ist seiner Meinung nach also möglich. Die Psychotherapeutin Sigrid Steinbrecher hingegen glaubt, dass zur männlichen Lust das Bezwingen und Erobern gehört. Und wird einem Mann diese Möglichkeit nicht geboten, weil eben die Frau den aktiven Part übernimmt, fehlt ihm die Lust: »Die Lust der Frau hat für den Mann den Charakter einer Anforderung; und auf Anforderungen geht er in der Regel *nicht* ein.«[51]

Bei einer Umfrage, die von *Men's Health Deutschland* und dem Kondomhersteller *Durex* initiiert wurde, fassten es immerhin 64 Prozent der befragten fünftausend Männer als Kompliment auf, wenn eine Frau sexuell initiativ wird und den Mann anmacht.[52]

Doch machen wir uns nichts vor: Nicht weil wir Angst vor der Ablehnung der Männer haben, halten wir uns vornehm zurück, sondern weil wir von klein auf gelernt haben, dass »gute Mädchen« passiv bleiben und sich mädchenhaft zurückhaltend benehmen. Deshalb ist es für Frauen so schwer, sich zu nehmen, was sie wollen: Sie wurden zur Hilflosigkeit erzogen. »Diese erlernte Hilflosigkeit bereitet Frauen darauf vor, ein Leben mangelnden Erfolgs, unzureichender Beschäftigung und persönlicher und sexueller Enttäuschung als das ihnen Zustehende hinzunehmen«, bringt es die US-Amerikanerin Stephanie Covington in ihrem Buch *Dornröschen schläft nicht mehr* auf den Punkt. »Als Mädchen werden wir – mehr oder weniger subtil – dafür belohnt, hilflos zu werden und hinsichtlich der Erfüllung unserer Bedürfnisse von anderen abzuhängen.« Und beim Sex? Da lernen wir, meint Covington, »es anderen zu überlassen, wo wir bei einer Verabredung hingehen, uns einen Heiratsantrag zu machen und uns zum Orgasmus zu bringen.«[53]

Um es in einem Bild zu zeigen: Stellen Sie sich ein riesiges Buffet mit Leckereien vor. Wie verhalten Sie sich? Männer werden dazu erzogen, sich Besteck zu schnappen, um sich dann die besten Häppchen auf den Teller zu häufen. Und Frauen? Die werfen mit schüchtern-kokettem Lächeln Blicke in die Runde, in der Hoffnung, ein Mann erbarmt sich zu helfen. Natürlich sollte er zudem bestens wissen, *welche* Häppchen sie denn gerne hätte und wieviel davon jeweils – dafür wird er schließlich auch mit ihrem Lächeln belohnt.

Die Chance, dass wir bekommen, was wir wollen – nämlich nicht nur die übrig gebliebenen welken Salatblätter –, ist ungleich höher, würden wir selbst zu Besteck, Teller und Häppchen greifen. Aber – wie unweiblich! Und wie unbequem zugleich: Denn wen sollen wir dann dafür verantwortlich machen, wenn uns das Essen nicht schmeckt oder der kleine Löffel fehlt? Niemand mehr da, dem wir die Schuld in die Schuhe schieben können. Da ist es doch erheblich praktischer, sich die Verantwortung abnehmen zu lassen, oder? Also schieben wir die Initiative gerne den Männern zu. Nach dem Motto »Wer nichts tut, macht auch keine Fehler.«

Schaut man allerdings genauer hin, sieht man, dass sich zum Glück etwas verändert. Die Forscher Ford und Beach fanden bei einer kulturenvergleichenden Studie heraus, dass sexuelle Aktivität mittlerweile kulturübergreifend fast genauso häufig von Frauen wie von Männern ausgeht, obwohl die meisten Gesellschaften darin übereinstimmen, dass die sexuelle Initiative eigentlich von den Männern ausgehen sollte. Allerdings gehen Frauen dabei gewöhnlich diskreter vor als Männer.

Ähnliches beobachtet auch Anja Wilser vom Stuttgarter *Mädchengesundheitsladen*: Mädchen übernehmen heute mehr Verantwortung für das Zustandekommen von Beziehungen. »Sie warten nicht mehr ab, bis irgendwas passiert, sondern nutzen ihren Gestaltungsspielraum.« Dabei wählen sie manchmal zwar verschlungene – eben diskrete – Wege, sind aber letztlich prägend in den Beziehungen. Wie Anja Wilser sagt, wissen die Mädchen von heute »sehr wohl um ihr Recht, sich für das einzusetzen, was sie haben wollen«. Was wir ihnen nur wünschen können!

Begehren oder begehrenswert sein?

Einen Haken hat die Sache mit der Initiative allerdings. Wie die norwegische Psychologin Ellen Hartmann feststellte, nagt an den »besonders offensiven und aktiven Frauen, die bei der Eroberung die Initiative ergreifen«, der Zweifel. Sie sind sich einer Beziehung, die durch ihre Initiative zustande kam, nicht sicher.[54] Es klingt, als befürchteten sie: »Wer weiß, ob er mich überhaupt will. Vielleicht ist er nur mitgegangen, weil er nicht unhöflich sein wollte.« Der Dreh- und Angelpunkt: Ihnen fehlt die Bestätigung, begehrenswert zu sein.

Und die ist immens wichtig, nicht nur, wenn man eine Vorgeschichte hat wie Michaela. Ihr Ex-Mann entzog sich ihr während der Ehe sexuell immer mehr. Er fände sie eben nicht mehr attraktiv, sie sei reizlos für ihn geworden. Die Schuld daran gab er ihr, wem sonst? Sein Verhalten verletzte Michaela tief. Nach der Trennung stand für sie fest: »Es ist ganz wichtig für mich, dass ein Mann, den ich liebe, mich auch sexuell reizvoll findet. Nach den ganzen Verletzungen aus der Ehe brauche ich das Gefühl, dass der Mann mich will und auch mit mir schlafen will. Erst wenn ich das spüre, verliere ich meine Unsicherheit.«

Wir wollen begehrt werden. Welche Frau wünscht sich schon einen Mann an ihrer Seite, der nur den guten Kumpel in ihr sieht? Allerdings ist der Wunsch der Frauen, begehrt zu werden, häufig größer als ihr eigenes Begehren. So wählen sie oft eher den Mann, der ihnen das Gefühl gibt, reizvoll zu sein, als denjenigen, auf den sie selber abfahren. Die Journalistin Sabine Reichel beschreibt in ihrem Buch *Frustriert, halbiert und atemlos*, dass Frauen geradezu süchtig nach Bestätigung seien. Deshalb »weisen Frauen nichts und niemanden zurück, schon gar nicht die Personen, durch deren sexuelles Interesse sie sich geehrt fühlen«[55]. Hier haben wir einen Schlüssel zum Verständnis der weiblichen Passivität beim Flirten: Frauen wünschen sich nichts so sehr wie das Gefühl, begehrt zu werden. Und das bekommen sie durch die Anmache des Mannes. Nähmen sie selbst die Zügel in die Hand, könnten sie nie sicher sein, ob der Mann sie auch – wirklich und ausreichend – begehrt.

Wollte man boshaft sein, könnte man Männern den Tipp geben: Gib einer Frau das Gefühl, die tollste, aufregendste, schönste und begehrenswerteste Frau auf der Welt zu sein, dann fällt sie in dein Bett! Übertrieben? Stephanie Covington, die Frauen zu Liebe und Sexualität interviewte, stellte ebenfalls fest, dass Frauen zwar Begierde wecken wollen, sie aber nicht äußern: »Eine Folge dieser Haltung ist, dass Frauen oft sexuelle Signale aussenden, ohne sich im Mindesten sexuell zu fühlen. Bewusst oder unbewusst haben wir gelernt, dass es möglich ist, Männer auf diese Weise zu manipulieren.«[56]

Und so wird die Maske *Begehrenswerte Frau* aufgesetzt, wann immer ein akzeptables Exemplar Mann in greifbarer

Nähe ist. Wir kennen die Situation: Da sitzen wir mit einer Freundin im Café, unterhalten uns angeregt – und plötzlich verändert sie sich von einer Minute auf die andere. Spricht lauter und mit verstellter Stimme, wirft sich in Pose, hört nicht mehr zu, lacht perlend und wurstelt sich ständig in den Haaren herum. Der Grund ihrer Verwandlung sitzt am Nebentisch. Mit aller Macht versucht sie, ihn auf sich aufmerksam zu machen. »Viele Frauen«, so Stephanie Covington, »benehmen sich Männern gegenüber ständig spröde und kokett – ob sie Geschäfte abwickeln, Lebensmittel einkaufen oder mit einem Mann im Bett liegen.« In ihrer Vorstellung ist kein Platz für ein nichterotisiertes Verhältnis zu Männern, am liebsten würden sie von allen Männern begehrt. Doch das Begehren des anderen reicht nicht. Auch nicht für eine One-Night-Affäre. Denn wichtiger als die Frage »Gefalle ich ihm« ist doch: »Gefällt er mir«?

Außerdem: Um begehrenswert sein zu können, muss man selbst begehren, als Einbahnstraße funktioniert es nicht. Was macht eine Sexbombe zur Sexbombe? Ganz einfach: Sie will verführen, und das zeigt sie den Männern. »Eine Frau kann nicht verführerisch werden, wenn sie nicht verführen will, wenn sie ihr Begehren, wenn auch nur in Spielform, dem Mann nicht zeigt«, beschreibt es Francesco Alberoni.[57] Sexuelle Anziehungskraft beruht auf Gegenseitigkeit, will sie wirksam werden. Ist nur einer von beiden Feuer und Flamme, sprühen keine Funken. Zum Glück haben Menschen ein gutes Gespür dafür entwickelt: Wir merken sehr genau, ob das Geknister einseitig ist oder nicht, ob beide in den Flirt involviert sind oder nur der eine baggert und balzt. Und wenn es knistert, funkt und zischt, können Sie getrost die Karten auf den Tisch legen und zu Ihrem erotischen Interesse stehen, denn dann dürfte auch Ihr Gegenüber wissen, was gespielt wird!

Angst vor Ablehnung gehört dazu

Nehmen Sie an, Sie hätten die einmalige Gelegenheit, Ihren Traumjob zu bekommen. Die Bedingungen wären perfekt, die Bezahlung großzügig, und auch das Vorstellungsgespräch verlief ideal. Das Einzige, was man von Ihnen erwartet, ist ein Rückruf nach einer beiderseitigen Bedenkzeit. Ein übliches Verfahren vor jeder Einstellung: So haben Sie und auch Ihr potenzieller Chef in spe die Gelegenheit zu überlegen, ob sie sich die Zusammenarbeit vorstellen können. Sie sind sich sicher, den Job zu wollen. Aber wer weiß, wie der andere sich entscheidet? Möglicherweise gibt es Konkurrenten um die Stelle, die bessere Voraussetzungen mitbringen als Sie. Rufen Sie trotzdem an und sagen, dass Sie den Job gerne hätten? Natürlich tun Sie das! Obwohl das Risiko besteht, dass Sie Ihrerseits zusagen, die Dame am anderen Ende aber erklärt, sie hätten sich bedauerlicherweise für einen anderen Kandidaten entschieden? Ja, trotz des Risikos, einen Korb zu bekommen, zeigen Sie Ihr Interesse. Es wäre auch dumm, es nicht zu tun. Oder glauben Sie etwa, Sie verlieren Ihr Gesicht, wenn Sie sagen, was Sie wollen?

Aus Angst vor einem Korb von dem Auserwählten verzichten aber Frauen häufig darauf, die Initiative zu ergreifen und ihr Interesse zu zeigen. Lieber warten sie ab und gehen auf Nummer sicher. Doch was ist die Folge, wenn wir immer wieder einer Situation aus dem Wege gehen, die uns Angst macht und die wir glauben nicht bewältigen zu können? Die Angst wird größer, und die Unfähigkeit, adäquat zu reagieren, wächst. Es ist das alte Lied von der Erfahrungsvermeidung: Je häufiger wir eine Tätigkeit vermeiden – sei es Tapezieren oder Englisch sprechen, ein Fahrrad reparieren oder einem Mann unsere Lust gestehen –, desto weniger trauen wir es uns zu und desto unsicherer und ungeübter werden wir. Und je schlechter wir etwas können, desto eher gehen wir dem aus dem Weg. Ein Teufelskreis!

Um ihn aufzubrechen, muss man üben, üben, üben. Das kann man auch häppchenweise tun und sich Schritt für Schritt auf die angstbesetzte Situation einlassen. Auch Entspannungsübungen wie spezielle Atemtechniken können dabei helfen. Um es klar zu sagen: Das Ziel ist nicht die Vermeidung der Angst. Schließlich gehört es dazu, dass man aufgeregt ist, nervös, dass einem die Knie zittern und die Stimme schwankt, dass man feuchte Handflächen hat, wenn man einem Mann sagt, dass im eigenen Bett ein Platz für ihn frei wäre. Wer ist schon so routiniert oder abgebrüht, sich zu outen, ohne dass sich der Pulsschlag beschleunigt? Angst gehört immer dazu, wenn es in unserem Leben spannend wird, wenn wir spüren, dass wir gerade dabei sind, einen entscheidenden Schritt zu tun. Ob man das erste Mal vor einem Publikum spricht, in einem Vorstellungsgespräch sitzt, eine Prüfung absolviert – die Aufregung ist jedesmal groß, aber das ist ganz normal und kein Grund, solche Situationen zu vermeiden. Ganz im Gegenteil: Nach dem Psychologenspruch »Wo die Angst sitzt, geht es lang« weisen besonders angstbesetzte Situationen den Weg zu persönlichem Wachstum, mehr Selbstbewusstsein und größerer Reife.

Das Risiko, einen Korb zu kassieren, ist für Männer übrigens viel größer, denn die Entscheidung, ob man miteinander Sex haben wird, liegt bei den Frauen.[58] Die noch funktionstüchtige Rollenverteilung schreibt Männern den Part zu, immer zu wollen, während Frauen sich wie launische Prinzessinnen verhalten dürfen: Daumen rauf oder runter, Sex ja oder nein. Und es gibt noch einen Mutmacher: das Alter. Frauen über vierzig fällt es in der Regel bedeutend leichter, die Initiative zu ergreifen. Je älter und selbstbewusster wir werden, desto weniger macht es uns etwas aus, was andere von uns halten. Bekommen wir einen Korb, weil ein Mann keine Lust hat, »dann eben nicht. Wer eine solche Angelegenheit korrekt und ohne Speichelleckerei angeht, wirkt niemals lächerlich, auch wenn er oder sie abgewiesen wird.«[59]

Spontan oder geplant?

Fragt man Frauen, wie erste Nächte in ihrem Leben zustande gekommen seien, ob sie sich spontan ergeben hätten oder eher von langer Hand geplant gewesen wären, lautet die Antwort unisono: sowohl als auch. Das erstaunt, denn wie kann ein Ereignis zugleich spontan und geplant sein?

Bedenkt man, welche Vorbereitungen Frauen häufig vor ersten Nächten treffen, fällt es schwer, an Spontaneität zu glauben. Da haben sie extra Sekt und drei Sorten Marmelade fürs Frühstück gekauft, die schönen Gläser poliert, das Bett frisch bezogen, gebadet, sich gesalbt und parfümiert, die feinen Dessous angezogen und für den nächsten Morgen alle Termine abgesagt. Da haben sie ihrer besten Freundin vom bevorstehenden Treffen lang und breit erzählt, die Situation in Gedanken vorher dutzendfach durchgespielt, Fragen und Antworten erwogen, haben die Wohnung aufgeräumt und passende CDs herausgesucht. Eine generalstabsmäßige Vorbereitung – und was bitte soll daran spontan sein?

Hören wir zu, was zum Beispiel Therese über das Zustandekommen von ersten Nächten erzählt: »Irgendwie war es nie geplant, es hat sich meistens spontan an dem Abend ergeben.« Aha, also eindeutig eine spontane Entscheidung. Oder doch nicht: »Aber trotzdem war es mir immer klar, dass es passieren würde, es hat sozusagen auf der Planung gestanden.« Spontan oder geplant – Frauen wissen, dass etwas in der Luft liegt, sie bereiten sich vor, planen, malen aus, organisieren. Nur *wann genau* die Nacht der Nächte stattfindet, wissen sie nicht – natürlich nicht, weil sie ja dem Mann die Initiative und damit letztlich die Entscheidung überlassen.

Was Frauen dadurch vermeiden wollen: Es darf auf keinen Fall so aussehen, als hätten sie es darauf angelegt. Die eigene Absicht darf bloß nicht allzu deutlich zu Tage treten, Eindeutigkeit wäre so wenig romantisch. Also halten Frauen am Bild des »Es hat sich so ergeben« fest. Weder vor dem Neuen noch vor ihrer besten Freundin, ja noch nicht mal vor sich selbst geben die meisten Frauen zu, dass sie es in dieser Nacht darauf angelegt haben, mit dem anderen zu schlafen. Nein, es hat sich so ergeben, ganz spontan …

Nichts spricht dagegen, es so zu handhaben, aber: Dieses Verhalten bestärkt das dumme alte Vorurteil, dass Frauen überredet oder gar überwältigt werden wollen. Und es bringt sie um die Freude und den Stolz der Eroberung. Außerdem wäre es auch mal etwas anderes, mit einem Lächeln auf den Lippen und dem Vorsatz: »Heute ist er fällig!« zu einem Rendezvous zu gehen.

Sex and drugs

In gut zwei Drittel aller Erste-Nacht-Geschichten, die die Frauen mir erzählten, spielte Alkohol eine mehr oder weniger große Rolle. Er sei der Katalysator par excellence, findet beispielsweise Julia. Bei ihrem nächtlichen Urlaubsabenteuer in Kairo war sie ziemlich besoffen. Wir erinnern uns, nicht nur ihr bester Freund Thomas musste unter dem intensiven Erlebnis akustisch leiden. Durch die Wirkung des

Alkohol sei »die Atmosphäre sehr aufgeladen und rauschhaft« gewesen.

Dass gerade viele erste Nächte unter Alkoholeinfluss stattfinden, bestätigt auch Theo Gilbers. Alkohol erfüllt dabei zwei Aufgaben: Zum einen nutzt man die Wirkung, um während des Sex entspannter und lockerer zu sein, und zum anderen hilft Alkohol bereits im Vorfeld, damit es überhaupt dazu kommt. Auch andere Drogen erfüllen diese Aufgabe. Alles zunächst kein Problem – es sei denn: »Unter Umständen lässt man sich unter Alkoholeinfluss auf Dinge ein, die man anschließend nicht mehr okay findet.«

Eine Studie über Sex und Alkohol stellt übrigens fest, dass Frauen, die leicht alkoholisiert sind, sexuell aktiver sind und sich auch mehr Sex wünschen. Die Kehrseite: Alkohol kann die sexuelle Befriedigung erschweren und sogar verhindern. Bei Männern führt Alkoholkonsum dazu, dass sie länger Sex haben können ohne zu ejakulieren, vermehrtes Trinken allerdings vermindert die Potenz.[60]

Manche Frauen verzichten lieber auf starke Drinks vorm Sex, weil sie einen klaren Kopf und vor allem ungetrübte Sinneswahrnehmungen schätzen. Andere bleiben abstinent, weil sie Angst vor dem Kontrollverlust haben, der mit dem Trinken einhergehen kann. Wieder andere fühlen sich mit leichtem Schwipps verführerischer und können sich besser gehen lassen. Und manche Frauen brauchen den Alkohol im Nachhinein zur Rechtfertigung, warum sie sich auf einen Mann eingelassen haben: weil sie ja so betrunken waren. Eine Entschuldigung, die übrigens besonders gerne nach dem Fremdgehen gebraucht wird.

Startsignal

Sie wissen, dass es dieser Mann sein soll: Mit ihm wollen Sie eine Nacht verbringen, und zwar noch heute. Und Sie haben sich vorgenommen, entgegen Ihren sonstigen Gewohnheiten, die Fäden in die Hand zu nehmen. Was können Sie sagen, was können Sie tun? Werfen wir einen Blick darauf, wie andere Frauen diese Situation bewerkstelligen!

Brigitte zum Beispiel kam ziemlich direkt zur Sache. Auf einer Party traf sie Uli wieder, den sie schon seit langem sehr anziehend fand. Bereits als sie ihn zum ersten Mal sah, wusste sie, dass sie ihn haben wollte. An diesem Abend war es so weit. Sie flirteten heftig miteinander und küssten sich lange. Für Brigitte war bald klar, dass in dieser Nacht etwas passieren würde: »Die Atmosphäre war brenzlig und aufgeladen.« Lange überlegte sie nicht, sondern packte die Gelegenheit beim Schopf und sagte zu ihm: »Lass uns von hier verschwinden!« Und wie reagierte er – entsetzt, empört, entgeistert? Im Gegenteil: »Er lächelte, ging zum Telefon und rief ein Taxi.«

Zu direkt, zu dreist und nicht dezent genug? Es ist Geschmacksache, wie direkt oder indirekt man seine Absicht zur Sprache bringt. Wer mag und sich traut, fällt mit der Tür ins Haus. Immer noch besser, als aus lauter Angst, aufdringlich zu wirken, die eigenen Bedürfnisse zu verstecken!

Auf ihrer neuen Arbeitsstelle lernte Sylvia Thorsten kennen, der ihr von Anfang an sehr sympathisch war. Doch weil sie in festen Händen war und er auch, passierte zunächst nicht viel. Ab und zu gingen sie nach der Arbeit ein Bier trinken. Alles ganz harmlos. Aber irgendwann änderte sich die Atmosphäre zwischen beiden, »etwas« schwang mit, wenn sie beieinander waren, egal ob bei der Arbeit oder in der Kneipe beim Bier. »Wir haben uns plötzlich ständig gegenseitig beobachtet, wenn der andere in der Nähe war. Und ich wusste auch, dass er immer mit einem Ohr mithörte, wenn ich etwas sagte«, erzählt Sylvia. Viele andere Frauen hätten an ihrer Stelle darauf gewartet, dass Thorsten die Sache in die Hand nimmt und Tacheles redet. Sylvia aber klärte selbst. Bei nächster Gelegenheit sprach sie aus, was beide spürten: »Zwischen uns knistert es ganz schön, stimmt's?« Natürlich wusste er genau, wovon sie sprach. Und als Sylvias Freund das nächste Mal verreist war, lud sie Thorsten zu sich ein.

Ein Startsignal zu setzen ist mutig. Bei Christine war es sogar sehr mutig. Sie musste ziemlich hartnäckig sein und sich Peter konsequent Schritt für Schritt erobern, denn er war ein ganz schön harter Brocken, der keinen Finger rührte, um Christine den Weg zu erleichtern. Aber sie ließ sich dadurch nicht abschrecken. Peter war der Kursleiter einer Fortbildung, die sie besuchte. Am Ende des Seminars fragte er die Teilnehmer, ob ihm jemand helfen könne, die zahlreichen Materialien zu seinem Wagen zu tragen – Christine half. Zum Dank bot er ihr an, sie zu ihrem Hotel zu fahren. »Er verfuhr sich ständig, ich hatte den Eindruck, er macht das mit Absicht, so dumm kann man gar nicht sein.« Und vor allem hatte Christine andere Pläne: »Eigentlich würde ich lieber einen Kaffee mit Ihnen trinken gehen«, sagte sie zu ihm. Etwas überrascht stimmte Peter zu. Im Café unterhielten sie sich, zuerst über Berufliches, später – auf Christines Betreiben – auch über Privates. Die Gespräche wurden mit der Zeit intimer, die Stimmung zwischen ihnen auch: Sie begannen, sich zu duzen. Irgendwann war es schließlich Zeit zu gehen. Peter wollte Christine in ihrem Hotel abliefern, doch sie fasste sich ein Herz und gestand ihm, dass sie es schön fände, ihn bei sich zu haben: »Ich möchte jetzt nicht gerne allein sein, und ich glaube, du auch nicht.« Sie gingen in Christines Hotelzimmer, saßen auf dem Bett und unterhielten sich. Bis Christine aussprach: »Ich würde gerne mit dir schlafen.« Was sie dann auch taten. Schritt für Schritt kam sie ihm näher. Christine wusste genau, was sie wollte, und hatte nicht die Absicht, darauf zu warten, bis er die Initiative ergriff.

Zugegeben, es ist mutig und gewöhnungsbedürftig, so offensiv und direkt zu sein. Aber: Wie viele schöne Nächte wollen wir uns noch durch die Lappen gehen lassen, weil die Männer, auf die wir es abgesehen haben, vielleicht nicht von der forschen Sorte sind?

Geht es Männern ähnlich?

Auch Männern fällt es nicht leicht, offensiv mit ihrem Verlangen umzugehen. Einen deutlichen Unterschied gibt es allerdings – bei einem verlockenden eindeutigen Angebot. Stellen Sie sich vor, Sie sitzen im Café. Da steht plötzlich ein gut aussehender Mann vor Ihnen, den Sie nie zuvor gesehen haben. Er sagt: »Hallo, Sie sind mir in der letzten Zeit in der Stadt aufgefallen. Ich finde Sie sehr attraktiv. Hätten Sie Lust, mit mir zu schlafen?« Wie würden Sie reagieren? Wahrscheinlich würden Sie sich fragen, ob der Mann noch alle Tassen im Schrank hat. Sie würden sich ärgern über die unverschämte Frage. Ein Mann in der gleichen Situation wäre wahrscheinlich geschmeichelt und würde das unmoralische Angebot einer attraktiven Frau unter Umständen annehmen. Das jedenfalls fanden die Wissenschaftler Clark und Hatfield heraus. Ihr Ergebnis: Bei hundert Prozent der befragten Frauen hatte die oben gestellte Frage einer unbekannten, attraktiven Person ein entschiedenes Nein zur Antwort, bei Männern dagegen nahmen 75 Prozent der Befragten das Angebot an.

Dieser Verhaltensunterschied ist unter anderem darauf zurückzuführen, dass für die meisten Frauen der Beziehungskontext, in dem Sex stattfindet, sehr wichtig ist. Es muss nicht gleich die große Liebe sein, aber etwas mehr als ein rein sexueller Kontakt sollte es schon sein, finden die meisten. Das kann man auch daran ablesen, dass die allerwenigsten Frauen auf die Idee kommen, einen Callboy zu mieten, während viele Männer keine Probleme damit haben, für Sex zu bezahlen.

Die amerikanischen Psychologen Douglas T. Kenrick und Melanie R. Trost vertreten die Ansicht, dass Männer generell schneller zur Sache – sprich: ins Bett – kommen wollen: »Haben Männer sich einmal eine mögliche Partnerin auserwählt und darüber hinaus auch noch das Gefühl, dabei erfolgreich zu sein, nehmen sie die Dinge schneller in die Hand.« Frauen hingegen wählen die langsame Annäherung. Diese komplementären Verhaltensweisen lassen sich in folgendem Bild darstellen: »Männer müssen beim Anbandeln etwas verkaufen, während die Frauen die Rolle des widerspenstigen Käufers spielen.«[61]

Das erinnert doch stark an die moralischen Bedenken, die uns bei der Erziehung eingetrichtert wurden: »Kind, warte auf den Richtigen, verschenke dich nicht an den Erstbesten.« Diese Verhaltensmaßregeln mögen ja sinnvoll sein – für Teenager. Erwachsene Frauen hingegen sollten sich zugestehen, ein lustvolles Leben zu führen.

Zu dir ...?

Was spricht dafür, die erste Nacht in den eigenen vier Wänden zu verbringen, was spricht dagegen? Habe ich die Wohnung des anderen noch nie gesehen, bin ich neugierig: Wie lebt er, was verrät seine Wohnung über ihn? Welche Bücher liest er, welche Platten stehen im Regal? Stehen womöglich zwei Zahnbürsten im Bad, gibt es ein Foto von seiner Ex-Freundin, steht noch ein Name auf dem Klingelschild? Ist die Wohnung klinisch rein, oder neigt er zu Geschmacklosigkeiten, die man ihm nie zugetraut hätte, wie hässliche Schrankwände oder Playmates zum Aufklappen? Kann alles sehr aufschlussreich sein – oder auch abschreckend, wie Lisa erzählt. Als sie zum ersten Mal die Wohnung von Gerold betrat, war sie total neugierig. Denn sie wusste, dass er in einer möblierten Wohnung lebte. »Ich wusste aber nicht, inwieweit überhaupt Sachen von ihm in der Wohnung waren.« Als er sie in sein Schlafzimmer führte, war sie zunächst schockiert: »Die Bettwäsche war aus knallrotem Satin, grässlich! Das war schon ein echter Schocker.« Aber nicht shocking genug, um Lisa die Lust auf Gerold zu nehmen.

Carla wollte gerne mit in Gregors Wohnung, als sich das erotische Abenteuer anzubahnen begann. Doch angeblich hatte er gerade Besuch von guten Freunden. Carla hatte so eine Ahnung, dass dies nur ein Vorwand war: »Ich dachte, bestimmt hat er eine Frau zu Hause.« Später stellte sich heraus, dass ihre Ahnung richtig war. Kein Einzelfall, wie Michaela Hellberg von der *Ersten Berliner Seitensprungagentur* weiß: »Wenn ein Mann sich partout dagegen sträubt, eine Nacht in seiner Wohnung zu verbringen, hat er ziemlich sicher eine Frau zu Hause!« Das jedenfalls lehrt ihre Erfahrung mit den Seitensprungwilligen.

Was sind die eindeutigen Vorteile seiner Wohnung? Sie können gehen, wann Sie wollen. Und mit dem ganzen Bewirten, dem Bett machen, Aufräumen haben Sie nichts zu schaffen! Sie müssen sich nur um Ihren Spaß kümmern.

... oder zu mir?

Frauen fühlen sich in ihren eigenen vier Wänden meist wohler, sicherer und bewegen sich freier. Sie wissen, wo sie Kondome und Kleenex, Sekt und Alka Selzer finden. Martina nimmt einen neuen Liebhaber auch deshalb gerne mit in ihre Wohnung, um »ihm einen Eindruck von mir zu geben, um ihm zu zeigen, wie ich bin«.

Zu mir oder zu dir – wo auch immer man die erste Nacht verbringt, ist letztlich eine Frage der eigenen Vorliebe. Und wie auch immer man sich entscheidet, bestimmte Umgangsformen sollten beachtet werden, auf die die Niederländerin Inez van Eijk aufmerksam macht.[62] Wer in einer festen Beziehung lebt, sollte aus Höflichkeit Gegenstände, die an den Partner erinnern – Zahnbürste, Rasierzeug, Hochzeitsbild etc. – möglichst wegräumen. Verbringt man die Nacht bei dem anderen, ist es ratsam, so Inez van Eijk, sich nicht häuslich niederzulassen, bevor man dazu aufgefordert wird: Weder die eigene Zahnbürste in den fremden Zahnputzbecher stellen, noch seine Wohnung aufräumen. Letzteres ist hoffentlich ein unnötiger Ratschlag.

Sicherheitsaspekte

An dieser Stelle möchte ich auf einen weiteren Aspekt zu sprechen kommen, der leider schnell unter den Tisch fällt, wenn man über erste Nächte redet: Sicherheit. Die meisten

Frauen schauen sich einen potenziellen Liebhaber vorher gut an und lassen sich sowieso nur dann auf ihn ein, wenn sie sich sicher fühlen. Aber hundertprozentige Sicherheit gibt es nicht. Gerade wenn man eine Nacht mit einem Mann verbringen möchte, den man vielleicht erst einige Stunden vorher kennen gelernt hat, besteht natürlich eine gewisse Gefahr. Was kann man tun, um sich miese Erfahrungen zu ersparen und gefährliche Situationen zu vermeiden?

Generelle Faustregel: Wenn Sie sich unsicher fühlen, hören Sie auf Ihr Gefühl und gehen Sie weder mit zu ihm noch nehmen Sie ihn mit in Ihre Wohnung.

Um Tipps in punkto Sicherheit zu bekommen, fragte ich bei Katja Wolf nach, deren Blick auf mögliche Risiken durch ihren Job als Sexarbeiterin besonders geschärft ist. Immer wieder kommt sie durch ihre Arbeit in unberechenbare Situationen und hat vorher oft keine Zeit, um ihr Gegenüber gut einschätzen zu können. Nicht selten bezahlen Prostituierte mit ihrer Gesundheit oder gar mit ihrem Leben für mangelnde Sicherheitsvorkehrungen oder das Überhören der inneren warnenden Stimme. Wie können Frauen sich absichern, falls sie sich bereits auf fremdes Terrain – in die Wohnung eines Mannes – begeben haben und sie ein ungutes Gefühl beschleicht?

Katja Wolf rät, sich immer einen Fluchtweg für einen schnellen Abgang offen zu halten. Das bedeutet: zunächst einmal weder die Schuhe noch die Jacke ausziehen und die Handtasche in Reichweite lassen. Wenn Sie oder Ihre Kolleginnen in eine Situation geraten, die Ihnen brenzlig erscheint, lassen Sie den Mann nicht aus den Augen und achten darauf, dass alle Türen sperrangelweit offen stehen – selbst die Badezimmertür, wenn Sie pinkeln gehen. Grund: Er darf keine Gelegenheit haben, Sie einzusperren. Und dann schauen Sie, dass Sie schnell – und unverdächtig – das Weite suchen: »Wenn ich einen Kontakt unterbrechen will, erzähle ich dem Kunden, dass ich noch etwas aus meinem Auto holen muss und gleich wiederkomme«, berichtet Katja Wolf, »und dann mache ich, dass ich wegkomme!«

Bereits im Vorfeld – zum Beispiel vor einem Blind Date – können Sie sich schützen. Katja Wolf zum Beispiel gibt, bevor sie das erste Mal zu einem neuen Kunden geht, seine Adresse einer Kollegin und vereinbart mit ihr einen Telefontermin: Wenn sie zum festgesetzten Zeitpunkt nicht anruft, alarmiert die Kollegin die Polizei. Falls Sie also nur wenig über einen Mann wissen, auf den Sie sich sexuell einlassen wollen, rufen Sie von unterwegs eine Freundin an oder schicken Sie ihr eine SMS mit Informationen über ihn: zum Beispiel den Wagentyp und sein Autokennzeichen. Sicher ist sicher!

Wenn man es sich anders überlegt

Was tun, wenn die Lust plötzlich wie weggeblasen ist, obwohl man doch gerade dabei war, gemeinsam in die Kissen zu sinken? Aufhören – Punkt! Dann ist es zu früh, der falsche Mann, die falsche Situation oder Atmosphäre, was auch immer. Die Befürchtung, für zickig gehalten zu werden oder ihn zu kränken, sollte Sie nicht davon abhalten, die Sache zu unterbrechen. Darüber nachzudenken, was Ihnen plötzlich die Lust verdarb, tun Sie besser am nächsten Morgen allein in Ihrer Wohnung als im Bett eines fremden Mannes, der sich abquält, während Sie grübeln. Das ist für beide unerfreulich. Jeder halbwegs sensible Mann spürt sowieso, dass Sie nicht bei der Sache sind und könnte es möglicherweise auf seine Liebeskünste zurückführen. Wenn Sie ihn mögen, tun Sie ihm das nicht an. Wenn Sie ihn nicht mögen, tun Sie sich selbst das nicht an! Ein feiner Tipp von Inez van Eijk für ein elegantes Ende: Fragen Sie ihn: »Möchtest du noch was trinken, bevor du gehst?«[63]

Teil 3

Sex (und so weiter)

So könnte es ewig weitergehen! Endlich liegen sie eng umschlungen auf dem Bett und schmusen. Wie gut er küsst. Am liebsten würde sie nur da liegen und sich bedienen lassen.

Was fummelt er eigentlich so lange an ihrem Rücken herum? Hat er denn immer noch nicht gemerkt, dass der BH *vorne geöffnet wird? Vielleicht sollte sie ihm das mal sagen. Und die Strümpfe zieht sie am besten auch gleich selbst aus. Wenn er weiter so daran herumzerrt, kann sie die morgen gleich wegwerfen. Männer können so was einfach nicht schätzen: Da hätte sie auch gleich die billigen anziehen können, anstatt die sündhaft teuren aus der Wäscheboutique.*

Jammerschade, dass man als erwachsene Frau mit einem Mann im Bett nicht nur küssen, schmusen, streicheln kann. Als Teenager ging das noch. Aber jetzt würde es so aussehen, als ob man total prüde wäre. Nur zärtlich sein, das geht vielleicht, wenn man schon lange mit jemandem zusammen ist. Aber auf keinen Fall beim ersten Mal.

Sie streichelt ihn, küsst seinen Bauch und rutscht noch etwas tiefer. Seine Füße haben sich in seinen Boxershorts verhakt. Wenigstens trägt er keine albernen Unterhosen, mit Weihnachtsmännern drauf. Hat sie alles schon erlebt. Plötzlich zuckt er zusammen. Hat sie ihm womöglich wehgetan? Soll sie weitermachen oder nicht? Keine Ahnung. Vorsichtshalber hört sie auf.

Ist eigentlich ganz schön, wie er ihre Brüste streichelt, findet sie. So sanft. Obwohl – so langsam könnte er auch mal kräftiger zugreifen. Das hat sie nämlich ganz gerne. Aber sie kann ihm ja schlecht sagen: »Massier' meine Brüste« oder »Ich mag es kräftiger«. Was würde er dann von ihr denken?

Er fühlt sich gut an. Kein Gramm Fett am Körper. Ganz im Gegensatz zu ihr. Zum Glück ist es nicht so hell in seinem Schlafzimmer. Sonst könnte er jede Menge Falten, Röllchen und Pickel an ihr entdecken. Nur nicht vergessen, den Bauch einzuziehen.

Er streichelt sie nun fester – wunderbar! Sie hält die Luft an. Beinahe hätte sie laut geschrien. Das passiert ihr manchmal, wie peinlich. Es ist ihr unangenehm, beim Sex laut zu sein. O Gott, und jetzt läuft ihr auch noch Speichel aus dem Mund. Sie hat gesabbert, wie eine zahnlose Oma. Das hat er Gott sei Dank nicht gesehen.

Er ist ganz schön routiniert. Ob er schon mit vielen Frauen geschlafen hat? Ob sie nur irgendeine Frau für ihn ist? Die man mal so mitnimmt? Und wann gedenkt er denn eigentlich mal ein Kondom anzuziehen? Sie hat welche in der Handtasche, aber die steht im Flur. Er wird doch wohl Kondome in Bettnähe haben. Oder wartet er etwa darauf, dass sie ihm sagt, er soll eins anziehen? Viel Zeit zum Überziehen bleibt nicht mehr. Sie rechnet, an welchem Tag ihres Zyklus sie gerade ist. Na wenigstens kann heute eigentlich nichts passieren. Wenn er also kein Kondom holt, ist es auch kein großes Drama. Aber ärgerlich ist es schon. Das interessiert ihn wohl gar nicht. Falls es mehr mit ihnen werden sollte, muss sie dringend mal mit ihm drüber reden.

Hoffentlich fragt er sie nicht, was sie jetzt möchte. Die Frage konnte sie noch nie leiden. Außerdem ist es ihr unangenehm, über Sex zu reden. Währenddessen erst recht. Am liebsten hat sie es, wenn sie auf einem Mann sitzt. Dann kann sie ihren eigenen Rhythmus finden. Aber zu spät: Er legt sich auf sie. Wenn sie ihn jetzt wegschiebt, denkt er bestimmt, sie will nicht. Sie will ja, aber nicht unbedingt so. Na ja, beim nächsten Mal dann.

Okay, jetzt geht es also los. Es fühlt sich gut an, ihn in sich zu spüren. Wenn sie zu aufgeregt ist, dauert es, bis sie feucht wird. Aber wenn sie dann feucht wird, ist sie eigentlich richtig nass. So wie jetzt. Klitschnass. Sie schämt sich. Hoffentlich geht es schön langsam weiter. Geht es aber nicht! Seine Bewegungen werden schneller. Na gut, tut sie ihm halt den Gefallen und bewegt sich in seinem Tempo mit. Vielleicht klappt es ja trotzdem mit dem Orgasmus. Wenn sie sich anstrengt.

Was guckt er sie denn so an? Will er sehen, wie weit sie ist? Das macht sie ganz nervös. Sie schließt die Augen. Das wird jetzt nichts mehr, denkt sie, selbst wenn er ewig so weitermachen würde. Außerdem ist sie eigentlich auch zu müde und hat viel zu viel getrunken. Plötzlich hört er auf, sich zu bewegen. Ist er etwa gerade gekommen? Hat sie gar nicht mitgekriegt!

Er legt sich neben sie: »Tut mir Leid, ich bin zu müde und habe zu viel getrunken.« Er lächelt, küsst sie. Und jetzt? Soll sie ihn trösten? Es scheint ihm aber gar nichts auszumachen. »Lass uns eine Runde schlafen«, sagt er, dreht sich zur Seite und schläft ein. Sie wird jetzt bestimmt kein Auge zukriegen. Ob sie sich anziehen und nach Hause fahren soll? Aber das sähe ja so aus, als sei sie sauer, weil es nicht geklappt hat. Also was jetzt?

1. Erwartungen und Befürchtungen

Endlich ist es soweit. Da liegt man nun mit dem Auserwählten auf dem Laken, und der sexuelle Höhepunkt des ganzen Abenteuers soll beginnen. Alle Hürden sind überwunden, alle Missverständnisse ausgeräumt. Es ist geschafft. Nun folgt die einfachste, weil natürlichste Sache der Welt. Wenn es doch nur so einfach wäre ...

Dass eine erste gemeinsame Nacht tatsächlich zu einem lustvollen Fest erotischer Stimmungen und orgiastischer Höhepunkte wird, ist die Ausnahme. Der Normalfall kennt ein anderes Drehbuch: Rauschhafter Sex und totale Befriedigung kommen darin nur als Zaungäste vor. Und in der realistischen Variante hinterlassen erste Nächte nicht selten einen schalen Nachgeschmack: Wir sind enttäuscht und verstehen nicht, warum es fast nie so aufregend wird, wie es doch eigentlich sein müsste.

Die Wahrscheinlichkeit, dass ein erstes sexuelles Abenteuer befriedigend wird, ist gering. Das mag man schade finden. Oder auch befreiend. Sehr viel wahrscheinlicher verlaufen erste Nächte so wie die, von der mir Stefanie erzählte: »Wir lagen miteinander im Bett und knutschten. Das hat mir schon gefallen, so kannte ich das nicht. Mit anderen Männern ging das immer unglaublich fix, da dauerte es höchstens zwanzig Minuten, dann kam es zum Geschlechtsverkehr. Mit Jasper war es anders, stundenlang haben wir geknutscht und gefummelt. Doch als wir miteinander schlafen wollten, waren wir beide so aufgeregt, und Jasper konnte nicht. Wir sind dann erst mal eingeschlafen. Morgens um fünf bin ich aufgewacht und habe an ihm rumgemacht, er ist dann aber zu schnell gekommen, so dass wir wieder nicht miteinander schlafen konnten. Zwei Stunden später hat's endlich mal geklappt. Es war dann noch nett, aber wirklich nicht umwerfend.«

Wenn wir das erste Mal mit einem neuen Mann ins Bett steigen, treffen nicht nur zwei fremde Körper aufeinander, sondern auch zwei unterschiedliche Vorgeschichten und Erwartungshaltungen. Jeder bringt sein Gepäck, seine eigenen Wünsche und ureigenen Ängste mit. Ein Sammelsurium an Hoffnungen, Bedürfnissen, Vorstellungen und Befürchtungen. Kein Wunder, dass dies nicht selten in Prüfungsstress ausartet. Und dabei wünschen wir uns doch nichts sehnlicher, als unsere Sache möglichst gut zu machen: Wir wollen doch nur ein paar Stunden voller Lust mit dem anderen erleben.

Wollen wir wirklich nur das? Wenn wir ehrlich sind, geht es meistens um mehr. Es liegen unsere Erwartungen und Hoffnungen mit im Bett, unsere Vorstellungen und Bilder, wie es zu sein hat, wie wir zu sein haben etc. Und nicht zuletzt ist die erste Nacht besonders für Frauen immer noch *das* große Symbol für den Anfang einer Liebesbeziehung. »Dadurch sind die Erwartungen wahnsinnig groß«, meint auch der Berliner Sexualtherapeut Theo Gilbers. Das erste gemeinsame Essen und der erste Kinobesuch erzeugen schon Stress, zehnmal größer wird der Stress aber dann beim ersten Sex. »Die enormen Ansprüche und Erwartungen überfordern beide und erschweren die Entfaltung von Lust und Erregung.«

Die Situation in ersten Nächten ähnelt der beim Flirten: Was die ganze Sache so aufregend und spannend macht, sorgt zugleich für eine gehörige Portion Unsicherheit. Alles ist möglich – und alles ist unklar. Wir haben keine Ahnung, was der andere von uns erwartet. Noch gibt es kein Muster und keine Rituale, die uns den Weg weisen. Man kennt den anderen nicht in einer intimen Situation. Was bedeutet es wohl, wenn er plötzlich beim Sex lacht? Oder sich nach dem Orgasmus wegdreht? War es so schlecht oder was zum Teufel hat er bloß?

So sind Pleiten, Pech und Pannen im Bett vorprogrammiert. Woher sollen wir wissen, was der andere mag und was er auf den Tod nicht ausstehen kann? Und wie macht man ihm deutlich, was man selbst möchte? Sagen oder zeigen? Oder hoffen, dass er es schon ahnt? Ob sexuelle Praktiken oder Verhütung – jedes Detail muss dennoch irgendwie ausgehandelt werden. Und das, wo die Scham ein ständiger Begleiter ist.

Eine der Folgen: Wir entwickeln uns im Bett zu perfekten Pantomimen. Wir agieren mit Gestik und Mimik, Hand wegschieben oder Kopf schütteln. Denn über Sex spricht man nicht – vorher nicht, nachher nicht und währenddessen schon mal gar nicht. Keine gute Voraussetzung, um Unklarheiten aufzuhellen und guten Sex zu erleben.

»Sex ist Kommunikation«, betont Katja Wolf. Sex lebt von der Gegenseitigkeit, von dem, was beide Partner einbringen. Wie bei einem Interview. Auch das ist immer nur so gut wie die Fragen, die gestellt werden. Nur so kann Sexualität funktionieren. Und das erlebt Katja Wolf Tag für Tag, seit sie als Hure arbeitet. Auch in ihrem Job gilt: »Ich kann nur das machen, was mit dem anderen geht, was ihm Spaß macht.« Und trotzdem, auch im Umgang mit ihren Kunden treten Probleme auf, weil deren Erwartungen sich nicht selten aus reiner Konsumhaltung speisen: »Sie gehen ins Bordell wie in eine Peep-Show, in der die Kommunikation natürlich nur eingleisig ist.« Die Freier erwarten, dass ihnen etwas Aufregendes geboten wird. So funktioniert Sex eben nicht. »Der Dreh- und Angelpunkt ist: Was können wir zwei miteinander anfangen, was ist zwischen uns beiden möglich?« Und was für Katja Wolf und ihre Freier gilt, gilt nicht nur für professionelle Sexarbeiterinnen und ihre Kunden.

Sex wird befriedigender, je besser man sich kennt und je mehr man aufeinander eingespielt ist. Und um die eigenen Vorlieben und Abneigungen und die des anderen weiß. Aber auch die eigenen müssen nicht immer gleich sein, wie Bettina erzählt. Als ich sie fragte, was für sie in einer ersten Nacht der absolute Lustkiller sei, antwortete sie: »Wenn ein Typ das Falsche macht – aber das kann alles Mögliche sein. Und was bei dem einen genau richtig ist, kann beim anderen absolut falsch sein. Wenn mir ein Mann zum Beispiel beim Sex Schweinkram ins Ohr flüstert, dann kann mich das schon sehr anmachen. Wenn es aber nicht in die Situation oder zu dem Typen passt, dann kann das auch jede Lust nehmen. Es kommt einfach darauf an.«

Lassen Sie uns einen Blick auf die Erwartungen sowie die kleinen und großen Hürden werfen, die uns manchmal im Weg stehen! Diese Hürden sind nicht selten selbstgemacht: Es liegt nicht an unserem neuen Gespielen, wenn wir uns nicht gerne nackt zeigen oder Schwierigkeiten haben, uns beim Sex fallen zu lassen. Das ist unser persönlicher Ballast, den wir schon länger mit uns herumschleppen. Ist er aber nicht bereit, Kondome zu benutzen, und nörgelt herum, weil wir die Pille nicht nehmen, ist das ein Hindernis, das von ihm mit ins Bett gebracht wird.

(Un)Heimliche Erwartungen

Welche Erwartungen stellen wir an Sex? Woran orientieren wir uns und was wollen wir mindestens beim ersten Mal erleben? Grundsätzlich vorab: Unsere Erwartungen sind viel zu hoch. Und dadurch auch die Quote der Enttäuschungen und potenziellen Mißverständnisse. Und überhaupt: Allgemein verbindliche Antworten auf Fragen, wie denn eine gute erste Nacht abzulaufen habe und was wirklich guter Sex sei, kann es nicht geben. So viele Frauen (und Männer) ich auch befragt habe, so viele unterschiedliche Antworten habe ich bekommen. Nur in einem waren sich alle Frauen absolut einig: Die erste Nacht ist nur in ganz seltenen Ausnahmefällen wunderbar, lustvoll und sexuell befriedigend. Befriedigender, aufregender und entspannter werden erst die folgenden Nächte.

Und an ein allgemein verbindliches Regelwerk für die erste sexuelle Begegnung glauben Frauen auch nicht. »Alle ersten Nächte laufen anders ab«, meint zum Beispiel Carla. An sie sollte man am besten gar keine Erwartungen stellen, da sie sich sowieso immer anders entwickeln, als man es vorher vermutete. »Man geht ja nun nicht urplötzlich mit einem Mann ins Bett, sondern vorher läuft schon was. Küssen und so weiter. Da ist man manchmal mit Männern zusammen, die sind wirklich sehr erotisch. Und wenn's dann zum Sex kommt, ist es einfach eine enttäuschende 08/15-Nummer. Aber umgekehrt kann ganz genau das Gleiche passieren.« Kein Wunder, dass Männer und Frauen Lampenfieber vor ersten Nächten haben!

Wir erwarten sensationellen Sex

Funken müssen sprühen, wir wollen abheben, herauskatapultiert werden aus dem täglichen Einerlei, hinein in Ekstase und Multi-Orgasmen. Und wehe, das gelingt nicht. In keinem anderen Bereich unseres Lebens erwarten wir ähnlich viel – von uns und dem anderen. Wir finden es völlig normal, dass nicht jeder Kinofilm, den wir sehen, oscarverdächtig ist. Wir erwarten nicht, dass jedes Essen, das wir kochen, Gourmet-Ansprüchen genügt, dass jedes Gespräch, das wir führen, philosophische Erkenntnisse bringt. Aber wenn es um Sex geht, hört der Spaß auf. Hier erwarten wir das Beste – jedes Mal und mit jedem.

Wir erwarten den telepathischen Liebhaber

Eine ziemlich unrealistische Erwartung, ähnlich der Vorstellung, dass unser neuer Liebhaber ganz intuitiv spürt, was wir mögen. Und ist er nicht empathisch genug, um zu ahnen, was wir im Bett bevorzugen, dann ist das ein deutliches Zeichen, dass wir als Paar garantiert nicht zusammenpassen. Ironisch bringt der Schweizer Paartherapeut Klaus Heer das Dilemma auf den Punkt: »Schmeckt Ihnen ein feines Menü im Restaurant etwa weniger, nur weil Sie es *bestellt* haben? Hätte der Kellner telepathisch oder intuitiv spüren müssen, was Sie essen wollen?«[64] Unsere Ansprüche gerade in ersten Nächten sind gewaltig übertrieben.

Wir erwarten Selbstbestätigung

Es geht nicht nur um pure Lust in ersten Nächten, da ist sich Michaela Hellberg von der *Ersten Berliner Seitensprungagentur* sicher. Nach unzähligen Gesprächen mit ihren Klientinnen weiß sie, dass gerade bei Frauen ganz andere Dinge eine Rolle spielen. »Es geht um Fragen wie: Komme ich noch an? Welche Chancen habe ich?« Besonders Frauen nutzen die Möglichkeit zu einem Seitensprung, so Michaela Hellbergs Eindruck, um ihr Selbstbewusstsein aufzumöbeln. Eine These, die auch Volkmar Sigusch, der Leiter des Frankfurter Instituts für Sexualwissenschaft, vertritt. Nach seiner Beobachtung zielt Sex heute »eher auf den seelischen Gewinn der Bewunderung, auf die Bestätigung der Selbstliebe als auf die klassische Finalität des Koitus – das Rumkriegen«[65]. Es geht also nicht so sehr um den finalen Orgasmus, vielmehr reizt Frauen die Vorstellung, ob sie einen bestimmten Mann ins Bett bekommen könnten.

Wir erwarten mehr als eine Nacht

Viele Frauen wünschen sich, dass die erste Nacht den Anfang einer Liebesbeziehung bildet. Kristina erzählte zum Beispiel, dass sie jedesmal voller Spannung und Unsicherheit ist und sich fragt: »Klappt das mit ihm? Wird das was mit ihm?« Das Schwierige an solchen Nächten ist, »sich nur dem Gefühl hinzugeben und alle Gedanken auszublenden, ob das auch der Richtige ist.« Aber genau darauf kommt es ihr an: Sie will nicht mit *irgendwem* schlafen, sondern mit dem Richtigen. Aber wer ist der Richtige? Der Mann fürs Leben, zumindest für eine längere Beziehung. Ist aber die erste Nacht zugleich auch die letzte, weil der Auserwählte keine Fortsetzung möchte, fühlen sich viele Frauen betrogen: Ihre Rechnung ist nicht aufgegangen, sie haben aufs falsche Pferd gesetzt.

Wovor wir Angst haben

Schon der Titel klingt wie ein Griff in die Mottenkiste: Was sollen wir heute noch befürchten beim Sex in ersten Nächten? Angst und Sex – dazu fallen uns auf Anhieb nur AIDS und ungewollte Schwangerschaft ein. Doch beim genaueren Hinschauen lugen unter dem Zipfel der Bettdecke weitere Befürchtungen hervor.

Männer und Frauen haben unterschiedliche Ängste beim Sex. Das belegen die spannenden Arbeiten der amerikanischen Sexualpädagogin Carol Cassell. Frauen haben Angst, von dem anderen abgelehnt zu werden, vor allem dann, wenn sie sich sexuell verweigern. Frauen fürchten schnell den Verlust ihrer Selbstachtung und fühlen sich leicht benutzt. Sie haben sexuelle Versagensängste, befürchten, keinen Orgasmus zu bekommen oder ihren Partner nicht befriedigen zu können. Die Möglichkeit ungewollter Schwangerschaften ängstigt sie ebenso wie die Furcht, von ihrem Partner subtil zu Sex gezwungen zu werden. Und nicht zuletzt haben Frauen davor Angst, erst verführt und dann verlassen zu werden.[66]

Männer dagegen ängstigen sich, so Carol Cassell, dass ihre sexuellen Bedürfnisse in anderen Bereichen ausgenutzt werden. Dass Frauen nur mit ihnen spielen. Männer leiden zudem einerseits unter dem riesigen Erwartungsdruck von außen, ständig auf der Jagd nach Frauen sein und alles über Sex wissen zu müssen. Andererseits befremdet sie das passive und zurückhaltende Verhalten der Frauen und deren mangelnde Bereitschaft, sich auf sexuelle Experimente einzulassen. Und nicht zuletzt setzt es Männer unter Druck, dass Frauen von ihnen Liebeserklärungen verlangen, selbst wenn diese nicht der Wahrheit entsprechen.[67]

Versagensangst

Eine Umfrage der Universität von Chicago von 1999 kam zu dem spannenden Ergebnis, dass immerhin ein Sechstel der Frauen und fast ein Fünftel der Männer in der Altersgruppe der 18- bis 29-Jährigen über Angst klagt, beim Sex zu versagen.[68] Hinter dem Versagen versteckt sich nicht nur die Angst, selbst keinen Orgasmus zu bekommen, sondern auch die Befürchtung, den Partner nicht befriedigen zu können.

Ausgeliefertsein

Als Brigitte Anfang zwanzig war, fühlte sie sich in ersten Nächten häufig ihren Liebhabern ausgeliefert: »Vor zehn, fünfzehn Jahren habe ich mir kaum zugetraut, Einfluss zu nehmen. Ich dachte, wenn der Mann es richtig macht, wird der Sex schon gut. Und wenn er es nicht richtig macht, wird es eben nicht gut.« Dass sie aber maßgeblich mitbestimmen kann, was passiert, hatte sie früher gar nicht im Kopf. Erste Nächte waren für sie immer ein Vabanquespiel: »Er muss schon wissen, was mir gefällt und was mir gut tut, er muss das rauskriegen. Da konnte man eben Pech haben oder Glück.« Dieses Gefühl, beim Sex ausgeliefert zu sein, ist die Kehrseite des passiven weiblichen Rollenspiels. Wer die Fäden selbst in die Hand nimmt, liefert sich nur noch so weit aus, wie er es zulässt und wie es Lust bereitet.

Zurückweisung

Frauen haben große Angst vor sexueller Zurückweisung. Deshalb riskieren sie selten, offensiv ihr sexuelles Interesse zu zeigen. Jedenfalls nicht, bevor sie ganz sicher sind, dass dieser Wunsch auch auf Gegenliebe stoßen wird. Warum bloß diese Vorsicht? Glauben Sie wirklich, das Gesicht zu verlieren, wenn Sie eindeutig signalisieren, Sex zu wollen, oder aber dieses oder jenes zu bevorzugen – selbst wenn der andere einen Rückzieher macht und das Angebot ablehnt? Eine Zurückweisung ist keine Katastrophe, im Gegenteil! Es ist völlig normal, dass ein sexuell interessierter Mensch auch hin und wieder zurückgewiesen wird. Halten Sie sich in solchen Fällen immer vor Augen, dass nicht Sie persönlich abgewiesen werden, sondern lediglich Ihr Anliegen – nämlich Sex –, und auch das nur in diesem Moment.

Enttäuschung

Wenn Gabriele das erste Mal mit einem neuen Mann ins Bett geht, schwingt bei ihr immer die Vorstellung mit: Wie wäre es wohl, mit ihm eine Familie zu gründen, eine verbindliche Beziehung einzugehen, ein gemeinsames Kind zu haben? »Schließlich besteht ja bei jedem sexuellen Kontakt grundsätzlich die Möglichkeit einer Schwangerschaft. Allerdings habe ich diesen Wunsch immer unterdrückt, weil ich weiß, dass er Männer abschreckt, gerade wenn man sich noch nicht so lange kennt.« Trotzdem bleibt bei Gabriele oft ein vages Gefühl der Enttäuschung zurück: Wieder einer, dem es nur um Sex geht, wieder einer, der nicht die gleichen Wünsche hat wie sie. Letztlich eine selbst produzierte Enttäuschung auf Grund zu großer, zu früher oder falscher Erwartungen.

Sonjas Angst vor Enttäuschung ist konkreter, sie bezieht sich auf Sex: Wer weiß, wie es laufen wird? Kann sein, dass sie sich die Erfahrung auch sparen könnte. Wenn Sonja einen Mann sexuell anziehend findet, stellt sie sich vor, wie es wohl wäre, mit ihm zu schlafen: »Da läuft dann vorher ein Film im Kopf ab.« Doch leider stimmen Phantasie und

Wirklichkeit nicht immer überein: »Wenn ein Mann auf mich sehr leidenschaftlich und hemmungslos wirkt, im Bett dann aber zögerlich, unsicher und zaghaft ist, dann törnt mich das ziemlich schnell ab.«

Verletzte Gefühle

Sobald wir das erste Mal mit einem Mann geschlafen haben, fühlen wir uns wesentlich verletzlicher als vorher. Als hätten wir dadurch einen Schutzpanzer abgelegt. Für Klara zum Beispiel ist gerade diese Angst, danach verletzlich zu sein, der entscheidende Grund, selbst bei noch so interessanten Partnern den ersten Sex möglichst lange hinauszuzögern: »Ich habe einfach Angst davor, weil ich weiß, dass mir ein Mann sehr nahe kommt, sobald ich mit ihm geschlafen habe. Einfach durch dieses In-mich-eindringen.« Ist diese Barriere erst gefallen, fällt es Klara viel schwerer, sich von dem anderen abzugrenzen. Und diese Option will sie sich möglichst lange offen halten, denn wer weiß? Vielleicht bleibt es ja bei dieser einen Nacht, und »dann will nicht immer ich diejenige sein, die auf der Strecke bleibt«.

Gewalt

Haben Frauen Angst vor Gewalt in ersten Nächten? Fürchten sie sich vor sexueller Nötigung oder Vergewaltigung? Offenbar ist das für Frauen in der Bundesrepublik kein Thema. Das wunderte mich sehr: Nur eine der Frauen, die mir von ihren ersten Nächte erzählten, befürchtet, zum Opfer werden zu können. »Wenn ich den Mann nicht gut kenne«, erzählt Gabriele, »habe ich schon mal Angst, dass er den Schafspelz fallen lässt. Besonders, wenn Alkohol mit im

Spiel ist. Da sind dann die Hemmschwellen niedriger.« Alle anderen befragten Frauen fürchteten sich nicht vor den Wölfen im Schafspelz.

Dagegen ist bei jungen Frauen in den USA *Date rape* – Vergewaltigung bei einem Rendezvous – ein großes Thema. So berichteten zum Beispiel knapp ein Drittel der Studienanfängerinnen 1990, dass Männer bei einem Rendezvous mit ihnen versucht hätten, Sex zu erzwingen. Und erschreckende sechzig Prozent der befragten männlichen College-Studenten gaben zu, dass sie unter Umständen versuchen würden, ihre Partnerin zum Sex zu nötigen. Noch erstaunlicher aber sind folgende Zahlen: Knapp ein Viertel der männlichen und immerhin noch ein Fünftel der weiblichen Schüler der Klassen 7 bis 9 fanden es akzeptabel, »dass ein Mann eine Frau zu Sex nötigt, wenn er Geld für sie ausgegeben hat«[69]. Sprich: Lässt sich eine Frau beim ersten Rendezvous zu Cola, Hamburger oder Kino einladen, darf sie sich nicht wundern, wenn der Mann anschließend mit einer angemessenen »Bezahlung« rechnet.

Sex-Knigge: Was ist erlaubt in ersten Nächten?

Sexuelle Freiheit hin, Doppelmoral her: Auch in Zeiten relativer Freizügigkeit gelten für Frauen und Männer längst nicht die gleichen Regeln. Und schon gar nicht im Bett. Männern wird immer noch ein ungleich stärkerer sexueller Trieb unterstellt, ihnen gesteht man hinter vorgehaltener Hand zu, sich die Hörner abzustoßen. Ein Mann, der es im Jahr auf zwanzig Eroberungen bringt, genießt – zumindest unter Männern – einen guten Ruf. Eine Frau, die mit gleicher Statistik aufwarten kann, steigert damit weder bei

Männern noch bei Frauen ihr Ansehen. Sarah brachte es in unserem Interview auf den Punkt: »Das ist immer noch in den Köpfen: Männer dürfen sich holen, was sie wollen, und bei Frauen wird das anders ausgelegt. Für Männer ist es einfach normaler, viele erste Nächte zu erleben.« Schnee von gestern? Von wegen!

Was Frauen nicht dürfen ...

Nach der Auswertung von Fragebögen und Interviews, die sie mit vielen Frauen geführt hatte, notierte die amerikanische Sexualpädagogin Carol Cassell die häufigsten sexuellen Einschränkungen für Frauen. Demnach sollen Frauen nicht mit zu vielen Männern schlafen und nicht zu geil oder anspruchsvoll sein. Auch sollen sie ihren Partnern keine sexuellen Anweisungen geben. Jedenfalls nicht, bevor sie sich sehr gut kennen. Aber zu passiv dürfen sie auch nicht sein. Zudem sollten sie nicht immer auf Sex vorbereitet sein, das wirft nämlich ein schlechtes Licht auf sie. Sie sollten es also möglichst vermeiden, mit einem Diaphragma zu einem Rendezvous zu gehen. Nicht dass er später im Bett womöglich auf die Idee kommen könnte, sie hätte es schon vorher auf ihn abgesehen gehabt.

... und was sie stattdessen sollen

Jetzt wissen wir, was Frauen gefälligst unterlassen sollen. Und was dürfen sie überhaupt? Carol Cassell hat die traditionellen Vorstellungen gesammelt, was Frauen offiziell beim Sex zu tun haben: »Auf ihren Partner eingehen, darauf warten, dass er sie anturnt, diskret sein, was frühere sexuelle Erfahrungen angeht, diskret sein, was Empfängnisverhütung angeht.«[70] Fasst man die Ge- und Verbote zusammen, ergibt sich folgendes Bild: Frauen haben sexuell aktiv zu sein, auf keinen Fall aber zu aktiv.

Was für eine Zwickmühle, würde man tatsächlich versuchen, diesem Bild zu entsprechen! Wir dürften einen Mann – zwar diskret – anmachen, aber bitte nicht so, dass er oder irgendjemand sonst auf die Idee käme, wir wollten womöglich mit ihm schlafen. Wir müssten naiv tun, so als könnten wir kein Wässerchen trüben und hätten wenig sexuelle Erfahrung, einerseits. Und andererseits hätten wir dann im Bett das lustvolle Weibchen zu spielen, das *antörnt*, verführt und gerne zu allem bereit ist, was einen Mann in den siebten Himmel der Ekstase katapultiert. Wer fragt eigentlich, was wir gerne wollen?

Übrigens plagen Männer sowie Frauen auch ähnliche Rollenängste: Was gehört sich als Mann beziehungsweise als Frau im Bett? Was darf der andere von einem erwarten? Was ist *political correct* zwischen den Laken: Ist es in Ordnung, zu fordern oder zu verweigern? Ist Oralsex schon in ersten Nächten erlaubt? Oder Pflicht? Darf er schon beim ersten Mal seine passive Neigung offenbaren, sie ihre Lust an härterem Sex? Viele Frauen und Männer befürchten, den neuen Partner zu befremden und abzustoßen, wenn sie sich zu ihren sexuellen Vorlieben bekennen. Insofern tendiert Sex in ersten Nächten, was uns nicht sonderlich wundert, mehr zur biederen Hausmannskost denn zu phantasievollen Erlebnissen.

Eine Frage der Generation?

Wie stehen die Dinge bei der nächsten Generation? Hat sich dort etwas Entscheidendes geändert? Gelten für die Mädchen von heute schon andere Regeln als für die Frauen, die vor zehn, zwanzig oder dreißig Jahren heranwuchsen? Scheren sie sich überhaupt noch um das, was von ihnen erwartet wird? Das wollte ich von Anja Wilser vom Stuttgarter *Mädchengesundheitsladen* wissen. Sie erzählt, dass Mädchen sich stark nach Vorbildern richten, was ihre individuellen Vorstellungen von Sexualität betrifft. Dabei gibt es eine klare Hierarchie: Als Erstes gelten die elterlichen Vorgaben oder Beschränkungen, und die sind abhängig vom kulturellen Hintergrund der Familie. Eine türkische 16-Jährige hat in der Regel ungleich weniger Freiheiten als ein gleichaltriges deutsches Mädchen. Der zweite Faktor ist die Gleichaltrigengruppe (Peergroup): Was sagen die Freundinnen und Freunde, welche Regeln und Vorstellungen akzeptieren sie? Ab wann ist es zum Beispiel *erlaubt*, mit einem Jungen zu schlafen: Wenn man ein halbes Jahr mit ihm zusammen ist, oder schon nach zwei Wochen? Das dritte bestimmende Element schließlich ist der Junge, mit dem das Mädchen befreundet ist: Wie lange will er warten bis zum ersten Mal? Wie schnell möchte er zur Sache kommen? »Und erst dann, an vierter Stelle«, betont Anja Wilser, »kommt das Mädchen selbst, was es denkt und fühlt und will.« Eine Rangfolge, die vielen erwachsenen Frauen sicher bekannt vorkommen dürfte.

Auch wir richten unser Verhalten an den imaginären Regeln aus, die für weibliche Sexualität gelten. Nicht eigene Lust und Laune weisen den Weg, sondern gesellschaftliche Vorstellungen, die vorherrschende Einstellung in unserem persönlichen Umfeld und das (drängende oder zögerliche) Verhalten unseres potenziellen Liebhabers.

2. Wenn die Hüllen fallen

Was in Spielfilmen als erotisches Sahnestück gilt – die Hauptdarstellerin lässt die Hüllen fallen –, ist im »wahren Leben« nicht selten schambesetzt. Anstatt sich neckisch Stück für Stück zu entblättern und das Ausziehen zu zelebrieren, finden viele Frauen es in ersten Nächten oft unangenehm, nackte Tatsachen zu schaffen. Was vorher mit Kleidern kaschiert wurde, liegt nun dem Betrachter offen. Jedes Fettpolster, jedes Muttermal, jede Falte und jede Narbe sind zur Ansicht freigegeben. Und da Frauen ihre körperlichen »Schwachstellen« bis ins Detail kennen, sind sie fest davon überzeugt, dass auch andere – vor allem Männer – daran Anstoß nehmen. Frauen sind ganz überrascht, wenn sie hören, dass Männer sie vollkommen anders anschauen und wahrnehmen. Doch selbst dieses Wissen hindert sie nicht, ihren harten Blick auf sich und den unbarmherzigen Umgang mit ihrem Körper zu behalten.

Lisa erzählt zum Beispiel, dass sie sich unwohl mit einem neuen Partner fühlt, wenn es ans Ausziehen geht. Dann schämt sie sich auf einmal ihres Körpers. Die Tatsache, einem relativ Fremden plötzlich splitternackt gegenüberzustehen, macht ihr jedes Mal aufs Neue zu schaffen. Da gibt es für sie keine Gewöhnung.

Ein Stressfaktor ist immer auch die Frage: Wer fängt an? »Aber beim zweiten, dritten, vierten Mal wird es leichter«, meint Barbara. In der ersten Nacht findet sie es immer besonders schwierig, sich vor ihrem neuen Liebhaber auszuziehen. Nach ihrer Erfahrung ist es für Männer aber auch nicht leicht: »Männer ziehen sich auch ganz schnell aus und schlüpfen dann unter die Decke.«

Hemmungen und Klamotten abwerfen

Was können wir tun, wenn wir große Hemmungen haben, uns vor ihm in der ersten Nacht auszuziehen? Das wollte ich von Katja Wolf wissen, in deren Job das Ausziehen vor Fremden alltäglich ist. Und sie stellte mir die Gegenfrage. Wieso sollte überhaupt jeder für sich die Klamotten abstreifen? Viel erotischer ist es doch, sich von einem Mann ausziehen zu lassen oder sich gegenseitig genüsslich aus der Schale zu pellen: »Die gemeinsame Aktivität ist ein Eisbrecher.« Und außerdem: Was spricht dagegen, das Licht auszuschalten? Wer auf das Sehen verzichtet, kann sich besser auf die anderen Sinne konzentrieren: hören, fühlen, schmecken und riechen.

Schließlich: »Warum muss man sich denn immer ausziehen? Genauso viel Spaß macht es, wenn man auch mal einige Kleidungsstücke anbehält und nur den Slip herunterzieht.« Ihrer Erfahrung nach haben zudem nicht wenige Männer noch viel mehr Hemmungen als Frauen. Und sie rät: »Das sollten Frauen im Hinterkopf haben während einer ersten Nacht: Ihm fällt es wahrscheinlich genauso schwer.«

Schöner Körper gleich guter Sex?

Und trotzdem: Frauen haben das größere Problem, sich nackt zu zeigen. Wieso das so ist? Ein Test vorab: Was sehen Sie, wenn Sie in den Spiegel schauen? Zu kurze Beine, zu breite Hüften, zu dicker Hintern? Falten, Pickel, Cellulitis? Willkommen im Club! Frauen sind absolute Großmeisterinnen im Sich-Selbst-Miesmachen: Ich bin zu mager, zu fett, zu klein, zu groß, um attraktiv zu sein oder – noch schlimmer – um geliebt zu werden.

Ein kurzer aber notwendiger Exkurs

Wie sieht eine attraktive Frau aus? Die Bilder aus der Werbung sprechen eine eindeutige Sprache: die Haare seidig glänzend – am besten bodenlang, die Haut makellos, ganz ohne Falten, Narben oder Sommersprossen, die Figur auf die einzig richtige Weise geformt, nämlich zugleich magersüchtig und vollbusig. Wer deutlich vom Idealmaß 90-60-90 abweicht (oder liegt das Idealmaß mittlerweile bei 120-60-90?), bleibt am besten zu Hause. Bevor das Fett nicht abgesaugt und die Brüste nicht mit Silikon aufgepusht sind, verlegt man sich auf Masturbation. Da will uns sowieso kein Mann. Manche Frauen schrecken selbst davor nicht zurück, ihre Knie zu begutachten. Und bestehen die nicht die unbarmherzige Examination, tragen sie nur noch lange Hosen. Tatsachen, die Männer stets zum Staunen oder Lachen bringen. Da mühen sie sich, Frauen als gleichberechtigt zu betrachten, und dann das! Plötzlich will die Freundin partout nicht mit auf die Party, weil der Friseur die Haarfarbe nicht richtig hingekriegt hat. Oder weil sie einen Pickel auf der Nase oder zwei Pfund zugenommen hat.

Ich kenne keine Frau, die vollkommen zufrieden ist mit ihrem Aussehen. Jede lehnt mindestens einen Körperteil von sich ab – ganz unabhängig davon, wie schön sie wirklich ist: »Nicht einmal Schönheitsköniginnen sind mit ihrem Körper ganz und gar einverstanden, und die schönsten Schauspielerinnen sind gleichzeitig die besten Kundinnen der plastischen Chirurgen.«[71] Die Zahl der Frauen, die ihren eigenen Körper nicht mögen, ist in den letzten dreißig Jahren rapide angestiegen. Es ist erschreckend: Mittlerweile findet die Mehrheit der Frauen – und die Männer holen hier leider auf, auch bei ihnen ist es mittlerweile fast die Hälfte –, dass ihr Körper nicht perfekt genug aussieht.[72] Ginge es aber nur darum, gut auszusehen, würden nicht gerade schöne Frauen am häufigsten zum Schönheitschirurgen laufen. Sie könnten sich zufrieden zurücklehnen. Doch auch sie haben dieses schleichende Gift eingeimpft bekommen: Keine Frau sieht *gut genug* aus, irgendeinen Makel hat jede, sie muss nur genau hinsehen. Und wenn nicht heute, dann eben, wenn sie älter wird.

Wie findet er mich wohl?

Selbst wenn Frauen sich sicher sind, dass ein Mann ganz offensichtlich sexuelles Interesse an ihnen hat, nimmt ihnen das nicht die Unsicherheit. Unentwegt fragen sie sich, ob sie ihm wohl gefallen. Denn wer weiß: Vielleicht gefallen sie ihm ja nicht mehr, wenn sie nackt vor ihm stehen, oder während sie miteinander schlafen, oder kurz danach, oder dann am nächsten Morgen. Es ist vertrackt: Auch und gerade beim Sex beschäftigen sich Frauen mit ihrem Aussehen. Anstatt zu fühlen und zu genießen, Spaß zu haben und ihre Lust auszuleben, fragen Frauen sich, wie sie wohl aussehen, und ob diese oder jene Pose ihrem Körper besser steht. Sie ziehen den Bauch ein und strecken die Arme, damit der Busen nicht schlaff zur Seite hängt, sie bedecken Körperteile, die sie an sich nicht leiden mögen und sorgen dafür, dass das Licht nicht zu grell ist, weil ihr Teint sonst so blass wirkt. Diese generalstabsmäßige Inszenierung fördert nicht die Entspannung, sie verhindert die Lust.

»Gefalle ich ihm nackt?« ist auch für Angelika eine wichtige Frage in ersten Nächten. Schließlich gefällt sie sich selbst auch nicht hundertprozentig: »Ich habe einen kräftigen Bauch und einige Falten. Und eine blöde Narbe habe ich auch. Das mag ich überhaupt nicht gerne zeigen.« Diese Angst hemmt Angelika beim Sex: »Wenn ich mich nicht zudecke, kann ich mich nicht entspannen. Deshalb ist die erste Nacht für mich eigentlich nie schön. Ich bin da eher gehemmt.«

Zweifel an ihrer Attraktivität wirkt bei fast allen von mir befragten Frauen wie eine Lustbremse. Findet er mich zu dick, gefällt ihm mein Busen? Das sind Fragen, die sich auch Andrea beim Sex stellt. Es sei denn, sie hat genug Alkohol getrunken. Nur dann wird es für sie einfacher. Der leichte Rausch hilft ihr, nicht so viel über ihren Körper nachzudenken. Aber die Bettdecke immer bis zum Hals ziehen, das Licht auf Vollschatten dimmen oder vorher drei Wodka Lemon trinken – das können nicht die Königswege zu einem entspannten Umgang mit dem eigenen Aussehen sein.

Frauen beobachten sich selbst: Beobachterin statt Teilnehmerin

Frauen handeln in ersten Nächten häufig mehr wie ein Zuschauer denn als Teilnehmer. Sie betrachten sich von außen und versuchen, den Blick des Partners zu erahnen: Wie sieht er mich wohl? Sarah kennt diese Perspektive gut: »Wie wirke ich? Wie komme ich wohl beim ihm an? Früher haben mich diese Fragen besonders beim ersten Mal mit einem neuen Mann sehr beschäftigt.« Gott sei Dank hat sich das in den letzten Jahren geändert. Sarah ist mit zunehmendem Alter und wachsender Erfahrung selbstbewusster geworden. Doch vielen Frauen gelingt dies leider immer noch nicht. Es gibt hierzu betrübliche Untersuchungsergebnisse. So ließ die amerikanische Zeitschrift *Redbook* untersuchen, welcher Faktor für sexuelle Hemmungen bei Frauen am stärksten verantwortlich ist. Ergebnis: die Unsicherheit über das Aussehen.[73] Satte 41 Prozent beklagten, dass ihr Aussehen sie an einem freieren Umgang mit ihrer Sexualität hindert.

Wenn wir versuchen, beim Küssen und Fummeln, Streicheln und Stimulieren zeitgleich herauszufinden, wie der Mann neben, über oder unter uns unser Aussehen beurteilt, können wir uns nicht mehr auf das Wesentliche konzentrieren. Diese Perspektive verhindert das Aufkommen von Lust. Besonders wenn uns permanent Fragen durch den Kopf gehen wie: Bin ich etwas Besonderes für ihn? Wie findet er meine Beine? Sind meine Brüste groß genug? Seitdem Christiane über dreißig ist, findet sie es schwierig, wenn sich ein gleichaltriger oder jüngerer Mann für sie interessiert. »Mein Körper zeigt verdammt viele Spuren vom Leben und vom Alter. Falten, Narben und Fett.« Deshalb selektiert sie jüngere Männer von vorneherein aus, aus Angst, »dass das mit denen überhaupt nicht klappen würde. Die würden ja einen Schreck kriegen, wenn ich mich ausziehe.« Fürchtet sie zumindest. Aber natürlich ist es ihr noch nie passiert, dass ein Mann aus ihrem Bett sprang, weil sie nicht mehr den Körper einer 18-Jährigen hat.

Fauxpas – bitte widersprechen!

Am schlimmsten sei es, so findet die Flirtexpertin Sylvia Baeck, wenn Frauen in der ersten Nacht anfangen, nach konkreten körperlichen Details zu fragen. Wenn sie plötzlich vom Mann wissen wollen, wie er ihre Brüste, ihre Beine, ihre Hüften findet. Sie warnt: »Das ist ein Fauxpas, den man nie begehen sollte.« Denn erstens werden nur die wenigsten Männer bemerkt haben, welche Partie am Körper ihrer Bettgenossinnen nicht hundertprozentig fotogen ist – warum sie also darauf aufmerksam machen? Und zweitens sind solche »Problemgespräche« bestens geeignet, um die Stimmung zu kippen. Fatalerweise, das fanden die Soziologinnen Cheryl Benard und Edit Schlaffer heraus, neigen Frauen gerade dazu, ihre inneren Zweifel vor ihren Partnern in epischer Breite darzustellen. Was sie dadurch erreichen wollen, ist klar: Er soll ihnen widersprechen. Nein, du bist nicht zu dick. Doch, deine neue Frisur ist klasse. Nein, ich finde nicht, dass du zu große Brustwarzen hast. Wohlmeinende Männer beten diese Sätze auch herunter – bis sie merken müssen, dass ihre Beteuerungen »keine Beruhigung, sondern nur ein Bedürfnis nach immer mehr Bestätigungen hervorrufen. Fazit: Wer Probleme mit sich selber hat, muss erst einmal ein besseres Verhältnis zu sich selber finden.«[74]

Blickrichtung ändern – vom Objekt zum Subjekt

Was können Frauen tun, um diesen fatalen Blick auf sich beim Sex abzulegen, um vom Objekt der Begierde wieder zum handelnden Subjekt zu werden? »Natürlich wäre es am besten, einfach entspannt zu sein, aber dafür gibt es leider kein Zaubermittel«, weiß auch der Sexualtherapeut Theo Gilbers. Manche – Frauen und Männer – setzen bewusst Alkohol ein, um lockerer zu werden. Das Mittel ist aber nur mit Vorsicht zu genießen. Das Hauptproblem an der ganzen Situation besteht darin, dass Frauen als Beobachter den Sex nicht genießen können. Ihre eigene Erregung rückt in den Hintergrund. In solchen Momenten sollte man sich klarmachen, so rät noch einmal Theo Gilbers, dass der andere »mir nicht wie eine Kamera gegenübersitzt und mich permanent ansieht. Er ist ja hoffentlich auch erregt, hat seine Wallungen und ist mit ganz anderem beschäftigt.« Das bestätigt auch Maggie Tapert. Die gebürtige Amerikanerin leitet seit vielen Jahren in Deutschland und der Schweiz Seminare zum Thema »Sacred Sexuality«. Ihre Gruppen sind nach Geschlechtern getrennt. Aus ihren Erfahrungen mit Männergruppen weiß sie, dass Männer einen ganz anderen Blick auf Frauen haben: »Sie sehen eher die Gattung, wenn sie eine Frau sehen, und nicht unbedingt das Individuum. Wenn du mit einem Mann im Bett liegst, bist du für ihn *die* Frau.« Während wir uns noch fragen, ob unsere Hüften schmal genug und das Haar lang genug sind, »ist er in einer anderen Dimension. Wenn Frauen das bedenken würden, könnten sie relaxen und besser genießen, was passiert!«

Im Übrigen haben Frauen völlig falsche Vorstellungen, was Männer attraktiv finden. Das glauben Sie nicht? Die Psychologin Erica J. Miller von der Universität New Mexico machte die Probe aufs Exempel. Sie befragte 138 Männer, die in Kontaktanzeigen eine »schlanke Frau« suchten.

Von ihnen wollte sie wissen, was sie denn genau unter »schlank« verstehen, und legte ihnen neun Bilder von weiblichen Körpern vor – gestaffelt von extrem dünn bis übergewichtig. Und welches dieser neun Bilder entsprach nun der Figur ihrer Traumfrau? Die meisten Männer entschieden sich für die mittlere Körperform, zwischen mager und dick. Und damit wählten sie ein Aussehen, das die meisten Frauen nicht mehr als schlank bezeichnen würden.[75]

Frauen finden sich grundsätzlich nicht so attraktiv, wie Männer sich attraktiv finden, bestätigt der Berliner Sexualtherapeut Theo Gilbers. Männer zweifeln eher an ihren sexuellen Techniken als an ihrem Aussehen. »Außerdem gibt ihnen die Tatsache, dass eine Frau sie will, dass sie erwählt wurden und dass es zum Sex kommt, schon Sicherheit, während Frauen dann noch weiter zweifeln.«

Aber in einem Punkt unterscheiden sich Frauen und Männer nicht: Wenn sie verliebt sind, nehmen sie den anderen als Ganzes wahr, und nicht als Sammlung schöner und unschöner Details. Theo Gilbers noch einmal: »Ein Mensch, der gerade einen Orgasmus hat, sieht nicht unbedingt schön aus, aber was spielt das für eine Rolle? Das Gefühl ist toll, nur darum geht es, nicht um das Aussehen.« Bei lachenden Menschen ist es das Gleiche: Die verzerrten Gesichtszüge sind *objektiv* nicht schön anzuschauen. Und trotzdem gefallen uns lachende Gesichter.

Der tief sitzende Zweifel, ob Männer uns schön finden und was sie überhaupt denken, wenn sie uns anschauen, ist nicht zuletzt ein Zeichen für (noch) fehlendes Vertrauen. Dahinter steckt die Angst, dass der andere unser Gegner ist, der akribisch nach Schwächen und Makeln sucht. Wir unterstellen Männern unterschwellig, dass sie Pickel, Cellulitis, Schwangerschaftsstreifen, hängende Brüste oder schlaffe Pobacken bei uns suchen. Doch wieso sollten sie das tun?

Es sind die eigenen Zweifel, die wir dem Blick des anderen unterstellen.

Sex ist keine Miss-Wahl

Für erwachsene Frauen ist das Schönheitsdiktat und die Wucht, mit der es uns ständig um die Ohren gehauen wird, schon schlimm. Aber was tun wir damit eigentlich heranwachsenden Mädchen und jungen Frauen an? Die Wissenschaftsjournalistin Natalie Angier kommt in ihrem wegweisenden Buch *Frau. Eine intime Geographie des weiblichen Körpers* zu dem Ergebnis, dass Mädchen heute glauben könnten, die Fixierung auf ihr Aussehen sei »der kürzeste Weg zu Glück und Erfolg«.[76] Zwar bieten fürsorgliche amerikanische Supermärkte mittlerweile Ausgänge ohne Süßigkeitsangebote an, um Eltern die Gelegenheit zu geben, sich nicht dem Quengeln ihrer Kinder aussetzen zu müssen. »Und wo bleiben die frauenzeitschriftenfreien Ausgänge? Wo sind die Notausgänge für diejenigen unter uns, die sich der faschistischen Diktatur des schönen Gesichts entziehen möchten?«, fragt Natalie Angier. Mädchen wird weiterhin weisgemacht, dass nichts so wichtig ist wie ihr Aussehen: »Es braucht dazu nur das richtige Make-up, die richtige Hautpflegeserie, die richtige innere Einstellung und den ernsthaften Willen, keine unvorteilhaften Grimassen zu schneiden, hautschädigende Einflüsse zu meiden und wirklich, ernsthaft, ununterbrochen an sein Aussehen zu denken«, so Natalie Angier. Kein Wunder, dass nicht wenige Mädchen ihr Selbstvertrauen verlieren. Einer amerikanischen Studie zufolge kommen Mädchen aus der Pubertät heraus als »unsichere, wenig vom Leben erwartende und wenig von sich haltende Wesen«[77]. Noch als 9- oder 10-Jährige wollen sie die Welt erobern, doch schon als Pubertierende bereiten sie sich auf ihre Rolle als Frau in dieser Welt vor: Und diese Rolle ist Platz Nummer zwei.

Gerade die körperlichen Veränderungen in der Pubertät, erzählt Anja Wilser vom Stuttgarter *Mädchengesundheitsladen*, stürzen Mädchen in tiefe Unsicherheit. Sie hinterlassen bei ihnen das Gefühl: So wie ich bin, stimme ich nicht. Sie finden sich zu klein oder zu groß, zu mager oder zu dick, zu vollbusig oder zu flachbrüstig. »In Bezug auf ihren Körper und ihr Aussehen sind Mädchen extrem verunsicherbar«, sagt Anja Wilser. Das hat auch Konsequenzen beim Umgang mit Sex: Mädchen, die eher zufrieden sind mit ihrem Aussehen, fordern selbstbewusster ihre sexuellen Rechte ein. Unsichere Mädchen hingegen nehmen sich auch sexuell stärker zurück. Anja Wilser dazu: »Diese Mädchen haben nicht das Gefühl, dass sie das Recht auf Gestaltung beim Sex haben. Sie finden, sie können schon froh sein, dass sie überhaupt jemand haben will. Um dieser negativen Selbstsicht etwas entgegenzusetzen, muss man Mädchen immer wieder bestärken und ihnen klarmachen, dass sie körperlich völlig in Ordnung sind.« Fügen wir ruhig hinzu: Auch erwachsenen Frauen kann es nicht schaden, sich diese Bestärkung und Bestätigung gegenseitig immer mal wieder zu geben.

Handfeste Nachteile

Die permanente Beschäftigung mit dem eigenen Aussehen verursacht handfeste gesellschaftliche Nachteile, wie eine aktuelle Studie nachweist. Uta Zybell vom Institut für Berufspädagogik an der Technischen Universität Darmstadt ging der Frage nach, warum junge Frauen mehrheitlich immer noch *Dead-end-jobs* wählen, also Berufe mit schlechter

Bezahlung, geringem Ansehen, wenig Aufstiegsmöglichkeiten, miesen Arbeitsbedingungen und großer Beschäftigungsunsicherheit. Sie kam zu dem Ergebnis, dass eine Ursache dafür die sehr früh einsetzende Außenbewertung des Körpers junger Frauen ist. Durch das Taxiertwerden lernen sie, dass ihr Wert besonders von ihrem Aussehen abhängt: »Anstatt sich mit ihrer beruflichen Laufbahn auseinanderzusetzen, richten die heranwachsenden Frauen ihren Blick auf die in den Medien vorgegebenen Schönheitsnormen, sie betrachten fortan ihren Körper und ihr äußeres Erscheinungsbild besonders kritisch.«[78] Was eine Frau im Kopf hat, so suggerieren die Bilder, ist unwichtig, solange die Haarfarbe stimmt. Diese Haltung ist so umfassend zur *zweiten Natur* von Frauen geworden, dass sie zwangsläufig auch beim Sex zum Tragen kommt. Dass Sex kein Schönheitswettbewerb ist, müssen viele Frauen erst wieder lernen. Christine erzählte mir in diesem Zusammenhang, wie wichtig positive weibliche Vorbilder für sie waren. Die Haltung ihrer Tante hatte sie als Teenagerin sehr beeindruckt. Ihre Tante wurde damals von ihrem Mann mit der Begründung verlassen, dass ihre Brüste zu klein seien. Die schlagfertige Antwort von Christines Tante darauf war: »Ein Mann, der Liebe in Zentimetern misst, ist sowieso nichts für mich.« Bei Christine wirkt dieses Vorbild bis heute nach. Obwohl sie, wie sie sagt, kleine Brüste habe, macht sie sich darüber überhaupt keinen Kopf.

Schlankheitswahn – der Feind im Bett

Nachgewiesen wurde in der Forschung übrigens nur ein Zusammenhang zwischen dem Aussehen und Spaß am Sex. Alle hungernden und permanent auf ihre Pfunde achtenden Frauen hingehört: Übergewichtige Frauen haben deutlich mehr Spaß am Sex als Frauen mit Idealgewicht. Und je dünner Frauen sind, desto weniger Vergnügen haben sie im Bett. 45 Prozent der schlanken Frauen, aber 85 Prozent der runden Frauen gaben bei einer Befragung an, viel Spaß beim Sex zu haben.[81] Ob das wohl damit zusammenhängt, dass die schwergewichtigeren Frauen sich ganz auf den Sex konzentrieren können und nicht gleichzeitig versuchen müssen, »eine gute Figur« zu machen?

Je älter, desto souveräner

Jung gleich schön, so lautet die gesellschaftlich allgemein akzeptierte Formel. Glatte Haut, straffer Körper, faltenloses Gesicht – das sind die *Basics* weiblicher Attraktivität. Und deshalb scheint jedes Jahr, das eine Frau älter wird, negativ ins Gewicht zu fallen. Manche Frauen empfinden das fatalerweise auch so, zum Beispiel Monika. Obwohl sie erst Ende dreißig ist, empfand sie während der ersten Nacht mit Gerd »plötzlich so einen Schammoment, als ich an mein Alter dachte. Ich bin nicht mehr so jung und frisch und hatte plötzlich das Gefühl, alt und faltig zu sein. Außerdem habe ich drei Kinder zur Welt gebracht. Vielleicht ist das ja eine völlige Qualitätsminderung?« Aus Unsicherheit fragte sie bei Gerd nach: »Meine Karosserie ist von 1962, ist das schlimm?« Nein, war es nicht. Und zum Glück lassen die Zweifel bei Monika auch langsam nach: »Das hört jetzt langsam auf, mich zu beschäftigen, je älter ich werde.«

Viele Frauen werden mit zunehmendem Alter souveräner. Und je älter und vor allem selbstbewusster sie werden, desto eher wissen sie, dass Persönlichkeit, Ausstrahlung und Erfahrung größere Anreize bieten als Körbchengröße oder Haarlänge. Noch vor einigen Jahren beschäftigte sich Julia in ersten Nächten mit Fragen wie: »Ist meine Figur okay? Habe ich nicht einen viel zu dicken Hintern?« Fragen, die sie mit zunehmender Lebenserfahrung nicht mehr interessieren. Auch Friederike ist mittlerweile selbstbewusst genug, um sich über solche Äußerlichkeiten nicht mehr den Kopf zu zerbrechen. Die Männer, die ihr gefallen, sind ja auch nicht nach gängigem Maßstab perfekt: »Es ist eine Frage des Selbstbewusstseins und der Erfahrung. Wenn man immer mal wieder von Männern hört, dass man ihnen gefällt, schlägt sich das nieder. Dann macht man sich auch nicht mehr so viele Gedanken deswegen.«

3. Let's talk about sex

Kaum eine Talkshow oder Zeitschrift, die nicht dem Motto »Let's talk about sex!« folgt. Ob fröhliche Swingerpaare oder tantrische Masseure, ehemalige Pornoqueens oder mitteilsame Dominas: Wer auch immer glaubt, etwas zu sagen zu haben zum Thema Nummer eins, meldet sich zu Wort. Das Publikum lauscht begierig und diskutiert angeregt über erotische Finessen. Das ist die eine Seite. Die andere: Sobald es zur Sache geht, verstummen wir wie die Fische. Offensichtlich gibt es beim Reden über Sex nur die beiden Extreme – totreden oder totschweigen. Große Geschwätzigkeit, solange es um Allgemeines oder Öffentliches geht, und tiefes Schweigen im eigenen Bett.

»Die erotische Sprache in Deutschland ist peinlich, ordinär oder lateinisch«, bringt die Schriftstellerin Monika Maron die Situation auf den Punkt.[79] Im Deutschen fehlt eine Langue d'amour, es gibt keine Sprache der Erotik. Wo sind die passenden Worte, mit denen man über das »Unaussprechliche« sprechen kann? Von Kurt Tucholsky ist der Satz überliefert: »Der Mensch wird auf natürlichem Wege hergestellt, doch empfindet er dies als unnatürlich und spricht nicht gern davon.«[80] Wer dem abhelfen will, dem sei das Buch *Wonneworte* empfohlen. Das Buch des Schweizer Paartherapeuten Klaus Heer ist wunderbar geeignet, eine eigene Sprache der Lust zu erlernen. In allen Schattierungen, von dezent bis deftig, gibt Heer praktikable Vorschläge, wie man über Sex sprechen kann. Wer es ausprobieren möchte, kann sich auf seiner Homepage (siehe Anhang) gute Anregungen holen.

Versteht sich Liebe blind?

Dass uns Erotisches nicht leicht von den Lippen geht, weil die passenden Worte fehlen, ist aber nur ein Grund: Es widerstrebt uns einfach, mit dem anderen über Sex zu reden, weil es gegen ein zentrales Gesetz des romantischen Liebesideals verstößt. *Liebe versteht blind* glauben wir: Wenn zwei sich mögen, können sie auf Worte verzichten. Anstatt zu reden, wissen sie instinktiv, was den anderen anmacht oder abtörnt. Ein naiver Wunsch! Er erinnert an die kindliche Sehnsucht nach der alles verstehenden Mutter, die jeden Wunsch von den Augen ablesen kann. Doch wir sind keine vier Jahre alt, sondern erwachsene Frauen, die sagen können, was sie möchten und was nicht. Auch beim Sex brauchen wir Worte, um zu bekommen, was wir wollen.

Was stört Frauen daran? »Es soll nicht so klingen wie bei einer Bedienungsanleitung, dass man dem anderen erst mal erklärt, wann er auf welchen Knopf zu drücken hat«, meint zum Beispiel Brigitte. Und für Doris ist es zumindest bei einem One-Night-Stand verschenkte Liebesmühe: »Es hat doch überhaupt keinen Zweck. Warum sollte ich ihm erst stundenlang erklären, wie ich funktioniere? Da kann man eigentlich nur hoffen, dass der Mann nicht so dominant ist, so dass man selber zum Einsatz kommt und ein bisschen mitbestimmen kann.«

Interpretieren statt reden?

Aber wenn die erste Nacht nun nicht zugleich die letzte ist, wie steht man da, wenn man in der zweiten (oder dritten oder zehnten) Nacht wie aus heiterem Himmel erklären muss: »Übrigens, was ich dir schon immer mal sagen wollte. Ich kann es absolut nicht leiden, wenn du …«? Je mehr Zeit vergeht, desto schwieriger wird es, den passenden Zeitpunkt zu finden. Wer keinen Analsex mag, muss es sagen. Wann? Ganz einfach: Sobald der andere es ausprobieren möchte. Sonst geht es uns wie in der traurigen Geschichte von dem alten Ehepaar: Fünfzig Jahre lang stellte die Frau ihrem Mann jeden Morgen ein weich gekochtes Ei auf den Frühstückstisch. Als die Frau starb, atmete der alte Mann befreit auf: Endlich musste er keine weich gekochten Eier mehr essen, die konnte er nämlich noch nie ausstehen. Tapfer hatte er trotzdem fünfzig Jahre lang jeden Morgen sein Ei gegessen, weil er seine Frau nicht enttäuschen wollte und er zu feige war.

Schon bei Mädchen und Jungen herrscht große Sprachlosigkeit im Bett. »Stattdessen wird interpretiert: Wie könnte er dies oder jenes gemeint haben? Was bedeutet es, wenn er so oder anders handelt? Sie raten unglaublich viel«, berichtet Anja Wilser vom Stuttgarter *Mädchengesundheitsladen*. Und das endet auch nicht, wenn aus den Mädchen Frauen und aus den Jungen Männer geworden sind. Anstatt ihre Bedürfnisse offen auf den Tisch zu legen, versuchen wir herauszufinden, was dem anderen gefällt und ihn befriedigt. Männer und Frauen reden über so viele unwesentliche Dinge, bevor sie miteinander ins Bett gehen, sagt die Sextherapeutin Maggie Tapert, aber über die wichtigste Frage wird geschwiegen: »Welche Sehnsüchte und Bedürfnisse haben wir?« Erste Nächte wären bedeutend entspannter, schöner, lustvoller, wenn beide sich trauen würden, dem anderen seine Wünsche zu erzählen. Das glaubt auch Ute: »Die schöneren ersten Nächte sind die, wenn man den anderen kennt, zumindest so weit, dass beide ein paar Masken fallen lassen können. Wenn man sich traut, dem anderen zu sagen, was man will.«

Pantomime statt Reden?

Sexualität ist wohl der einzige Lebensbereich, in dem sich Menschen auf die Gebärdensprache beschränken, vermutet der Schweizer Paartherapeut Klaus Heer: »Der Erfolg ist erwiesenermaßen bescheiden, die Ausdrucksmöglichkeiten sind zu dürftig. Entsprechend pannenanfällig und missverständlich ist diese Verständigungstechnik denn auch.«[82] Mit Pantomime kann ich zwar Ablehnung signalisieren: Der Mann, mit dem ich schlafe, legt seine Hand zwischen meine Beine, ich schiebe seine Hand zur Seite. Aber was weiß er dann? Lediglich, dass ich seine Hand dort nicht haben möchte. Aber vielleicht will ich das ja nur im Moment nicht, später aber gerne. Oder ich mag es nicht so schnell oder nicht so fest. Oder nicht, wenn ich gleichzeitig etwas anderes tue. Das alles wird er nie erfahren, wenn ich es ihm nicht sage. Meine Geste sagt ihm nur: Stopp!

Einige typische Beispiele aus meinen Interviews. Therese verlegt sich in ersten Nächten aufs Hoffen: Hoffentlich spürt der Mann, was sie will und wie schnell sie bereit ist. »Ich versuche schon stark, das Tempo zu kontrollieren. Allerdings ist es mir lieber, wenn der Mann aktiv ist und das Tempo vorgibt und ich dann bremsen oder das Tempo reduzieren kann.« Und wenn er es nicht merkt? »Zunächst versuche ich es durch körperliche Zeichen (ich bewege mich nicht mehr oder weniger oder so). Wenn er aber überhaupt nicht darauf reagiert, dann schiebe ich ihn weg oder unterbreche es ganz.« Auch Friederike zeigt lieber, was sie will und was nicht: »durch Bewegungen, oder indem ich die Hand an eine bestimmte Stelle lege oder wegnehme.« Um sagen zu können, was sie mag, braucht sie mehr Vertrauen, als sie es in einer ersten Nacht hat. Aber das Unbehagen bleibt: Denn sich nur mit Hilfe von Pantomime zu verständigen, schafft viele Missverständnisse. Und die gibt es doch selbst trotz Reden schon genügend. Zudem geistert immer noch die Vorstellung umher, das Reden beim Sex die Spontaneität einschränkt. Der US-amerikanische Sexualtherapeut Bernie Zilbergeld hält dem entgegen, dass Worte genauso spontan wie Taten sein können, und fragt ironisch zurück, wo denn geschrieben stehe, dass Sex spontan zu sein hat.[83]

Nach Ansicht des klinischen Psychiaters Morton Shaevitz bereiten Frauen sich selbst eine Menge Kummer, wenn sie glauben, dass Männer intuitiv wissen, was sich Frauen sexuell wünschen: »Da die meisten Männer nicht zur Fürsorglichkeit erzogen wurden, werden die Wünsche einer Frau sehr viel eher erfüllt, wenn sie *sich mitteilt* statt einfach zu *hoffen.*«[84] Durch die Haltung des Wartens und Hoffens ist der Frust schon vorprogrammiert. Das kann zu ganz fatalen Ergebnissen führen. Christine erzählt zum Beispiel, dass sie es schon einmal ernsthaft erwogen hatte, ganz auf Sex zu verzichten: »Dann lebe ich lieber wie eine Nonne, anstatt immer wieder nicht das zu bekommen, was ich brauche.«

Versteckspiele

Sicher fällt es niemandem leicht, die eigenen sexuellen Bedürfnisse bei einem neuen Partner anzumelden, Männern nicht und Frauen nicht. Bei Frauen kommt aber noch eine fatale Tendenz hinzu: Sie spielen Verstecken. Frauen neigen dazu, sich Männern gegenüber zu verstellen. Typisches Beispiel: Männer erklären Frauen gerne *die Welt*, und selbst wenn die es besser wissen, hören sie im Regelfall höflich lächelnd zu. Eine erfolgreiche Elektroingenieurin lässt sich lieber ausführlich von einem Hausmeister erklären, wie man eine Sicherung auswechselt, als ihn zu unterbrechen. Sie könnte ihn ja beschämen, wenn sie klüger dastünde als er. Womöglich würde er sie dann auch nicht nett finden, sondern eingebildet oder zickig. Frauen scheuen die Auseinandersetzung. Sie haben Angst vor der (phantasierten oder tatsächlichen) Disharmonie, vor dem Verlust der Zuneigung. Im Zweifelsfall wollen sie lieber gemocht werden anstatt bewundert, geachtet, respektiert und anerkannt. Eine Konsequenz aus diesem Verhalten: Männer halten sich Frauen gegenüber auch in Situationen für überlegen, in denen sie es nicht sind.

Diese Haltung von Frauen ist übrigens mit verantwortlich für »die gesteigerte narzisstische Kränkbarkeit und Bedürftigkeit von Männern«, auf die der Psychoanalytiker Wolfgang Schmidbauer hinweist. Und sie führt in einen Teufelskreis: Frauen setzen Männern keine Grenze, aus Angst, sie zu kränken. »Gerade durch ein lange aufrechterhaltenes Klima von Schonung und Rücksichtnahme geraten Männer in eine Scheinwelt.«[85] Sie verlieren mehr und mehr den Realitätsbezug – ein Syndrom, das man auch bei vielen Vorgesetzten findet: Die Mitarbeiter geben immer nur positive Rückmeldung, gleichzeitig reden sie schlecht hinter seinem Rücken. Das Resultat: Der Chef hält sich für großartig und unfehlbar.

Was bedeutet das nun für Sex in ersten Nächten? Im Zweifel für den Angeklagten! Männer können nicht wissen, was Frauen wollen, wenn es ihnen nicht offen gesagt wird. Der Vorwurf, unsensibel für die Bedürfnisse der Frauen zu sein, trifft sie oft zu Unrecht. Es ist nicht männliche Böswilligkeit, dass wir von Männern im Bett nicht das bekommen, was wir gerne hätten: Oft wissen sie es nicht besser. Christine ist davon überzeugt, dass es für Männer auch nicht so einfach ist herauszubekommen, was Frauen mögen, wenn sie es ihnen nicht direkt sagen: »Ich kann es zum Beispiel überhaupt nicht leiden, wenn ein Mann meine Klitoris stimuliert. Dabei weiß ich: Er meint es bestimmt gut und will mir damit was Gutes tun, und anderen Frauen kann es ja auch durchaus Spaß machen.«

Ist ein Mann egoistisch und rücksichtslos, hat er sowieso nichts in Ihrem Bett zu suchen. Und wenn nicht: Sagen Sie ihm, was er tun kann, um Ihnen Vergnügen zu bereiten! Versteckspielen bringt uns nicht weiter. Im Gegenteil, es verfestigt nur falsche Vorstellungen. Männer müssen langsam lernen, was man mag, findet Doris, und die Zeit muss man ihnen auch lassen: »Es gibt nur wenig Naturtalente, normalerweise müssen sie erst lernen, wie man funktioniert. Und außerdem ist es ja auch bei jeder Frau anders.« Eben! Was für die eine Frau der Gipfel der Lüste ist, bringt eine andere von hundert auf null. Für manche Frauen ist langes, zärtliches Streicheln die Bedingung, um sich überhaupt auf Sex einlassen zu können. Andere Frauen dagegen gleiten in süßen Schlummer, wenn sie zu ausgiebig gekost und geherzt werden, weil sie das zwar angenehm, aber gänzlich unerotisch finden. Denn »Männer können nicht hellsehen«, weiß Karin, »und ich weiß ja auch nicht immer, ob ich das Richtige tue für den Mann. Vielleicht denkt er im Stillen auch, er möchte was ganz anderes. Manche Frauen wollen ganz viel Zärtlichkeit, und andere wollen heftigen Sex. Geht ein Mann von seiner Erfahrung mit der letzten Frau aus, kann es bei der nächsten genau das Verkehrte sein.«

Wann reden Gold ist – und wann nicht

Weniger ist mehr

Worüber sollte man reden, wenn es zur Sache geht – und worüber lieber nicht? Das wollte ich von den »Profis für Zwischenmenschliches« wissen. In einem Punkt waren sich alle einig: Bloß nichts totreden! Denn man kann auch zuviel vorab klären wollen. Die Flirtlehrerin Sylvia Baeck rät Frauen, einem Mann nicht alles direkt zu erzählen, sondern stattdessen seine Neugierde zu schüren: »Frauen offenbaren sich zu schnell. Sie denken immer, sie müssten dem anderen alles über sich erzählen, und das sofort.« Was allerdings vor dem Sex unbedingt besprochen werden sollte, ist die Verhütung: Wer nimmt was? Doch auch dieses Thema sollte man nicht ausdehnen: »Bloß kein Erfahrungsaustausch über Verhütung im Allgemeinen!«

Keine Fachdebatte

Auch aus Katja Wolfs Sicht gehört es zu den NoNoNos, den anderen in Grund und Boden zu reden und »womöglich eine Fachdebatte« über Sex zu führen. Ein absolutes Muss ist die Frage der Verhütung, gerade für sie als Profi. Was man sonst vorab unbedingt klären sollte: die Absicht und die Bedeutung, die man der ersten Nacht gibt. »Wer nur eine Nacht mit dem anderen verbringen will, sollte nicht von großer Liebe faseln. Keine falschen Hoffnungen wecken, keine falschen Versprechungen machen!«

Auf keinen Fall die Beziehungsbiographie

Für Theo Gilbers, den Berliner Sexualtherapeuten, gehört es eindeutig zu den Lustkillern, dem anderen kurz vor dem ersten Sex die eigene Beziehungsbiographie zu erzählen: »Weder interessiert das den anderen zu diesem Zeitpunkt, noch fördert es die Erotik. Und es ist auch überflüssig und unpassend, vorher zu besprechen, wer gerne oben oder unten liegt«. Dann redet man zwar über Sex – aber über die technische Seite, und die Erotik geht flöten. Außerdem müssen grundsätzliche Präferenzen in der ersten Nacht gar keine Rolle spielen. Mag ja sein, dass ich es aufregend finde, einen Mann an den Bettpfosten zu binden. Das heißt aber noch lange nicht, dass ich es immer – mit jedem Mann und bei jeder sexuellen Gelegenheit – machen möchte.

Drei Themen sollten unbedingt immer beim ersten Mal miteinander besprochen werden, betont der amerikanische Sexualtherapeut Bernie Zilbergeld. 1. Verhütung. 2. Ist man selbst nicht in Stimmung, und der andere drängt auf Sex. 3. Wenn man eine bestimmte Art der Stimulierung oder sexuellen Aktivität mag (zum Beispiel Oralverkehr), die nonverbalen Mitteilungsversuche aber gescheitert sind. Alles andere ist Geschmackssache, inwieweit man sich gleich beim ersten Mal »outet«. Genauso ist es nach seiner Ansicht eine Frage des Geschmacks, ob man während des Sex redet: Manche macht es heiß! Und es fördert die Intimität, wenn man von seinen Vorlieben und Träumen erzählt. Viele Frauen jedoch empfinden das als bedrohlich, oder zumindest zwiespältig. Sie haben Angst, den anderen zu schockieren oder vulgär zu wirken. Schade! Denn vor und während des Sex miteinander zu reden, kann sehr stimulieren und regt die Phantasie an. Und schließlich zählen Gehirn und Ohr eindeutig zu den erogenen Zonen.

Wann?

Von Katja Wolf wollte ich schließlich wissen, wann man nach ihrer Ansicht am besten über Sex reden sollte, wenn man sich vorher nicht getraut oder die Situation einfach verpasst hatte. Wann ist es günstig, eigene Vorlieben und Abneigungen zu äußern? Für Katja Wolf gibt es da einen idealen Moment: »Direkt nach dem Sex – solange der Schwanz noch glimmt. Dann sind Männer nicht mehr unter akutem Druck.« Die Energien und Anspannungen haben sich gelöst, die Atmosphäre ist entspannter, aber immer noch intim. Wann also fände sich ein idealerer Moment für ein intimes Geständnis?

4. Verhütung – von wegen Randthema

Auf einem Workshop mit mehr als hundert Frauen, die alle im Bereich Familienplanung arbeiten, stellte die amerikanische Sexualpädagogin Carol Cassell die Frage, wer schon einmal Sex gehabt hätte, ohne zu verhüten. Das Ergebnis war erstaunlich: Es meldeten sich alle! Cassell folgert daraus: Wenn selbst Frauen, die in sexuellen Dingen einer aufgeklärten Gruppe angehören, nicht immer verhüten, dann wird es insgesamt nur sehr wenige Frauen geben, die das wirklich immer tun. Dann nützt es auch wenig, wenn die Versagerquoten bei Verhütungsmitteln gering sind.[86]

Bei meinen Interviews fragte ich die Frauen, welche Erfahrungen sie in ersten Nächten mit den Themen Verhütung und Kondome gemacht haben. Die Positionen *Ich benutze immer ein Kondom* oder *Es ist mir vollkommen egal* kamen nur ganz selten vor. Antworten wie die von Bettina sind da schon eher repräsentativ: »Ich habe von ›Nicht darüber reden, bis man Angst hat, schwanger zu sein‹ bis hin zu ›Vorher einen AIDS-Test machen, bevor man überhaupt miteinander schläft‹ alles erlebt.« Auch Christiane kennt das ganze Spektrum: »Männer, die das Thema weder ansprechen noch dazu bereit sind, bis hin zu Männern, die es von sich aus als Erstes ansprechen, die verantwortlich sind und keine Gefahr eingehen wollen.

Aber man kann allgemein sagen: Es ist ein ganz großes Problem!«

Die Frage der Verhütung gehört zu den wenigen Dingen, die unbedingt vor dem Sex geklärt werden müssen, denn schon ein flüchtiger, einmaliger Sexualkontakt reicht aus, um schwanger zu werden oder sich zu infizieren. Wissen wir ja alles längst. Und doch: »Verhütung und Kondomnutzung sind eigentlich immer schwierig in ersten Nächten«, erzählt Klara, stellvertretend für viele Frauen. »Mir sind bisher wenige Männer begegnet, die gut und souverän damit umgehen können. Und wenn wir Kondome benutzt haben, gab's dann auch schnell schon mal eine Ejakulation beim Überziehen. Oder die Lust starb ab beim Einsatz, weil man wieder in der Realität war, und da man sich meistens nicht gut kannte, fehlte auch der normale Umgang miteinander. Ich habe mir ganz oft vorgenommen: Nie wieder mit einem Mann ohne Kondom Geschlechtsverkehr zu haben, habe das aber kein einziges Mal in ersten Nächten durchgezogen. Bei längerfristigen Verhältnissen ist es was anderes, da wird das Kondom dann mal zu einem Spielzeug. Aber nie in der ersten Nacht.«

Als ich mir Gedanken darüber machte, welche Themen in dieses Buch gehören, plante ich nicht, ausführlich auf Verhütung und Kondome einzugehen. Abgegriffenes Thema, dachte ich, dazu ist schon alles gesagt worden in den letzten Jahrzehnten. Ist es ja auch, aber: Nach den ersten Interviews merkte ich, dass Verhütung wohl doch kein Randthema ist – und schon gar nicht in ersten Nächten mit einem neuen Partner. Na gut, dachte ich, das Thema wird eingebaut, aber unter »ferner liefen«. Und je mehr Interviews ich führte, desto stärker kristallisierte sich heraus: Der Umgang mit Kondomen, die Frage der Verhütung ist ein zentraler Punkt in ersten Nächten. Das überraschte mich: Wo war das Problem? Kondome gibt es überall zu kaufen, außerdem ist die Kondomdebatte in der Zeit nach AIDS verschärft geführt worden. Zudem leben wir in einer Gesellschaft, in der es weder Männern noch Frauen egal ist, ob und wann und mit wem sie Kinder zeugen. Und doch ist die Benutzung von Kondomen weit davon entfernt, selbstverständlich zu sein. Von wegen Randthema ...

Souveräner Umgang mit Kondomen – Fehlanzeige

Verhütung und Sex haben etwas gemeinsam: Man tut es, aber man spricht nicht drüber. Schon gar nicht mit einem neuen Liebhaber. »Das wird immer so verstohlen behandelt«, sagt Sarah, »ohne ein Wort zu sagen. Gerade von Männern wird da selten offen drüber gesprochen. Ich habe den Eindruck, Verhütung und Kondome sind Tabuthemen, nach wie vor.« Wer jeden Tag die Pille schluckt, sterilisiert ist oder sich für eine Spirale entschieden hat, ist aus dem Schneider. Für alle anderen Frauen ist die Verhütung ungewollter Schwangerschaften in ersten Nächten ein großes Thema. Besonders dann, wenn man es nicht heimlich, still und leise, diskret und für sich allein erledigen kann. Oder will. Der Einsatz von Kondomen oder einem Diaphragma wird oft als hemmend und peinlich empfunden.

Und es geht nicht nur ums Verhüten, sondern auch um eine mögliche HIV-Infektion. Das einzige Mittel dagegen sind nun einmal Kondome. Nebenbei bemerkt: Sie schützen auch vor vielen weiteren Geschlechtskrankheiten.

Frauen wünschen sich, dass Männer von sich aus Kondome benutzen und souverän im Umgang mit ihnen sind. Bestehen sie bei Männern nicht auf den Einsatz von Kondomen, haben sie hinterher ein schlechtes Gewissen. Sie sind wütend auf Männer, die stillschweigend voraussetzen, dass Frauen sich schon um Verhütung kümmern. Zwar nehmen sich die meisten Frauen vor, immer Kondome beim Sex zu benutzen. Trotzdem kommt es oft anders. Gerade hier klaffen Anspruch und Wirklichkeit weit auseinander. Warum ist das so, und wie kann man das ändern? Mit dem Schimpfen über Kondommuffel ist es nicht getan: Auch der gute Vorsatz *Von heute an nur noch mit Präservativ* ändert wenig. Der erste Schritt zu einer konsequenten Verhütung von ungewollten Schwangerschaften und zum Schutz vor Geschlechtskrankheiten ist die Klärung der eigenen Einstellung.

Ist Verhütung Frauensache?

Früher war es immer ihre Sache, sich in Beziehungen um die Verhütung zu kümmern, erzählt Michaela: »Ich habe das aber auch immer als meinen Job verstanden.« Nicht nur Männer, auch viele Frauen sind der festen Überzeugung, dass Frauen sich um Schwangerschaftsverhütung zu kümmern haben. Das Gleiche gilt für den Schutz vor einer HIV-Infektion: Und so verwundert es nicht, dass hauptsächlich Frauen dafür sorgen, sich und ihre Partner vor AIDS zu schützen.[87] Ein möglicher Grund: Außer Kondomen und Sterilisation sind alle Verhütungsmittel für den weiblichen Körper bestimmt. »Das begünstigt die Haltung, Verhütung nach wie vor den Frauen zuzuschieben«, erläutert der Sexualtherapeut Theo Gilbers. Und er fügt hinzu: Dazu gehört aber auch immer jemand, der sich etwas zuschieben lässt. Sprich: Frauen sind offensichtlich sehr bereitwillig, die Verhütung zu ihrer Sache zu machen.

Durchgängig erzählen Frauen, dass es Männer nicht interessiert, ob die Frau überhaupt verhütet. »Vielleicht geht's ja auch ohne: Erst mal abwarten, ob sie auf Kondomen besteht« – so scheint die vorherrschende männliche Haltung zu sein. Es ist schon verrückt, meint Monika, wie selten ihr ein Mann begegnet sei, der das Thema von sich aus anschnitt. Immer bliebe es irgendwie an ihr hängen. »So bin ich auch damals zu meinem ersten Kind gekommen«, erzählt sie, »mit zwanzig. Vollkommen ungeplant, ein Unfall.« Dann hatte sie die Nase voll vom Risikofaktor Verhütung und ließ sich sterilisieren. Monika hat mittlerweile mehrere Beziehungen und eine Reihe weiterer erster Nächte hinter sich. Doch sie hat dabei lediglich eine Ausnahme kennen gelernt: »Nur mit meinem ersten Freund war das kein Thema. Wir kauften zusammen Kondome und Scheidenzäpfchen und teilten die Kosten.«

Nach den Ergebnissen des Hite-Reports *Frauen und Liebe* bestätigen 91 Prozent der allein lebenden Frauen, »dass sich Männer vor dem Geschlechtsverkehr selten nach empfängnisverhütenden Maßnahmen erkundigen«[88]. Eine Erfahrung, die auch Sabine gemacht hat: »Die meisten Männer haben überhaupt kein Interesse daran – weder was Kondome betrifft, noch ob ich überhaupt verhüte.« Die wenigsten haben sie überhaupt gefragt. Manchmal hat Sabine solange gewartet, »bis nichts mehr ging«, und ihren Partner dann gefragt, ob er sich eigentlich keine Gedanken über Verhütung mache. Die Reaktionen der Männer darauf waren äußerst unterschiedlich: »Von ›Ach ja, da habe ich ja gar nicht dran gedacht‹ bis zu ›Ich dachte, du nimmst die Pille‹.« Sabines Fazit: »Man muss selber auf sich aufpassen.«

»Sie hat dafür zu sorgen, dass ›nichts passiert‹, und die meisten Männer sind anscheinend der Meinung, dies befreie sie von jeglicher Verantwortung oder Vorsorge«, beschreibt auch die Sozialpädagogin Felicitas Bachmann die Grundkonstellation in den Betten. »Wird die Frau trotzdem schwanger, fühlt sich der Mann nicht selten hereingelegt, da er, wenn er Pech hat, nur zahlen darf.«[89] Verständlicherweise ärgern sich Frauen, wenn ihnen die volle Verantwortung für die Verhütung aufgebürdet wird. Evelyn zum Beispiel wird unheimlich wütend, wenn ein Mann noch nicht mal den Anstand hat nachzufragen: »Wenn ich das Gefühl habe, es ist meine Sache. Entweder spreche ich es an oder aber es passiert gar nichts.« Auch Sarah ärgert sich regelmäßig »über die Jungs«, weil sie es als Selbstverständlichkeit nehmen, dass Frauen für Verhütung sorgen. Und für Barbara war das Thema Verhütung früher der absolute Lustkiller: »Wenn die Männer rummachen und einfach nicht mit dem Thema anfangen.« Die Frage der Verhütung muss für Barbara erst geklärt werden, »sonst habe ich es halt immer im Kopf. Und dann vergeht mir die Lust.« Am schlimmsten sei es, wenn ein Mann nichts von Kondomen hält, sondern von ihr erwartet, dass sie die Pille nimmt.

Mag sein, dass die Haltung, Verhütung sei Frauensache, sich auf die unterschiedlichen Konsequenzen für Frauen und Männer zurückführen lässt. Das meint jedenfalls der Psychoanalytiker Wolfgang Schmidbauer: Frauen können durch jeden sexuellen Kontakt schwanger werden, während Männer keinerlei körperliche Konsequenzen fürchten müssen. »Müssen wir davon ausgehen«, fragt er, »dass solche Urphantasien auch in Zeiten noch verhaltensbestimmend sein können, in denen Empfängnisverhütung zumindest technisch keine großen Schwierigkeiten macht?«[90] Vermutlich ja. Wenn die Verhütung misslingt, sind Frauen sehr viel stärker von den Konsequenzen betroffen. Doch letztlich zahlen beide Beteiligten einen hohen Preis. Männer, die auf

Verhütung verzichten, geben der Frau ein Machtmittel in die Hand, lässt die Psychotherapeutin Sigrid Steinbrecher aufmerken. Wenn Frauen nämlich ihrerseits ebenfalls nicht verhüten und schwanger werden, »muss der Mann, zumindest finanziell, für das Kind sorgen und sieht sich zuweilen an eine Frau gebunden, von der er sich vielleicht ohne Kind schon längst verabschiedet hätte«[91].

Trotzdem: Grundsätzlich ist es frustrierend, findet Gabriele, dass sich Männer nicht um Verhütung kümmern. Ihrer Erfahrung nach haben die meisten Männer eine große Abneigung gegen Kondome. Ein Mann, mit dem sie eine erste Nacht verbrachte, war sogar entrüstet darüber, dass sie nicht die Pille nahm: »Als wäre es die Verpflichtung jeder Frau!« Viele Frauen kennen das: Männer erwarten, dass Frauen wie selbstverständlich die Pille schlucken. Das erwarten sie, davon gehen sie aus, was sollen sie sich also noch weiter darum kümmern?

Männliche Ignoranz

Was auch immer dahinter stecken mag, Frauen ärgern sich maßlos über die männliche Ignoranz in Sachen Verhütung. »Für Männer ist es viel zu selbstverständlich, dass wir Frauen uns um die Verhütung kümmern«, schimpft Karin. Als sie einmal eine längere Zeit Antibiotika einnehmen musste und deswegen mit der Pille aussetzte, war ihr damaliger Freund »sehr genervt und kriegte richtige Wut«, weil sie stattdessen Kondome benutzen mussten. »Da war die Stimmung schnell kaputt«, erinnert sich Karin. Männer fragen während des Schmusens, ob sie die Pille nehme. »Sobald ich die Frage mit ja beantworte, ist das für sie kein Thema mehr. Da fällt denen gar nicht mehr ein, dass man trotzdem ein Kondom benutzen sollte!«

Griff in die Trickkiste

Weil Frauen immer wieder diese ärgerliche Erfahrung machen, greifen manche in die Trickkiste und behaupten, keine Pille zu nehmen – selbst wenn sie es tun. So fällt es ihnen leichter, auf Kondomen zu bestehen. Die Bereitwilligkeit von Männern, ein Kondom zu benutzen, ist größer, wenn man ihnen sagt, dass man nicht die Pille nimmt, meint Tanja. Ute erzählt Männern, dass sie ein Kondom benutzen müssen, um zu verhüten, »obwohl es gar nicht stimmt«. Aber müssen wir wirklich solche kleinen Tricks anwenden, um etwas so Selbstverständliches wie die Benutzung von Kondomen durchzusetzen?

Warum Kondome in der Handtasche bleiben

Wieso wird auf den Einsatz von Verhütungsmitteln verzichtet? Setzen wir voraus, dass sich die allerwenigsten Männer und Frauen in einer ersten Nacht einen Kinderwunsch erfüllen wollen, dass sie auch kein gesteigertes Interesse an einer HIV-Infektion haben und dass sie aufgeklärt sind, also den Zusammenhang zwischen ungeschütztem Geschlechtsverkehr und Schwangerschaft kennen. Und dass es kein Problem ist, an Verhütungsmittel heranzukommen. Was könnten die Gründe sein?

Die Bundeszentrale für gesundheitliche Aufklärung befragte Mädchen und Jungen, aus welchen Gründen sie manchmal nicht verhüten.[92] 27 Prozent der Mädchen und 33 Prozent der Jungen antworteten, das hätte an ihrem angetrunkenen Zustand gelegen. Weitere Gründe: Der Sex passierte zu spontan, die Einnahme der Pille wurde vergessen oder es war gerade kein Verhütungsmittel zur Hand.

Auch habe man sich vorgenommen aufzupassen oder sei einfach davon ausgegangen, dass schon nichts passieren werde. Paradoxerweise neigen Jugendliche eher dann dazu, wenn sie die erste Nacht mit einem neuen Partner verbringen (29 Prozent der Mädchen und 38 Prozent der Jungen). In festen Beziehungen wird sehr viel seltener auf Verhütung verzichtet (7 Prozent der Mädchen und 6 Prozent der Jungen).[93] Die Konsequenz: Jedes Jahr werden minderjährige Frauen Mütter und minderjährige Männer Väter.

Tabu Empfängnisverhütung

»Empfängnisverhütung ist mit gleichen Tabus verbunden wie die Sexualität«, betont die amerikanische Sexualpädagogin Carol Cassell. Ihren Untersuchungen zufolge ist das Hauptproblem: »Wenn eine Frau verhütet, dann muss sie – zumindest vor sich selbst – zugeben, dass sie mit einem Mann schlafen will.«[94] Was ist daran so problematisch, dass genau an diesem Punkt der Einsatz von Verhütungsmitteln häufig scheitert? Frauen spielen immer noch gerne die Unschuld vom Lande, die nicht sexuell aktiv ist, sondern verführt wird. Nehmen sie Kondome mit zum Rendezvous, bedeutet das, sie haben geplant, Sex zu haben. Lassen sie dagegen das Kondom zu Hause, können »sie sich selbst einreden, es sei ihnen ›passiert‹, anstatt einzugestehen, sehr wohl aktiv zu dem beigetragen zu haben, was geschehen ist.«[95]

Versteckter Kinderwunsch

Wer selten oder schlampig verhütet, sollte sich fragen, ob vielleicht ein unbewusster Kinderwunsch dahinter steckt. Der Sexualtherapeut John Selby jedenfalls rät (Männern und) Frauen, sich ihre Gefühle gegenüber einer Schwangerschaft bewusst zu machen, denn: »Eine Frau, die sich unbewusst nach einem Kind sehnt, sich aber bewusst diesen Wunsch nicht eingesteht, wird häufig Möglichkeiten finden, ihr Verhütungsprogramm unbewusst zu unterlaufen.«[96] Für Michaela war Verhütung in ihrer damaligen Ehe ein großes Problem: »Ich habe damit auch immer ein bisschen gespielt, vielleicht doch noch mal schwanger zu werden, so unmöglich sich das auch anhört.«

Verhüten ist peinlich

Scham ist auch ein Grund, warum auf Verhütung verzichtet wird: Man muss das peinliche Thema ansprechen und die Dinge beim Namen nennen. Wem es schwerfällt, über Sex zu sprechen, hat meistens auch beim Thema Verhütung Probleme. Christiane erzählt, dass sie immer noch große Hemmungen hat, über Verhütung zu reden. »Erst recht, wenn ich einen Partner habe, der auch nicht offen sein kann. Dann blocke ich von vorneherein ab und gehe auf bestimmte Situationen gar nicht erst ein.« Wenn sie allerdings merkt, dass ihr Partner offen darüber reden kann und womöglich auch noch den Anfang macht, löst das ihre Blockaden. Außerdem haben Frauen Angst, so berichten die Journalistinnen Alexandra Berger und Andrea Ketterer, »dass der Mann sie abblitzen lässt, wenn sie nach einem Kondom fragen. Als verdiene ein Liebhaber, dem die Gesundheit der Frau weniger wert ist als sein Vergnügen, etwas anderes als eine Abfuhr.«[97]

Zwei gravierende Gründe für den mangelnden Einsatz von Kondomen in ersten Nächten kristallisieren sich heraus: das miese Image von Kondomen und die jähe Unterbrechung der sexuellen Aktivität. Schauen wir mal genauer hin, was an diesen landläufigen Meinungen dran ist.

Image von Kondomen

Das Paar räkelt sich auf weißem Satin. Nach und nach fallen die Hüllen, werden die Bewegungen lasziver, die Körper heißer, der Atem schneller. Und stellen wir uns vor, bei den beiden handelte es sich um Leonardo di Caprio und Kate Winslet oder um Michelle Pfeiffer und Jeff Bridges. Reicht unsere hollywoodgeeichte Phantasie, um uns vorzustellen, einer von beiden würde ein Kondom aus der Hosen- oder Handtasche nesteln und es dem männlichen Hauptdarsteller lässig über den Penis streifen – was man zwar nicht zeigen, aber durchaus andeuten könnte? Ein Ding der Unmöglichkeit! Bei Liebesszenen in Filmen gehören Kondome einfach nicht dazu. Es sei denn, es handelt sich um eine Komödie, in der anschließend alles schief geht, das Kondom wie ein Gummiband durch das Zimmer saust, zum Beispiel. Dass Kondome selbstverständlich zum Sex gehören, wird allenfalls in trockenen Aufklärungsfilmen gezeigt.

Das Image von Kondomen ist einfach miserabel: Sie sind Fremdkörper, keine Hilfsmittel. »Ein Kondom ist mit Sicherheit kein erotischer Gegenstand, und das macht das Ganze so schwierig«, erläutert Christiane Freya Weinand. Sie arbeitet als HIV-Präventionsexpertin, zudem macht sie Sexualberatung und -erziehung. Männer und Frauen sind sich übrigens ziemlich einig darin, dass Kondome »unsinnlich« sind. »Bei Frauen liegt es im diffusen Bereich: ›Kondome sind glitschig und riechen unangenehm‹. Männer klagen eher: ›Ich spüre nicht mehr so viel‹, ›Kondome schmälern das Vergnügen, durch sie verliere ich die Erektion‹«, so Christiane Weinand.

Die Selbstverständlichkeit, mit der Kondome eingesetzt werden, ist zudem abhängig vom Alter der Männer, so die Erfahrung von Anne. Jüngere Männer hätten weniger Probleme damit, aber bei älteren Männern sei es bedeutend schwieriger: »Ein Kondom ist für sie ein Ding aus grauer Vergangenheit. Außerdem werden mit zunehmendem Alter die Augen schlechter«, sagt Anne, »da müssen sie erst wieder die Brille aufsetzen, und das stört!« Zudem ist das Wissen über Präservative dürftig, wie Christiane Weinand immer wieder erfährt. »Es ist ein bisschen wie beim Blinde-Kuh-Spiel«, sagt sie. Man weiß nicht, was man falsch macht beim Überziehen, »und dann rutscht es, sitzt nicht gut oder ist zu eng«. Ihre Hoffnung: Wenn sich herumspricht, dass sich die Qualität der Kondome in den letzten Jahren erheblich verbessert hat, sie mittlerweile sehr dünn und außerordentlich stabil geworden sind und es verschiedene Größen und Passformen gibt, verändert sich vielleicht auch die Haltung zu ihnen.

Die Unterbrechung oder der Montage-Schock

Der Erregungspegel steigt, wir sind nur noch Körper und Sinne und kurz davor, in Trance zu fallen. Endlich wollen wir umschalten auf Autopilot – und just in dem Moment sollen wir unterbrechen und uns Gedanken um Verhütung machen? Ein Kondom hervorkramen, Tütchen aufreißen, Gummi überstreifen? Der Einsatz von Verhütungsmitteln während des Sex unterbricht den Ablauf und damit den Kontrollverlust, die Hingabe und Selbstvergessenheit. Und das ist einer der Hauptgründe, warum wir es als sehr störend erleben. Es gibt nur wenige (Männer und) Frauen, die in der Handhabung so geübt sind, dass es zu keiner Unterbrechung kommt. »Diese Unterbrechung nennen wir Montage-Schock«, erklärt Christiane Weinand, »der lästige Moment, in dem man unterbricht, in dem die Vernunft wieder einsetzt und man sich plötzlich bewusst wird, was man da eigentlich tut.«

In unserer Kultur, in unserem Verständnis von Sexualität interpretieren wir die Unterbrechung als störend und hinderlich. Diese rationelle und praktische Seite passt nicht zum Liebesspiel. »Über diese Klippe müssen Sie jedesmal rüber bei der Kondombenutzung«, sagt Christiane Weinand, und die wenigsten Menschen haben genügend Erfahrung damit, wie sie über diese Klippe kommen. Das ist nichts, worüber sich Freundinnen austauschen oder was sich Männer in vertrautem Gespräch erzählen: wie man Kondome am besten, schnellsten, sichersten und lustvollsten überzieht. Mit den Fingerspitzen oder gar mit dem Mund? Darüber werden keine Erfahrungen ausgetauscht. Stefanie erzählt, dass sie es nie gelernt hat, mit einem Kondom umzugehen: »Diese Nummer mit den Kondomen habe ich immer noch nicht begriffen. Ich kann das nicht so – klack – ins Liebesspiel einbeziehen, wie das wohl Freundinnen von mir machen, da habe ich echt ein Problem mit.« Im Umgang mit Kondomen würde sie sich »wie ein Schulkind« fühlen, sagt Stefanie. Auch für sie sind Präservative Lustkiller: »Da setzt sofort das Denken wieder ein.«

Wenn es gerade richtig zur Sache geht, soll man plötzlich einen klaren Kopf behalten und zum Präservativ greifen. Das unterbricht das Liebesspiel und verabschiedet jegliche Romantik. Und vor allem schafft ein übergestreiftes Kondom vollendete Tatsachen. Ab diesem Moment scheint es eindeutig, wie es weitergeht: mit der baldigen Penetration. Und dann müssen anschließend auch noch die unappetitlichen Reste entsorgt werden.

Es bringt wenig, immer wieder zu appellieren, schon vor dem Sex über Verhütung zu reden, weiß Christiane Weinand, das überfordert die meisten: »Nur wenige Menschen haben das Vertrauen zueinander und den Mut, offen über

Sexualität und Verhütung zu sprechen.« Und so wird dieser Punkt immer erst im allerletzten Moment verhandelt, nebenbei und oft ziemlich unbeholfen. Das stresst. »Beim Mann kommt die Angst dazu, dass er seine Erektion verliert, weil er nervös wird. Und dann versucht man es mit Augen zu und durch.« Wie motiviert Christiane Weinand in ihren Gesprächen dazu, Kondome zu benutzen? Ihr entscheidendes Argument ist: »Wenn man nicht verhütet, ist man während des ganzen Sexualaktes unbewusst damit beschäftigt und kann dadurch den Sex oft gar nicht richtig genießen.« Und genau das berichten auch die Frauen in meinen Interviews: »Ich kann mich nicht richtig fallen lassen, bevor wir dieses Thema nicht verhandelt haben«, meint Angelika. Und Lisa erzählt: »Um sinnvoll zu verhüten, muss ich mich manchmal sehr zusammenreißen. Oft neige ich zuerst dazu, es darauf ankommen zu lassen. Aber der Kopf sagt dann irgendwann: Nee, warte mal, so geht das doch nicht.«

Wie lässt sich der Montage-Schock umgehen? Der Berliner Sexualtherapeut Theo Gilbers plädiert dafür, die eigene Haltung zu ändern. Unserem Empfinden nach fährt der *Zug Sex* los und legt an der *Station Verhütung* plötzlich eine Vollbremsung hin – der Montage-Schock. Danach fährt der Zug langsam weiter und braucht eine Zeit, um wieder auf Touren zu kommen. Wir können es aber auch anders sehen: »Wenn man es selbstverständlich findet, dass Kondome zum Sex dazugehören, muss der Zug gar nicht erst zum Stillstand kommen. Er verlangsamt nur mal eben sein Tempo und fährt dann weiter.« Mit dieser Haltung fällt es leichter, mit der unvermeidlichen Unterbrechung umzugehen.

Männer und Kondome

Ärgerlich genug, dass Verhütung an den Frauen hängen bleibt. Was aber noch schlimmer ist: Viele Männer weigern sich strikt, Kondome zu benutzen. Caroline besteht bei jedem Sexkontakt darauf, dass ihr Partner ein Kondom trägt: »Das finden die Männer überhaupt nicht toll. Einige haben es dann zwanghaft gemacht, einige auch nicht.«

Wenn er ein Kondommuffel ist

Was die Verhütung anbelangt, leben viele Männer immer noch in den goldenen siebziger Jahren: Das Ganze ist Frauensache, darum muss man(n) sich nicht kümmern. Viele Männer halten sich offenbar für uninfizierbar, Geschlechtskrankheiten holen sich nur »die anderen«: Selbst bei professionellen Sexkontakten sind es die Huren, nicht die Kunden, die auf Kondomen bestehen. Die Freier sind oft sogar bereit, mehr zu bezahlen, wenn sie keines benutzen müssen. Laut einer Allensbacher Studie beschäftigt AIDS die meisten Menschen »als gesellschaftliches Problem, nicht als latente Gefahr, die die eigene Gesundheit und das eigene Leben bedroht«[98]. Zudem sank der Bevölkerungsanteil, der Angst vor AIDS hat, kontinuierlich zwischen Mitte und Ende der achtziger Jahre: »Der psychische Druck, das eigene Verhalten zu ändern, ist in den letzten Jahren geringer geworden.«[99]

Das Problem zieht sich durch alle Altersstufen. Nach den Erfahrungen von Anja Wilser aus dem Stuttgarter *Mädchengesundheitsladen* werden Kondome von Jugendlichen deshalb so selten benutzt, weil viele Jungen sich weigern. Mädchen und Jungen hätten zwar Kondome dabei, würden sie aber nicht immer benutzen. »De facto übernehmen die Mädchen oft den Einsatz von Kondomen: das Thema ansprechen oder in die Hand nehmen – auch im wahrsten Sinne des Wortes. Sie übernehmen die Verantwortung.«

Männer, die sich weigern, Kondome zu benutzen, sind schlichtweg keine geeigneten Kandidaten für Sex – weder für einen One-Night-Stand noch für eine Beziehung. Theo Gilbers rät: »Wenn er bei dieser Frage rumzickt, sollte mir das zu denken geben. Es ist ein Indiz dafür, was für ein Mensch mir gegenübersitzt.« Im Regelfall nämlich einer mit erschreckend wenig Verantwortungsgefühl. Wie verhält man sich, wenn man mit einem Kondommuffel im Bett gelandet ist – aufstehen und gehen? Entweder das. Oder aber: »Die sexuelle Aktivität auf andere Dinge verlagern, weg von der Penetration«, rät Christiane Weinand. Schließlich gibt es genügend andere Aktivitäten, die höchst lustvoll sein können.

Pluspunkte für (freiwillige) Kondomnutzer

Sie hatte zuerst gar nicht vorgehabt, mit Stefan ins Bett zu gehen, erzählt Therese. Aber dann hat sie bald ihre Meinung geändert. »Stefan hatte so eine freie und offensive Art, mit dem Thema Kondome und Verhütung umzugehen. Das hat mir total gut gefallen.« Ein Pluspunkt für ihn. Wenn Männer wüssten, wie sehr sie bei Frauen punkten könnten und wie stark sie daran gemessen werden, mit welcher Selbstverständlichkeit sie beim Sex Kondome benutzen, sie würden ihre Aufmerksamkeit umlenken vom Wie-lang und Wie-oft. Kondome zu benutzen gibt einen Sonderpunkt, sie ohne Aufforderung von sich aus zu nehmen noch einen Extrapunkt, souverän in der Handhabung zu sein ist dann der Hauptgewinn. Männer, die selbstverständlich beim Sex

Kondome benutzen, werden von Frauen mindestens lobend erwähnt, wenn nicht gar als Highlight hervorgehoben. Ein toller Mann – hat im rechten Moment das Gummi übergezogen.

Julia macht es an, wenn ein Mann selbstverständlich ein Kondom benutzt. Oft hat sie es aber anders erlebt: »Sie nörgeln herum oder versuchen, dich davon zu überzeugen, dass es ohne auch geht – furchtbar!« Andrea schwärmt von Jan, der ganz selbstverständlich mit Kondomen umging: »Er hat es aus den Shorts gezogen. Das war's. Es war so normal, wie er sich die Hose ausgezogen hat, so normal hat er das Kondom ausgepackt und übergezogen. Er war total selbstbewusst dabei.« Auch für Brigitte ist es »immer ein großer Pluspunkt, wenn Männer ganz normal damit umgehen und Kondome benutzen«.

Der amerikanische Professor für klinische Psychiatrie Morton Shaevitz spricht sogar von einem Test, den Frauen mit Männern machten: »Fragt er eine Frau nicht danach, ob *und* welche Vorkehrungen sie getroffen habe, dann benimmt er sich rücksichtslos.«[100] Wenn er sie aber fragt, hat die Frau das Gefühl, dass er sich um sie sorgt. Wenn Männer wüssten, mit wie wenig Aufwand sie einen guten Eindruck hinterlassen können! Kein Waschbrettbauch, keine ausgefeilte Technik, kein extravagantes Stellungsspiel reichen da ran. Lassen wir sie nicht dumm sterben! Erzählen wir unseren neuen und ehemaligen Liebhabern, guten Freunden, Brüdern, netten Kollegen, wie sie Frauen im Bett beeindrucken können.

Wann und wie man das Thema klärt

Welcher Zeitpunkt ist am günstigsten, um das Thema Verhütung in ersten Nächten zu klären? So früh wie möglich? Und wann genau ist das – beim letzten Cocktail, nach Klärung der Frage »zu mir oder zu dir« oder sollte man gar schon beim Flirten klarstellen, dass ohne Kondom nichts läuft? Oder lieber warten – bis man mit dem anderen im Bett (oder sonstwo) liegt, bis man ausgezogen ist oder bis wenige Sekunden vorm Geschlechtsverkehr? Warum die Wahl des Zeitpunktes für viele Frauen heikel ist, zeigt die Erfahrung von Angelika. Sehr früh über Verhütung zu sprechen ist für sie keine gute Idee: »Du kannst nicht mit einem Mann essen gehen und währenddessen zu ihm sagen: Übrigens, hast du Kondome dabei? Damit verschreckst du sie«, glaubt Angelika. Andererseits: Wenn beide erst mal nackt sind, ist es zu spät. Der beste Zeitpunkt ihrer Erfahrung nach: »Wenn man merkt, jetzt geht es zur Sache, das ist nicht mehr nur flirten und ein bisschen fummeln.«

Wer zu früh – beim ersten Date, beim Flirten – über Verhütung spricht, läuft Gefahr, die Spannung und das Kribbeln zu zerstören. Das ist ja gerade das Reizvolle am Flirt: das Ungewisse, Schwebende, dass man noch nicht so ganz genau weiß, wie der Abend weitergeht. Sehr spät darüber zu reden, macht Stress: Je mehr Zeit wir verstreichen lassen, desto schwerer fällt es und desto länger dürfen wir uns nicht erlauben, auf Autopilot umzuschalten. Den richtigen Zeitpunkt abzupassen, findet auch Friederike schwierig. Auf jeden Fall muss es früh genug geschehen, »damit man sich darauf einstellen kann. Manchmal haben beide keine Kondome dabei, und dann ist es schon blöd, wenn man gerne miteinander schlafen würde. Aber es geht dann nicht. Das zerstört die erotische Atmosphäre und würgt den Sex ab, wenn man gerade mitten dabei ist.« Ihrer Erfahrung nach ist der richtige Zeitpunkt, wenn die Signale von beiden Seiten eindeutig sind, wenn man absehen kann, dass man auf dem Weg ins Bett ist. Auf jeden Fall früh genug, »bevor es für beide furchtbar unbefriedigend wäre abzubrechen«. Man könne zwar auch miteinander ins Bett gehen und nur schmusen, aber das seien wohl die selteneren Situationen, meint Friederike.

Lisa hat die Erfahrung gemacht, dass es am besten ist, die Frage der Verhütung so früh wie möglich zu klären: »Gar nicht erst wild anfangen und miteinander rummachen, sondern klären, wenn sich abzeichnet, dass mehr daraus wird. Wenn man gemeinsam die Wohnung betritt und eigentlich klar ist, was dort passieren wird. Jeden späteren Zeitpunkt habe ich als sehr stressig und letztlich als Lust hemmend erlebt.« Sabine spricht es immer von sich aus an, und zwar »wenn ungefähr klar wird, dass wir was voneinander wollen, manchmal gleich am Anfang«. Wie reagierten die Männer darauf? Erschrocken ist noch keiner, lacht sie, im Gegenteil, »die finden das meistens ganz toll.«

»Sobald ich mit einem Mann im Bett liege, spreche ich es an«, erzählt auch Doris, »sobald klar ist, dass wir miteinander Sex haben werden.« Sie versteht gar nicht, warum es überhaupt ein Problem ist, Verhütung zum Thema zu machen. »Ich habe da keine Hemmungen, ich will klare Fronten.« Außerdem sei es viel zu wichtig, um *nicht* rechtzeitig geklärt zu werden: »Ich will schließlich nicht von irgendeinem Dahergelaufenen ein Kind kriegen! Nur wenn ich sehe, dass er schon in seiner Tasche kramt, ganz offensichtlich auf der Suche nach Kondomen, sage ich nichts.«

Es ist also auf jeden Fall Lust fördernder, die unvermeidliche Verhütungsfrage rechtzeitig zu klären: Spätestens in dem Moment, wenn alles auf Sex hinausläuft und wir mit dem Mann schlafen wollen, sollte es geklärt sein. Es sei denn, man findet eine Unterbrechung eher angenehm, wie Ute: »Dadurch kommt man wieder ins Reden. Der erste Erregungsschub wird ein bisschen gestoppt, und dann kann man wieder anfangen. Das finde ich eigentlich ganz schön.«

Und wie man's anspricht

Sie sitzen mit Kollegen in der Kantine oder mit Freunden beim Italiener, und ein Kondom rutscht aus Ihrer Handtasche. Wetten, das wäre Ihnen peinlich? Dabei bedeutet es doch lediglich, dass Sie ein sexuell aktiver Mensch sind. Wahrlich kein Grund, sich zu schämen. Und Kondome gehören einfach dazu: »Die Verhütung von Schwangerschaft und Geschlechtskrankheiten ist ein fester Bestandteil von Sexualität«, so der Berliner Sexualtherapeut Theo Gilbers. »Das muss man vorher gar nicht stundenlang besprechen, im Gegenteil: Es sollte selbstverständlich sein, dass sexuell aktive Menschen Kondome dabei haben und auch benutzen.«

Es ist eine Sache der Haltung, der inneren Einstellung zu Kondomen, unabhängig von einem potenziellen Partner: Wenn der Einsatz von Präservativen für Sie so selbstverständlich wird wie das Bremsen an einer roten Ampel, werden Sie auch entspannt damit umgehen. Solange Sie selbst aber nicht überzeugt davon sind, werden Sie sich immer wieder in Situationen manövrieren, in denen Sie lästige Überzeugungsarbeit leisten müssen – in erster Linie, um sich selbst von der Notwendigkeit zu überzeugen.

Seit Mitte der achtziger Jahre, seit AIDS zum Thema wurde, setzt Sonja voraus, dass es *Common sense* ist, Kondome zu benutzen, gerade in ersten Nächten. Ihre Erfahrung: »Wenn man selbstbewusst damit umgeht, es als Selbstverständlichkeit betrachtet und gar nicht erst anfängt zu überlegen, ob man es dieses eine Mal nicht auch lassen kann, überträgt sich das auf den Partner.« Dann kommt man gar nicht erst in die Verlegenheit, darüber zu diskutieren und es zur Disposition zu stellen.

Wie man Kondome ins Spiel bringt

Welche – positiven – Erfahrungen haben andere Frauen mit dem Thema gemacht? »Am Anfang habe ich mich damit sehr schwer getan«, erzählt Angelika, »jetzt spreche ich es konkret an: Ohne Kondom läuft nichts.« Manche Männer wollen auf Kondome verzichten, aber das ist ihr egal: »Es ist mein Leben und meine Gesundheit.« Auch Monika findet es mittlerweile unproblematisch, Verhütung zum Thema zu machen: »Ein Mann, der damit nicht klarkommt, kommt für mich auch nicht mehr in Frage.« Wenn sie entschieden hat, dass sie mit einem Mann schlafen will, spricht sie es in der konkreten Situation an: »Dann sage ich: Ich habe total Lust mit dir zu schlafen, hast du ein Kondom dabei? oder: Lass uns etwas dazwischen tun.«

Am besten nimmt man die Sache selbst in die Hand und wartet nicht, bis der andere etwas sagt. So macht es Barbara. Sie hat mit Anfang zwanzig aufgehört, die Pille zu nehmen und benutzt seitdem nur Kondome: »Und wegen irgendeines Mannes, mit dem ich eine Nacht verbringe, werde ich nicht die Pille wieder schlucken.« Wenn sie mit einem Mann ins Bett geht, spricht sie es an: »Ich habe Lust, mit dir zu schlafen, aber wir müssen verhüten«, oder: »Hast du Kondome dabei?« So ist es am einfachsten, erzählt Barbara. Früher hat sie versucht, das Verhalten des Mannes zu interpretieren, um herauszubekommen, ob er mit ihr schlafen will oder nicht. »Und wenn ich dachte, er will, dann musste das Verhütungsthema auf den Tisch. Das war immer schwierig.« Heute hat sie sich davon freigemacht und setzt den Maßstab: *Sie* hat Lust, *sie* gibt vor, dass und wann Kondome ins Spiel kommen.

Sylvia hat ihre eigene Methode gefunden: »Ich habe immer prophylaktisch Kondome dabei und die schmeiße ich dann einfach aufs Bett.« Damit hat sie noch nie schlechte Erfahrungen gemacht, und deshalb findet sie »die Sache mit der Verhütung eigentlich ganz locker«. Ein Mann, mit dem Julia eine Nacht verbrachte, hat, »ohne überhaupt zu fragen, zu diskutieren oder es auch nur zu erwähnen«, Kondome ausgepackt. Durch diese Erfahrung – so einfach kann's gehen! – beschloss sie, ihre Standards in Zukunft hochzusetzen: »Männer, die eine Diskussion anfangen, schmeiße ich jetzt einfach raus!« Vor allem will sie nach dem Sex keine Skrupel und Sorgen mehr haben, weil sie lax verhütet hat. Das würde jedes Mal im Nachhinein einen Schatten werfen, selbst auf die tollste Nacht.

Wer auf Kondome verzichtet, riskiert eine mögliche Infektion oder eine ungewollte Schwangerschaft, aber es geht noch um mehr, wie Mareike zu bedenken gibt: »Beim ersten Sex mit dem Mann schafft man Tatsachen: Entweder man benutzt Kondome – immer und jedesmal – oder eben nicht. Aber wenn man beim ersten Mal keine benutzt, kann man in den folgenden Nächten mit dem gleichen Partner schlecht darauf bestehen. Das sähe ziemlich blöd aus!«

Ich fragte die Fachfrau für Fragen der Kondombenutzung, Verhütung und HIV-Prävention, Christiane Weinand, nach ihrem privaten Geheimrezept: Womit hat sie gute Erfahrungen gemacht, was rät sie anderen Frauen? »Ich entscheide, wann ich einem Mann das Kondom anziehe. Ich übernehme die Initiative, packe den Pariser aus und setze ihn auf«, erzählt sie. Dadurch weiß sie, dass das Kondom beim Anziehen nicht beschädigt worden ist und dass es richtig sitzt. Das gibt ihr Sicherheit und dadurch kann sie sich entspannen. Der zweite Vorteil: »Ich muss nicht dabeisitzen und warten, bis er fertig ist, sondern ich bin beschäftigt.« Bei manchen Männern hat sie schon eine leichte Verunsicherung gespürt – kein Wunder, denn Frauen, die souverän und aktiv mit Kondomen umgehen, sind immer noch die Ausnahme. »Viele Männer fassen es aber als Bestätigung auf. Dadurch wissen sie, dass ich es wirklich ernst meine und mit ihnen schlafen will.« Ihren Klienten empfiehlt Christiane Weinand, verschiedene Kondome zu testen und das Modell auszuwählen, mit dem sie sich wohlfühlen: »Wenn eine Frau ein Kondom mit Jasmin-Aroma mag, dann soll sie das doch nehmen und sich ruhig ein bisschen Luxus gönnen!«

5. Am Gipfel der Lust

Wagen Sie es, beim Sex etwas von Ihrem Partner zu fordern? Auch schon in ersten Nächten? Dass er Ihre Brüste ausgiebig liebkost, ein Kondom benutzt und Sie so lange stimuliert, wie Sie es brauchen? Dann gehören Sie zu den Ausnahmen. Denn Frauen sind im Bett lange, viel zu lange genügsam geblieben. Sie geben sich immer noch mit dem zufrieden, was sie kriegen können. Anstatt Wünsche anzumelden und sich zu nehmen, was sie brauchen. Doch das ist eine Struktur, die sich nicht aufs Bett beschränkt. Karin erzählt zum Beispiel, dass sie nicht selten wie gelähmt war, wenn es darum ging, sexuelle Bedürfnisse zu formulieren: »Das ist nicht nur beim Sex so, auch bei anderen Dingen, wenn ich zum Beispiel lieber schwimmen gehen will als in der Wohnung zu sitzen.« Sie lässt sich schnell überrumpeln und macht mit, obwohl sie weiß: »Wenn man nie etwas einfordert, ist es für den anderen auch nicht leicht, die Grenzen zu erkennen.«

Was Frauen wollen

»Was will das Weib?«, fragte Sigmund Freud. Hätte er doch einfach mal nachgefragt. Ich habe Frauen gefragt, was sie wollen und was ihnen wichtig ist in ersten Nächten. Welche

Partner kommen für sie in Frage, worauf legen sie Wert, wie treffen sie ihre Wahl und wie sähe die ideale erste Nacht für sie aus? Dabei blieb absichtlich offen, ob diese erste Nacht ein One-Night-Stand, der Beginn einer Liebesbeziehung oder irgendetwas dazwischen sei, da das am Anfang ja häufig noch nicht entschieden ist. Trotz der Vielfalt der Geschichten fiel auf, dass sich fast alle Frauen stets auf den Beginn einer Liebesbeziehung bezogen. Sie hatten also meistens eine feste Beziehung im Sinn, zumindest eine längerfristige Bindung, wenn sie an erste Nächte dachten. Und: Die Wünsche der Frauen waren erstaunlich asexuell. Die wenigsten hatten konkrete erotische Vorstellungen von ihrem künftigen Liebhaber. Dass er gut küssen, toll aussehen oder charmant verführen soll zum Beispiel. Oder dass er ausdauernd beim Vorspiel oder leidenschaftlich beim Sex ist. Körperliche Attribute wie Muskelbildung oder Penisgröße spielten überhaupt keine Rolle. Um es auf den Punkt zu bringen: Was für Frauen in einer ersten Nacht entscheidend ist, sind weder ausgefeilte Techniken noch ein knackiger Hintern, sondern die Chance, dass mehr daraus wird, dass es nicht bei dieser einen Nacht bleibt.

Beginn einer Partnerschaft

In einer idealen ersten Nacht, wie sie sich Gabriele wünscht, weiß sie schon vorher, dass der andere zu einer verbindlichen Beziehung bereit ist. Sie würden sich viel Zeit lassen, um sich kennen zu lernen, und dann, frühestens nach einem halben Jahr, würden sie das erste Mal miteinander schlafen. Diese Vorlaufzeit wäre wichtig für Gabriele, denn: »Wenn man sehr früh miteinander ins Bett geht, verhindert das eine Beziehung eher; es fixiert sie schon im Vorfeld auf Sex. Und für so ein Affärenzeugs habe ich sowieso nichts übrig!«

Auch für Karin hat Sex in einer ersten Nacht gar nichts zu suchen: »Erst mal kennen lernen und sich Zeit lassen! Dadurch entsteht Nähe. Und wenn die entstanden ist, erst dann hätte ich gerne Sex.«

Für Angelika ist die ideale erste Nacht immer der Auftakt einer Liebesbeziehung. Die Minimal-Voraussetzung: Beide sind ineinander verliebt. Und wie soll dann die Nacht aussehen? Möglichst romantisch: »Mit Kerzenschein und schönem Essen, vielleicht würden wir auch tanzen. Danach möchte ich die ganze Nacht lang nur gestreichelt werden. Und am nächsten Morgen würden wir dann schön frühstücken.« Von Sex ist keine Rede. Endstation Partnerschaft? Auf die Frage, wen Frauen sich in ihren Betten wünschen, lautet die klassische Antwort: den *Mann fürs Leben*.

Das Hauptanliegen an die Männer resultiert aus diesem weiblichen Wunsch nach einer verbindlichen Bindung: Sex soll eingebettet sein in eine Liebesbeziehung. Sicher, manche Frauen haben ganz eindeutig und zweifelsfrei und ausschließlich reinen Sex und pure Lust im Visier, wenn sie sich auf eine erste Nacht einlassen. Doch die überwiegende Mehrzahl wünscht sich, dass Sex nicht losgelöst, sondern Teil eines gemeinsamen Miteinanders ist. Und dabei wollen sie als ganze Person wahrgenommen werden, nicht nur als Körper oder *Frau, mit der man schläft*.

Trugschluss: Wer nichts tut, macht auch keine Fehler

Natürlich haben Frauen auch sexuelle Vorlieben. Und es ist nicht nur ihre Angst, sexuelle Wünsche zu formulieren, die Frauen daran hindert, zu fordern und zuzugreifen: Frauen wollen manchmal einfach nicht die Verantwortung für das übernehmen, was sie tun. Da sie später nicht an Missverständnissen und Niederlagen in Liebesdingen *schuld* sein wollen, sträuben sie sich zu handeln. Zu diesem Ergebnis kam Ingrid Füller, die intensiv mit fünfundzwanzig Frauen über deren Erfahrungen mit Seitensprüngen gesprochen hat. Die Frauen rechtfertigen ihren Seitensprung, indem sie ihn »wie eine Art ›höherer Gewalt‹, wie eine vom Schicksal gelenkte Begegnung, für die sie nicht verantwortlich, an der sie nicht ›schuld‹ sind«, darstellen. Füller vertritt die These, dass in dieser Zuschneidung der Perspektive die Angst der Frauen zum Vorschein kommt, sich als »bewusst und aktiv handelnde Person zu begreifen, die ihr Liebesverhältnis und überhaupt ihr Liebesleben souverän gestaltet und offensiv vertritt«.[101] Wahrscheinlich ist dieses Muster auch mitverantwortlich dafür, dass Frauen als Hauptmotiv für erste Nächte zumeist Verliebtsein nennen und nur ganz selten sexuelle Lust.

Sich Kümmern um Wohlfühlbedingungen

Aber natürlich gibt es sie auch: Frauen, die wissen, was sie wollen und dafür sorgen, dass sie es bekommen. Tanja zum Beispiel mag kein langes Vorspiel beim Sex: »Im Gegenteil, ich bin eher die, die beschleunigt, weil es mir oft zu langsam geht.« Sie ergreift die Initiative, führt die Hand ihres Partners und rückt »Stück für Stück damit raus, was ich gerne hätte«. Es ist eine Frage des Selbstbewusstseins, aber auch der Erfahrung: Denn wenn wir erst einmal erfahren haben, dass Männer nicht verschreckt aus dem Bett hüpfen, weil wir unsere Wünsche äußern, fällt es beim nächsten Mal schon leichter.

Der amerikanische Sexualtherapeut Bernie Zilbergeld rät, dass wir unsere persönlichen Bedingungen genau herausfinden sollen: Was brauchen wir, damit wir uns beim Sex wohl fühlen und erregt werden? Welche innere Haltung, welchen Partner und welche Umgebung brauche ich, um mich optimal entspannen zu können? Welche Gedanken erleichtern mir das? Bei Michaela ist der Punkt immer in dem Moment erreicht, wenn sie bei einem neuen Mann das Gefühl hat: »Er will mich. Nur mich.« Ein Begehren, das nur auf sie zielt, erregt Michaela. Und das kann schon dann der Fall sein, wenn sie sich gemeinsam fragen, wo sie die Nacht verbringen wollen. Wenn Michaela dies spürt, ist für sie alles Weitere okay und leicht: »Da denke ich dann nicht weiter drüber nach.«

Als Stefanie nach sehr langer Zeit wieder in die Situation kam, ein erstes Mal mit einem Mann zu schlafen, hatte sie vorher große Angst, es *verlernt* zu haben. Aber es sei irgendwie wie Fahrradfahren, lacht sie, das verlerne man ja auch nicht: »Ich habe mir dann zugeredet: Hör jetzt auf zu denken! Überlege nicht, was du mit ihm machen könntest. Tu nur das, wozu du Lust hast.« Aufhören zu denken und nur das tun, wozu man Lust hat: zwei goldene Regeln für lustvollen Sex.

Können Sie sagen, was Sie gerne beim Sex haben, was Ihnen Vergnügen bereitet, was Ihre Lust steigert? Falls nicht, schlägt Bernie Zilbergeld vor, die drei schönsten und drei miesesten Sexerlebnisse, die man hatte, zu vergleichen. Schreiben Sie auf: Was machte die schönen Erlebnisse schön, was machte die miesen Erlebnisse mies?[102] Eine weitere gute Möglichkeit, um sich klarzumachen, woran es liegt: Schreiben Sie einen Brief an eine imaginäre Freundin und schildern Sie ihr möglichst detailliert, wie Sie sich Ihr Sexleben wünschen. Beide Varianten sind gute Wege, um sich darüber klar zu werden, was man sich beim Sex wünscht.

Höhepunkt der Lust: Orgas-muss?

Orgasmen sind als Gradmesser für erste Nächte untauglich. Punkt! Die Bedeutung des Orgasmus wird schlicht übertrieben. Denn die folgenden von Bettina erzählten Probleme haben die meisten Frauen: »Gerade in ersten Nächten ist es schwer, einen Orgasmus zu kriegen oder gar zusammen mit dem anderen zum Orgasmus zu kommen.« Man kann noch nicht wirklich loslassen am Anfang, achtet viel zu sehr auf den anderen und zu wenig auf sich selbst. Man ist noch nicht eingespielt. Und deshalb ist es zu viel verlangt, wenn wir das Erreichen des Orgasmus zur Bewertungsgrundlage nehmen. Was nicht zuletzt den ohnehin schon vorhandenen Leistungsdruck immens steigert. Die leistungsorientierte Einstellung, Sex ohne Orgasmus ist kein richtiger Sex, ist lustfeindlich.

Denken wir noch mal an die Vorgeschichten, an all das, was einem Orgasmus vorangeht: das Kennenlernen und Flirten, die Vorbereitung auf die erste Nacht, unsere Vorfreude und Unsicherheit, die Aufregung, die erotische Spannung, das Prickeln. Dann die ersten Küsse, das Streicheln, Erregen, Ausziehen, eben alles, was zum Sex gehört. Und das wollen wir nun messen an ein paar Sekunden Höhepunkt? Der ganze Abend war wunderbar, der Mann aufregend, die Küsse prickelnd, die Berührungen zärtlich und schön. Aber weil man keinen Orgasmus hatte, war das alles nichts wert? Sind wir auch von einem vorzüglichen Sieben-Gang-Menü enttäuscht, wenn der Espresso nach dem Essen fehlt? Bei einem Kind kann man diese Haltung gerade noch verstehen. Da ist der Eisbecher riesengroß mit Bergen von Eiskugeln und Schlagsahne, mit Schokoraspeln und Waffeln und Kirschen. Aber das Schirmchen fehlt, deshalb ist es ein *doofes Eis*. Kommen wir zurück auf den Boden der Realität: Das steht in keinem Verhältnis!

Doris fände es zwar auch klasse, wenn sie jedes Mal einen Orgasmus hätte. Aber ihr geht es ähnlich wie Bettina. Für sie ist es auch schwierig, in ersten Nächten zum Höhepunkt zu kommen: »Aber das muss auch gar nicht sein. Ich kann so eine Nacht auch ohne Orgasmus sehr schön finden.« Allerdings, so ihre Erfahrung, sind Männer fest davon überzeugt, dass die Frau um jeden Preis kommen muss: »Dadurch setzen sie sich unter Druck. Und ich fühle mich auch unter Druck gesetzt.« Andrea erzählt Ähnliches. Diese Einstellung der Männer ärgert sie ziemlich. »Männer denken oft, die Frau muss unbedingt einen Orgasmus haben. Aber eigentlich auch nur wegen ihres Egos. Denn das wäre der Beweis, dass sie gut im Bett sind. Sie haben eben keine Ahnung!«, sagt Andrea.

»Muss man in ersten Nächten zum Orgasmus kommen? Und wenn ja, wie oft?«, fragt sich auch Monika. Das hat sie lange Zeit unter großen Druck gesetzt, weil sie mit einem Mann zusammen noch nie zum Orgasmus gekommen ist. Dies hat sie lange als Makel empfunden und deswegen mit niemandem darüber gesprochen. Dadurch hatte sie das Gefühl, sexuell nicht zu genügen und *keine richtige Frau* zu sein, erzählt sie. Was »völliger Blödsinn« ist, wie sie weiß. Dennoch empfand sie lange Zeit so.

Erste Nächte wären erheblich stressfreier, wenn wir nicht so versessen darauf wären, uns und den anderen unbedingt zum Orgasmus zu bringen – womöglich noch gleichzeitig. Das ist Hollywood. Realität verlangt auch realistische Maßstäbe. Wenn es denn doch mal auf Anhieb klappt: Wie schön! Wenn nicht: Macht überhaupt nichts. Ein Orgasmus ist kein Gradmesser für die Intensität der Gefühle, das generelle Zusammenpassen der Partner oder die eigene Attraktivität. Die meisten Frauen wünschen sich eigentlich etwas ganz anderes. Sylvia beschreibt es so: »Die Befriedigung steht nicht im Vordergrund. Die Stimmung ist gelöst und kein bisschen krampfig. Beide haben nicht so hohe Erwartungen aneinander, sondern lassen einfach auf sich zukommen, was passiert, und bleiben ganz gelassen.«

Was aber nicht heißt, dass die Männer sich gar keine Mühe mehr geben sollen. Doris betont, weil es »aus anatomischen Gründen für Männer leichter ist zu kommen«, müssen sie »aber genau deshalb etwas dazu tun, dass Frauen auch einen Orgasmus bekommen«. Wenn es überhaupt in meinen Interviews einen konkreten sexuellen Wunsch an Männer gab, dann diesen: Lasst die Frauen zum Orgasmus kommen, bevor ihr an eure eigene Befriedigung denkt. Wie die Journalistinnen Alexandra Berger und Andrea Ketterer beschreiben, haben die meisten Männer »nach dem eigenen Orgasmus keine Lust oder Energie mehr, das Liebesspiel fortzusetzen. Auch Frauen fühlen sich oftmals wohler, wenn sie vor dem Partner kommen. Anderenfalls haben sie das Gefühl, sie bräuchten zu lang, oder er stimuliere sie weiter, obwohl er eigentlich keine Lust mehr dazu hat.«[103]

Vorgetäuschter Höhepunkt

In der Hollywood-Komödie *Harry und Sally* mimt Sally im Restaurant einen gigantischen Orgasmus. Ihre Vorführung ist täuschend echt und beweist Harry, dass er – und alle anderen Männer mit ihm – sich bloß nicht einbilden soll, einen vorgetäuschten von einem echten Orgasmus unterscheiden zu können. Ungefähr achtzig Prozent der Männer teilen Harrys Überzeugung, »die Fälschung vom Original unterscheiden zu können, aber da irren sie«[104].

Wir liegen also endlich mit diesem tollen Typen im Bett. Und eigentlich stimmt auch alles: Es ist schön und er bemüht sich redlich. Und trotzdem spüren wir deutlich: Das wird nichts mit unserem Orgasmus. Es ist wie mit dem Einschlafen: Je mehr wir es wollen und uns anstrengen, desto weiter rückt das Ziel in weite Ferne. Frauen sind eben äußerst störanfällig beim Sex. Ihr Körper *macht Sex*, und ihr Kopf rattert und rattert und rattert: Ihre Gedanken lenken sie von der Hauptsache ab. Das ist einer der Gründe, warum Frauen zwar genauso schnell wie Männer beim Masturbieren zum Orgasmus kommen, aber sehr viel länger brauchen, wenn sie mit einem Mann schlafen.[105]

Was sollte man idealerweise in der ersten Nacht machen? Soll man so tun als ob? Muss er nicht sonst befürchten, man hätte grundsätzliche sexuelle Probleme? Oder jedenfalls mit ihm? Womöglich fragt er anschließend, ob er etwas falsch gemacht hat. Und dann muss ein langes Gespräch geführt werden. Ein Problemgespräch über Sex, nachdem man gerade das erste Mal miteinander geschlafen hat, was für ein Albtraum! Da tut man doch lieber so, als würde alles ganz reibungslos laufen. Oder nicht?

Andrea erzählt mir zum Beispiel von einer ersten Nacht, in der sie ganz bewusst einen Orgasmus vorgetäuscht hat. Ihre Gründe? »Damit er endlich aufhört. Ich wollte nur noch, dass endlich Feierabend ist. Und damit er denkt, er war jetzt ganz toll.« Das machen bestimmt ganz viele Frauen, vermutet Andrea. Und sie hat Recht: Bis zu neunzig Prozent aller Frauen haben ihrem Partner schon mindestens einmal einen Orgasmus vorgetäuscht.[106]

Frauen tun aus verschiedenen Gründen manchmal so als ob: Weil sie sich nicht zu sagen trauen, was sie brauchen, um befriedigt zu werden. Aus falscher Rücksichtnahme den Männern zuliebe. Aber nicht selten auch aus Kalkül: Um die Männer für ihre Bemühungen zu »belohnen«, sie bei der Stange zu halten in ihrer Anstrengung. Um ihnen zu zeigen, dass sie es eigentlich genauso mögen und brauchen, auch wenn es in dieser speziellen Nacht eben verlorene Liebesmühe ist.

Was gegen das künstliche Gestöhne spricht: Wie soll der Mann in Ihrem Bett wissen, wie Sie es am liebsten haben, wenn Sie ihm nicht die Chance geben, es zu lernen? Wie soll er in einer vielleicht folgenden zweiten oder fünften Nacht ahnen, dass Sie an manchen Dingen doch keinen Gefallen finden, obwohl Sie beim ersten Mal anscheinend so großes Vergnügen daran hatten? Und einen Mann, von dem Sie das Gefühl haben, dass es ihm egal ist, ob Sie Spaß beim Sex haben, sollten Sie nicht auch noch belohnen und ihm das Gefühl geben, ein toller Typ zu sein.

Punktrichter im Bett: Leistungsdruck und Prüfungsangst

Leistungsdruck beim Sex, lange Zeit scheinbar den Männern vorbehalten, hat mittlerweile auch Einzug in unsere Köpfe gehalten. Seitdem quälen wir uns mit Gedanken, ob wir wohl schön und scharf, lasziv und locker, aufregend und antörnend genug sind, um den Mann in unserem Bett zu beeindrucken. Der Druck ist schon spürbar bei der Entscheidung, ob wir überhaupt mit einem Mann ins Bett gehen. Nach der sogenannten »sexuellen Revolution« befinden sich Frauen auf einmal in einer verzwickten Lage: Sie können nun Sex ohne und vor der Ehe haben. Aber aus dem Können ist fast ein Müssen geworden. Shere Hite beschreibt das Phänomen treffend: »Wenn eine Frau einen Mann mag, hat sie häufig das Gefühl, dass sie Sex haben *muss*, um zu sehen, ob sich daraus eine Beziehung entwickelt.«[107]

Im Bett angekommen, geht der Stress weiter. Der Ehrgeiz von Frauen, nicht nur als Berufstätige, Partnerin und Mutter gut und perfekt zu sein, erstreckt sich auch auf ihr Liebesleben. »Ich möchte schon gut sein beim Sex«, erzählt Julia. Es ist ihr wichtig, dass der Mann, mit dem sie eine Nacht verbringt, »sich nicht langweilt und dass er es im Gedächtnis behält. Für ihn soll die Nacht als etwas ganz Besonderes in Erinnerung bleiben.« Und wenn Barbara an »blöde Männersprüche denkt wie: Die ist scharf im Bett«, überlegt sie sich, was wohl genau damit gemeint sein kann. »Ich frage mich schon, ob ich auch aktiv oder einfallsreich genug bin. Und was ich wohl anstellen muss, damit er mich so richtig aufregend findet.« Soll sie für ihn strippen, Sexspielzeug auspacken oder stöhnen und schreien, bis die Wände wackeln? Je größer ihr Interesse an einem Mann und je geringer sein Interesse an ihr war, desto stärker plagte Barbara der Leistungsdruck.

Sind wir erst dreißig Jahre und älter, können wir uns zudem nicht mehr auf die *Insel der Ahnungslosen* zurückziehen. Vorher kann man immer noch sagen, dass man dies oder jenes nicht kennt und manche Sexpraktiken noch nicht ausprobiert hat. »Aber je älter man wird, desto weniger kann man erstaunt fragen: Was ist denn das, das habe ich ja noch nie gehört. Das glaubt einem irgendwann einfach keiner mehr«, erzählt Mareike. Auch sie beschäftigt sich damit, was Männer wohl von ihr im Bett erwarten, wie viel Initiative von ihr auszugehen hat: »Wer weiß, vielleicht hat er schon unzählige Frauen gehabt.« Dann kennt er alles, weiß alles, hat jede Erfahrung schon gemacht – ob sie *seinen* Ansprüchen dann überhaupt noch genügen kann?

So wenig Männer Punktrichter beim Sex sind, die nach vollbrachter Leistung Bewertungsschilder hochhalten, so wenig sind wir Leistungssportlerinnen, die bang auf die Wertung harren müssen: Reicht mein erotischer Punktwert, um eine Runde weiterzukommen oder scheide ich schon in der Vorrunde aus? Je selbstbewusster Frauen sind, desto weniger interessiert sie, ob sie irgendwelche imaginären Standards erfüllen. Welche entscheidende Funktion das Selbstbewusstsein dabei spielt, zeigt Annes Geschichte. Auf die Frage, ob sie in ersten Nächten manchmal das Gefühl von Prüfungsangst gehabt habe, verneint sie – und stutzt: »Das ist schon erstaunlich, denn ich bin dick, wirklich dick. Eigentlich müsste ich deswegen doch zumindest nervös sein.« Ist sie aber nicht. Denn wenn es sich langsam anbahnt, dass sie die Nacht mit einem Mann verbringen wird, »dann wissen die Jungs das ja. Ich kann es ja nicht verbergen.« Stimmt, und so kann Anne sich ganz auf das konzentrieren, was ihr Spaß macht.

Kontrollverlust

Können Sie sich in ersten Nächten völlig entspannen, den Kopf ausschalten und sich gehen lassen? Sich dem Mann, mit dem Sie zum ersten Mal im Bett liegen, hingeben, im Vertrauen darauf, bei ihm gut aufgehoben zu sein? Keine lästigen Gedanken, die Sie ablenken, keine Angst davor, die Fäden aus der Hand zu geben und die Kontrolle zu verlieren? Glückwunsch, dann gehören Sie zu den wenigen Frauen, denen das auf Anhieb gelingt!

Sich beim Sex ausliefern zu können ist wunderbar, lustvoll und aufregend – und ziemlich beängstigend. Die intime Nähe zu einem anderen fordert die Überwindung von Ängsten, beispielsweise der Furcht, sich zu sehr zu entblößen. Denn es ist nicht nur unser Körper, den wir nackt präsentieren: Beim Sex sind wir schutzlos, verletzlich und zeigen Seiten von uns, die anderen, mit denen wir nie das Lager teilen, für immer verborgen bleiben. Vor diesem Kontrollverlust fürchten wir uns und neigen dazu, uns auch beim Sex zu verstecken.

Masken

In ersten Nächten greifen wir zu Masken. Unsere Scheu, uns dem anderen mit all unseren Vorlieben, Sehnsüchten und intimen Geheimnissen zu offenbaren, ist groß. Aber das verständliche Verhalten birgt auch ein Problem: Der neue Partner kann nicht wissen, wer sich hinter der Maske versteckt. Er kann noch nicht einmal ahnen, ob er es mit einer Bett-Scharade zu tun hat. Ist die so selbstbewusst wirkende Liebhaberin, die sich als Vamp gibt und mit allen Wassern gewaschen zu sein scheint, in Wirklichkeit nicht doch schüchtern und scheu? Dann würde sie aus dem Bett springen, wenn er so auf sie reagiert, wie ihr draufgängerisches Verhalten es nahelegt. (Man stelle sich vor, Madonna stünde auf Kuschelsex.) Oder ist das stille Wasser an seiner Seite in Wahrheit verrucht und erfahren und hält sich bloß zurück, um ihn nicht zu überfordern? Dann sollte er besser mal einen Gang zulegen, sonst fängt sie noch an zu gähnen, wenn er ihr nicht gleich die Kleider vom Leib reißt.

Masken scheinen die Situation im Bett zunächst zu vereinfachen, denn es ist ein Stressfaktor beim Sex in ersten Nächten, sich zu offenbaren. Ute erzählt zum Beispiel, dass ihre höchsten Lustgefühle nicht durch den Koitus geweckt werden, sondern durch Stimulationen an ihrer Klitoris, die der Penetration vorangehen. Solange ein Mann Ute aber noch ziemlich fremd ist, mag sie ihm nicht davon erzählen: »Es fällt mir schwer, mich zu offenbaren. Beim ersten Mal halte ich deshalb die Fassade aufrecht und lasse Männer in dem Glauben, dass der Sex für mich so in Ordnung ist. Erste Nächte sind deswegen nicht unbedingt die großen lustvollen Höhepunkte.« Wann ist für sie der Punkt erreicht, an dem sie dem anderen von ihren Wünschen und Vorlieben erzählt? »Erst wenn ich glaube, es lohnt sich. Und wenn ich Vertrauen zu einem Mann habe. Manchmal schon, wenn ich das zweite Mal mit ihm schlafe.«

Risiko Offenheit

Martina hält gar nichts davon, sich Männern in ersten Nächten zu offenbaren. Ein neuer Liebhaber, so findet sie, muss schon selbst herauskriegen, was ihr gefällt. Das ist ihr Test: Schafft er die Aufgabe oder scheitert er? Aber was macht sie, wenn er nicht herausfindet, was sie möchte, frage ich sie? »Dann hat er verschissen. Dann ist er eben nicht der richtige.« Martina will, dass ihr Partner sich große Mühe gibt und versucht herauszufinden, was ihr Vergnügen bereitet. Kein besonders faires Verhalten, wie Martina selbst sagt, schließlich weiß der andere nichts davon, dass eine Schiedsrichterin neben ihm im Bett liegt. Aber vor allem ist es kein besonders Erfolg versprechendes Verhalten.

Sicher, wer offen zu seinen sexuellen Vorlieben, Abneigungen, Hemmungen und Begierden steht, geht ein Risiko ein: Er riskiert, abgelehnt zu werden. Die Schweizer Sextherapeutin Maggie Tapert erlebt in ihren Seminaren immer wieder, wie schwer es Frauen (und Männern) fällt, sich mit all ihren Bedürfnissen und Wünschen zu zeigen. Aus Angst vor Zurückweisung bauen sie eine Fassade auf: »Sie glauben, dass die Fassade sie schützen wird und eher den Beifall ihres Partners findet als ihre authentischen Wünsche.«

Die Aachener Sexualtherapeutin Ulrike Brandenburg weist darauf hin, dass die Zahl der jungen Frauen, die über Lustlosigkeit klagen, wächst. Ein Grund dafür sei unter anderem die Angst der Frauen, sich beim Sex verletzlich und schwach zu zeigen. Ganz im Gegensatz zu allen anderen Lebensbereichen, in denen sie stark und selbstbewusst zu sein haben. »In der Therapie lernen sie, ohne ihre Fassade auszukommen und sich zu geben, wie sie sind – inklusive der Angst, nicht schön, nicht toll, nicht aufregend genug für den anderen zu sein.«[108]

Wir können noch so sehr versuchen, uns zu tarnen: Beim Sex nahen Kontrollverlust und Schamgefühle. Das schrecklich-schöne Gefühl, dass uns die Fäden aus der Hand gleiten und wir nicht mehr Frau unserer selbst sind, ist zweischneidig: Heimlich wünschen wir uns genau das – wilden, ekstatischen, kopflosen Sex. Und genau das ist uns auch zutiefst suspekt. Und so versuchen wir, zugleich an beiden Enden des Taus zu ziehen.

Was brave Frauen niemals tun

Auf die Frage, ob Sex etwas Schmutziges sei, antwortete Woody Allen: Nur wenn er richtig gut sei! Was hemmt Frauen, richtig guten Sex zu haben? Der Bremsklotz ist die Vorstellung, die Selbstbeherrschung zu verlieren. Frauen haben Angst davor, was sie während des Sex tun könnten: schreien, heulen, pinkeln, sabbern, ordinär reden, stöhnen, hässlich aussehen, sich lächerlich machen und so weiter und so fort.[109] Brave Frauen keuchen, stöhnen und schreien nicht beim Sex. Aber brave Frauen haben auch nicht besonders viel Spaß im Bett. In ersten Nächten teilen wir einen sehr intimen Moment mit einem beinahe Fremden. Er sieht uns nackt. Er hört, wie wir unartikulierte Laute von uns geben. Er erlebt, dass wir Körpersäfte absondern: Speichel, Schweiß, Scheidensekret, vielleicht Tränen, vielleicht Urin. Die noch mit Abstand am stärksten tabuisierte Körperflüssigkeit ist übrigens Menstruationsblut. Kein Wunder, dass Frauen befangen sind, wenn sie in der ersten Nacht ihre Tage haben. Die Firma *Tampax* befragte eintausend Frauen und Männer zum Thema Menstruation[110]. Fast zwei Drittel antworteten, Frauen sollten in der Öffentlichkeit oder im Büro nicht darüber sprechen, dass sie ihre Periode haben. Zwölf Prozent der Männer und fünf Prozent der Frauen waren sogar der Ansicht, eine menstruierende Frau sollte sich bemühen, jeden Kontakt zu anderen in der Zeit zu vermeiden. Wohlgemerkt: *jeden* Kontakt, nicht nur den sexuellen. Was sie stattdessen tun sollten, blieb unerwähnt: ob menstruierende Frauen also lediglich zu Hause bleiben oder doch besser in die Hütte am Waldrand ziehen sollen.

6. Wenn die Lust (ver)geht

Gerade eben noch ging es richtig zur Sache. Beide waren erregt, heiß, wild aufeinander und hatten große Lust auf noch mehr Sex. Und plötzlich stimmt etwas nicht, passt nicht ins Bild, irritiert. Einer von beiden hat die Lust verloren, und was sie auch anstellen, es ist vergebene Liebesmühe. Was eigentlich eine völlig normale Situation im Sexleben jedes Mannes und jeder Frau ist, wird zum großen Problem in ersten Nächten. Denn was hat das wohl zu bedeuten?

Lustkiller – Was Frauen abtörnt

Im Verlauf meiner Recherche fragte ich mich zunehmend, was für Männer eigentlich in unseren Betten liegen. Nach den Gesprächen mit den Frauen habe ich mir oft verwundert die Augen gerieben. Auf die Frage nach den Mindeststandards, die an einen Mann für eine erste Nacht gestellt werden, hatte ich alle möglichen Antworten erwartet: Welche sexuellen Techniken er beherrschen sollte, dass er zärtlich sein, schmale Hüften haben oder gut küssen muss. Womit ich nicht gerechnet hatte, waren die Antworten, die mit Abstand am häufigsten genannt wurden: Er solle sich möglichst nicht sträuben, ein Kondom zu benutzen, und er solle doch bitte gewaschen sein. Die Tatsache, dass Selbstverständlichkeiten genannt werden, lässt darauf schließen, welche Erfahrungen viele Frauen gemacht haben oder doch zumindest für möglich halten. Keine Frau sagte: »Er soll mich nicht schlagen« oder »Er soll mich nicht beklauen« – natürlich nicht. So etwas setzt man voraus, es ist selbstverständlich. Eine akzeptable Hygienebereitschaft also augenscheinlich nicht.

Was bringt Ihre Lust von hundert auf null in zehn Sekunden? Knoblauchdünste, Schweißgeruch, aufdringliches Parfüm? Ein Mann, der Ihnen beim Küssen seine Zunge so tief in den Mund schiebt, dass Sie fast ersticken, oder der ständig mit seinen Zähnen gegen Ihre schlägt? Einer, der an Ihrem BH herumzerrt, Ihnen aus Ungeschicklichkeit ein Büschel Haare herausreißt oder der zwei Sekunden, bevor Sie zum Orgasmus kommen würden, plötzlich die Stellung wechselt? Ungeschicktes Verhalten im weitesten Sinne ist ein Lustkiller, wenn beispielsweise ein Mann im Bett »etwas ganz Dummes sagt«, findet Marianne. Oder wenn er an Äußerlichkeiten herumkrittelt, zum Beispiel an der Figur seiner Partnerin. Dann ist es schlagartig vorbei mit der Lust, sagt Anne: »Wenn ich merke, dass ihn etwas an mir stört, dann ist sofort der Ofen aus.«

Kristina zählt auf, welche Verhaltensweisen der Männer ihr den Spaß vermiesen: »Wenn ich merke, dass ihm diese Nacht nicht so wichtig ist, sondern dass er das eher so im Vorübergehen macht und danach zum nächsten Termin geht.« Auch ihr vergeht die Lust, wenn der Mann ihr das Gefühl gibt, nicht attraktiv zu sein. Noch schlimmer, er beginnt sie zu kritisieren. Und konkrete sexuelle Forderungen sind für sie ein rotes Tuch: »Wenn ein Mann auf bestimmte sexuelle Praktiken festgelegt ist und fordern würde, dass ich da mitspiele. Habe ich darauf Lust, überlege ich mir das, aber ansonsten ist es dann sofort vorbei mit meiner Lust.«

Als Lustkiller wirkt all das, was das Sich-gehen-lassen beeinträchtigt: also auch zuviel Alkohol, Wut auf den anderen, große Müdigkeit, Krankheit, Schuldgefühle und Hemmungen oder »die Entdeckung, dass der Typ neben einem ein Kotzbrocken ist«[111]. Eine Erkenntnis, die man hoffentlich nicht erst in der Horizontalen gewinnt!

Individuelle Orgasmusblocker

Jede Frau hat ihre eigenen, individuellen Orgasmusblocker. Wenn bei Angelika »die Umgebung« nicht stimmt – sprich, wenn ihre Tochter zu Hause ist – hat sie Schwierigkeiten, sich fallen zu lassen: »Das habe ich dann die ganze Zeit im Hinterkopf, dass sie da ist.« Zudem kann sie es auf den Tod nicht ausstehen, wenn Sex zum Leistungssport ausartet: »Schrecklich, wenn einer nur rammeln will! Was ich auch in ersten Nächten nicht leiden kann, ist geleckt zu werden. Das möchte ich nicht, das ist mir noch viel zu nah.« Und was sie nicht mag, fügt sie hinzu, fällt ihr viel leichter auszusprechen, als einem Mann zu gestehen, was sie im Bett antörnt.

Andrea nimmt es die Lust, wenn sie merkt, dass ihr Partner sie beim Sex beobachtet: »Wenn er mich die ganze Zeit anschaut, weil er wissen will, ob er gut ist oder ob ich nun endlich komme.« Das ist für sie eine hundertprozentige Sache, um ihr das Vergnügen zu vermasseln. Dadurch bekommt Andrea das Gefühl, in einer Prüfung zu sein: »Er prüft sich, ob er gut ist, und er prüft mich genauso.« Und das Letzte, was Lisa beim Sex gebrauchen kann: »Mit einer anderen Frau verglichen zu werden! Wenn ein Mann das tun würde, dann würde ich sicherlich sofort von der Bettkante hüpfen.« – »Verklemmte Männer«, antwortet Michaela auf die Frage nach ihrem persönlichen Lustkiller Nummer Eins: »Wenn ein Mann sich nackt nicht frei bewegt und ein mieses Verhältnis zu seinem Körper hat. Das ist unglaublich ansteckend, dadurch werde ich selber befangen.«

Manche Frauen verlieren sehr schnell die Lust, wenn das Vorspiel zu kurz ist, und andere, wenn es zu lang ist. Was eine Frau nicht leiden kann, ist für eine andere die Stimulanz schlechthin. Für Julia zum Beispiel ist es der Horror, wenn »einer darauf besteht, mir unbedingt mein Ohr abzulecken. Das bringt mich dann von Hundert auf Null.« Andere Frauen dagegen schwärmen vom erotisierenden Kribbeln am ganzen Körper, wenn ein Liebhaber an ihren Ohrläppchen knabbert.

08/15-Sex

Mechanischer Rein-raus-Sex steht bei den meisten Frauen auf der Abschussliste. Sie fühlen sich abgestoßen, wenn sie das Gefühl haben, einem Mann geht es nur um eine möglichst schnelle, zielgerichtete und egoistische Triebbefriedigung. »Wenn Männer die ersten Handgriffe gezielt auf meine Brüste machen, und dann fünf Minuten später haben sie ihre Hand zwischen meinen Beinen, dann habe ich schon keine Lust mehr«, erzählt Barbara. Karin machte ähnliche Erfahrungen. Sie erzählt von einem ehemaligen Liebhaber, der schon nach zwei Minuten Sex seinen Orgasmus hatte und danach von ihr wissen wollte, ob er gut war: »Er war nur an seinem Genuss interessiert, meiner war ihm völlig egal. Da fühlte ich mich zu kurz gekommen.«

Carla nennt diese Art Sex »die klassische 3-R-Nummer: Rauf-Rein-Runter. Dreimal anfassen, dann hinein und hinterher auf die Seite legen und schlafen.« Männer, die sich bei ihr im Bett so verhalten, können sich gleich wieder anziehen, sagt sie. Um auf Touren zu kommen braucht sie Zeit – und zwar vorher, währenddessen und danach – und deshalb ist es für sie ein Lustkiller, wenn sich Männer beim Sex keine Zeit lassen.

Mangelnde Übereinstimmung

Nichts ist schlimmer, als wenn das Timing nicht stimmt, antwortete Julia, wenn das Vorspiel zu kurz oder zu lang ist. Sie ist dann gerade noch dabei, sich erst einmal langsam anzuwärmen, und schon legt der Mann ein rasantes Tempo vor. Aber den umgekehrten Fall findet sie nicht weniger schlimm: »Dann liege ich da und denke: Vor zehn Minuten hätte ich noch zum Orgasmus kommen können, und jetzt bin schon wieder abgekühlt.« Die Übereinstimmung beider Partner beim Sex herzustellen ist in ersten Nächten ziemlich schwierig: Weil beide ihr eigenes Tempo haben und noch keine Zeit hatten, sich aufeinander einzuspielen.

Auch für Sonja ist mangelnde Übereinstimmung beim Sex ein Lustkiller. Ihrer Erfahrung nach hält sich die Lust in Grenzen, wenn der eine sehr zaghaft ist und der andere zu forsch: »Dann wird's schnell problematisch. Es passt dann einfach nicht zusammen. Und gerade bei One-Night-Stands habe ich auch gar nicht die Lust, dass man sich aneinander annähert. Da möchte ich, dass es gleich funktioniert.« Und wenn es das nicht tut? Wie der Berliner Sexualtherapeut Theo Gilbers erklärt, mag es zwar zunächst irritieren, wenn unser Liebhaber ein anderes Tempo an den Tag legt als wir gewöhnt sind. Und bei einem One-Night-Stand kann uns das enttäuschen und die Erregung eindämmen. Aber hier liegt auch eine Chance: »Wenn man sich auf das Tempo des anderen einlässt, kann das auch eine völlig neue Dimension eröffnen.« Es führen viele Wege nach Rom, sozusagen, und vielleicht entdecken wir ja – abseits des bekannten – spannende Nebenpfade.

Zu früh in ersten Nächten

Ob Quickie oder Dirty Talk, eine Nummer auf dem Küchentisch oder der Einsatz von Sexspielzeug – viele erotische Varianten sind gewöhnungsbedürftig. Nur wenige Frauen sind auf Anhieb dazu bereit. Ohne Anlaufzeit, Vertrauen und bessere Kenntnis des Partners zählen sie daher zu den Lustkillern – in der ersten Nacht! Später können sie durchaus gewünscht sein. Mareike erzählte, dass ein Mann ihr in einer ersten Nacht ins Ohr raunte: »Ich fick dich jetzt!« Sie fühlte sich sofort abgestoßen, zog sich innerlich zurück und musste lange nach dem Sex duschen, weil sie diesen Satz »total eklig« fand. Was ihr heute noch Leid tut: dass sie die Nacht mit ihm durchgehalten hat, anstatt sie direkt zu beenden. Mareike sagt: »Dieser Satz war viel zu hart und viel zu früh. Solche Sachen kann ich am Anfang überhaupt nicht vertragen.«

Für manche Praktiken gilt das Gleiche: Finger weg davon in ersten Nächten! Es ist wie mit dem morgendlichen Zeitunglesen. Kennt man sich besser und weiß, dass der andere großes Vergnügen daran hat, nach dem Aufstehen als Erstes in der Tageszeitung zu blättern, ist das kein Problem. Aber bitte nicht beim ersten gemeinsamen Frühstück! Auch später sollte man manches nur nach gegenseitiger Absprache ausprobieren. Katja Wolf, die ich durch die Prostituiertenorganisation *Hydra* kennen lernte, betont, dass man sich unbedingt Zeit lassen soll, um einen Liebhaber mit »eher unüblichen« Dingen zu konfrontieren. Was aber zählt aus ihrer Sicht dazu? »Ungefragt ein Sexvideo einschalten, eine dritte Person beim Sex einbeziehen oder zu masturbieren. Das sind Dinge, die man vorher absprechen muss.«

Was tun, wenn ihre Lust geht?

Gerade noch ging es richtig zur Sache, und plötzlich ist die eigene Lust wie weggeblasen. Entweder von jetzt auf gleich oder sie ebbt langsam ab. Und man weiß genau: Das wird nichts mehr. Was jetzt: Flüchten oder standhalten, unterbrechen oder weiterspielen?

»Hilfreich und erfrischend ist es, einfach aufzuhören und stattdessen zu sagen: So funktioniert es nicht, lass uns das Bett verlassen«, meint die Schweizer Sextherapeutin Maggie Tapert. Aber das passiert leider äußerst selten. Selbst wenn man merkt, dass es keinen Sinn hat, wird die Lustlosigkeit meistens ignoriert und auf Teufel komm raus weitergemacht. »Doch zum Glück geht das nicht gut«, sagt Maggie Tapert. Wer nicht mehr in Kontakt ist mit seinen lustvollen Gefühlen, offenbart sich unweigerlich. Man spürt es, und auch der andere merkt es. Das Beste, was Menschen in dieser Situation passieren kann: die Angelegenheit mit einer großen Portion Humor zu betrachten. So sieht es auch Sylvia: »Man braucht Humor, besonders in ersten Nächten, denn da passieren ja gerade die Pannen: Wadenkrämpfe, unpassende Lachanfälle, nachlassende Erektion und so weiter und so weiter!« Später sollte man sich schon fragen, wodurch einem die Lust verging: Stimmte die Atmosphäre nicht? Spürte man, dass man mit dem anderen eigentlich gar nichts anfangen kann? Oder hat man vielleicht plötzlich Angst bekommen, weil der andere zu nahe kam?

Frauen reagieren häufig mit Schuldgefühlen, wenn sie ihre Lust verlieren: Als sei es ein Versagen. Zudem befürchten sie, die Männer durch ihre abflauende Erregung zu kränken und ihnen ein schlechtes Gefühl zu geben. Die völlig unnötigen Schuldgefühle speisen sich unter anderem aus dem Ammenmärchen der schmerzhaften Erektion: Ist ein Mann sexuell erregt, und wird ihm keine Gelegenheit zur Befriedigung gegeben, verursacht der ominöse Samenstau Schmerzen. Selbst wenn das so wäre – was nicht der Fall ist –, wäre es nicht die Aufgabe der Frauen, für Abhilfe zu sorgen.

Brigitte verliert meist ihre Lust, nachdem sie ihren Spaß gehabt hat: »Wenn ich befriedigt bin, der Mann aber noch nicht, fühle ich mich irgendwie verpflichtet, dass er auch noch einen Orgasmus bekommt.« Obwohl sie dann eigentlich viel lieber einschlafen, lesen oder duschen würde, macht sie weiter, recht lustlos allerdings. »Das ist für mich ein Gebot der Fairness.«

Kristina war früher »sehr duldsam«, wie sie sagt. Selbst wenn ein Mann nur mechanische Bett-Gymnastik gemacht hat, spielte sie mit und hoffte, dass er möglichst schnell fertig wird. Ist Sex heute unbefriedigend, reagiert sie anders: »Dann schiebe ich ihn zur Seite und mache es mir selbst. Schließlich will ich befriedigt aus der Geschichte herausgehen.«

Wie kann man am besten in dieser Situation reagieren? Auch hierzu befragte ich Katja Wolf, da sie durch ihren Job als Hure gelernt hat, unbefangen und souverän mit solchen Situationen umzugehen. Ihrer Ansicht nach ist die olfaktorische Komponente sehr wichtig beim Sex: »Vielleicht stimmt der Geruch des anderen nicht und man kann ihn im wahrsten Sinne des Wortes ›nicht riechen‹. Wenn er unangenehm aus dem Mund riecht, Käsefüße hat oder im Genitalbereich nicht gewaschen ist, kann einem schon die Lust vergehen.« Passiert ihr das bei einem Kunden, schlägt sie ihm erst mal eine gemeinsame Dusche vor.

Ein weiterer Grund: Manche Menschen bevorzugen eine bestimmte Tageszeit für Sex. Die einen lieben es abends und manche haben morgens Lust, sie wollen nachts von erotischen Wünschen verschont werden. Das muss man eben sagen: »Abends habe ich selten Lust, da bin ich häufig zu müde, aber morgens kannst du mich gerne mit Sex wecken«, schlägt Katja Wolf vor. Auch wenn ein Mann sich zu viel Mühe gibt oder zu schnell ist beim Sex, sollte man es ihm sagen und ihn stoppen: »Frag ihn, ob er es nicht mal langsamer angehen lassen will!« Die wichtigste Regel aber, wenn man die Lust verliert, heißt: »Nur auf die eigenen Bedürfnisse hören!«

Wenn er die Lust verliert

Wenn der Mann, mit dem wir zum ersten Mal schlafen wollen, seine Erektion verliert, finden wir das nicht einfach schade. Denn nach guter alter Frauensitte beziehen wir es auf uns: Haben wir etwas falsch gemacht, sind wir nicht aufregend genug? Frauen empfinden den Erektionsverlust als persönliche Abfuhr, als Aussage über ihren Wert als Liebhaberin. Sie beginnen, an sich zu zweifeln. Völlig überflüssig, wie der Sexualtherapeut Theo Gilbers betont: »Frauen vergessen dabei, dass Männer ein Eigenleben haben. In erster Linie ist es die Sache der Männer und hat nur mit ihnen zu tun.« Erektionsverlust kann ein Zeichen dafür sein, dass der Sex für den Mann zu schnell oder zu früh stattfindet – »denn entgegen des weit verbreiteten Vorurteils sind Männer keine Sexmaschinen«, fügt Gilbers hinzu.

Es kann aber auch sein, dass er seine Lust verliert, weil er plötzlich merkt, dass die Frau in seinem Bett nicht die ist, mit der er gerne intim werden möchte. Aber auch das ist dann seine Sache: »Den Schuh muss er sich selbst anziehen«, sagt Theo Gilbers, »er hätte vorher eben genauer hinschauen müssen oder spätestens in der Situation den Mut haben zu sagen: Tut mir Leid, das wird nichts mit uns.«

Was tun in so einer Situation? Sich ins Zeug legen und einen filmreifen Strip vorführen, nacheinander alle verwegenen Stellungen ausprobieren, von denen man jemals gehört hat? Oder lieber trösten, lachen? Ein Problemgespräch initiieren? Sich wortlos anziehen und verschwinden? Von einer ungewöhnlichen Reaktion erzählte mir Christine. In der ersten Nacht, die sie mit Peter verbrachte, verlor er die Erektion. »Doch anstatt wie üblich in solchen Situationen nett und freundlich zu sein, habe ich ihn mir sozusagen genommen. Ich praktizierte das ›weiche Eindringen‹. Mit großem Erfolg!« Der Sex und auch alles andere danach waren wunderbar, erzählt Christine: »Peter hat mich beim Schlafen in den Armen gehalten und mich immer wieder zugedeckt, wenn ich mich freigestrampelt hatte.«

Ich fragte Katja Wolf, welche Erfahrungen sie mit Lust- und Erektionsproblemen bei Männern gemacht hat. Schließlich ist das eine Standardsituation, die sie bei ihren Kunden erlebt. »Manche frage ich einfach direkt, woran es liegt«, erzählt sie. »Oder ich schaue ihn an: Hat er Drogen genommen oder zu viel Alkohol getrunken?« Auf jeden Fall versucht sie, spielerisch mit der Situation umzugehen: »›Na, hat der Kleine keine Lust mehr?‹ Manchmal muss man Männer auch von ihrem Potenzwahn herunterbringen und ihnen klarmachen, dass Erektion und Potenz nicht alles sind beim Sex.« Um Männern in dieser Situation die Anspannung und den Leistungsdruck zu nehmen, schlägt sie ihnen vor, zwischendurch etwas anderes zu machen, zum Beispiel eine gegenseitige Massage.

Manche Frauen finden es auch sympathisch, erklärt Theo Gilbers, wenn Männer nicht wie Automaten funktionieren: »Wenn sie nicht die Stürmer und Drängler sind, sondern lieb und nett, und man sie ein bisschen betütteln kann.« Einverstanden. Aber wenn man sich nun gerade auf den »Stürmer und Drängler« gefreut hat, wenn man andere Erwartungen hatte und nun enttäuscht ist: Müssen Frauen dann Mutter Teresa spielen, ihm eine warme Milch machen und ihn trösten? »Natürlich darf sie ihre Enttäuschung zeigen«, betont Gilbers. Frauen müssen nun wirklich nicht besonders lieb zu ihm sein, weil er nicht will oder nicht kann: »Es ist nicht die Aufgabe der Frauen, die Situation zu glätten, damit die Harmonie wiederhergestellt wird.«

Wann man es besser lässt

Was auch immer die Gründe sein mögen, dass man nicht mehr richtig bei der Sache ist, dass man abkühlt und nur noch hofft, es möge doch bitte bald vorbei sei – ziehen Sie nett, aber eindeutig die Reißleine! Es hat dann keinen Sinn mehr weiterzumachen. Sie müssen sich ja nicht gleich anziehen und nach Hause gehen. Tun Sie stattdessen etwas anderes, um das Zusammensein mit dem anderen zu genießen. Wenn Sie mögen: Gehen Sie gemeinsam duschen oder massieren Sie sich. Vielleicht kommt die Lust wieder.

Lassen Sie die Finger von ihm, wenn Sie nicht bei der Sache sind, sondern während des Sex neben sich stehen. Denn dann stimmt offensichtlich etwas nicht – die Atmosphäre oder der Mann, der neben Ihnen liegt. Karin spaltet sich in solchen Momenten: Ihr Körper macht Sex, doch ihre Phantasien gehen währenddessen auf Reisen. Sie benutzt sexuelle Phantasien, um sich zu stimulieren: »Wenn ein Mann es nicht so macht, wie ich es gerne mag, dann stelle ich mir vor, er macht das, was ich mag. Das hilft mir, Lust zu bekommen.« Karin ist davon überzeugt, dass die Männer, mit denen sie geschlafen hat, davon nichts gemerkt haben. Im Gegenteil: »Die bilden sich ein, das wäre ihr Werk.« Einmal hat sie einem Ex-Liebhaber davon erzählt, dass sie beim Sex mit ihren Gedanken ganz woanders sei und sich erotischen Phantasien hingäbe, um Vergnügen haben zu können. »Da war der ganz geschockt«, wundert sich Karin.

Wer A sagt, muss noch lange nicht B sagen. Man kann Sex mittendrin abbrechen oder gleich zu Anfang aufhören. Vielleicht finden Sie einen anderen Weg, um körperlich miteinander schöne Stunden zu verleben. Aber auch wenn Sie das nicht wollen oder können – ist alles kein Drama. Es bedeutet erst mal nur, dass Sie oder Ihr Partner gerade nicht zueinander finden, dass es in diesem Moment zu schnell oder zu langsam geht oder sonst wie falsch ist. Ein paar Stunden später oder beim nächsten Date kann es anders sein.

Theo Gilbers warnt davor, was man auf keinen Fall tun sollte: »Um Himmels willen nicht diskutieren, woran es denn jetzt lag! Problemgespräche dieser Art kann man führen, wenn man bereits eine Zeit lang eine Beziehung hat, aber niemals in der ersten Nacht!«

Was – hoffentlich – selbstverständlich ist: Einen Mann aus dem Bett zu werfen, der in irgendeiner Weise Druck auf Sie ausübt. Wenn er Ihnen zum Beispiel zum dritten Mal zu verstehen gibt, dass Sie sich doch bitte endlich mal zum Oralsex bequemen sollen, wird es Zeit, ein Taxi zu rufen.

Wie man Sex abbricht

Mit ersten Nächten ist es so ähnlich wie mit Blind Dates, findet Karin: »Man geht mit einer bestimmten Erwartung hin, hat sich vorher ein Bild gemacht, und wenn es dann anders läuft, fühlt man sich unwohl. Und dann traut man sich nicht abzubrechen, weil man dem anderen nicht weh tun mag. Da scheut man sich, ist nicht ehrlich und weiß auch nicht, wie man es sagen soll.« Wie sag' ich's meinem Liebhaber? Möglichst deutlich auf jeden Fall. Sagen Sie ihm, dass Sie gerade nicht in Stimmung sind. Oder: »Tut mir Leid, aber wir passen nicht zueinander. Es ist besser, wenn du gehst.«

»Nichts über sich ergehen lassen oder sich womöglich zum Erfüllungsgehilfen für den Spaß des anderen zur Verfügung stellen«, warnt Theo Gilbers. Und wo steht schließlich geschrieben, dass man seine Meinung nicht auch beim Sex ändern kann?

Und wenn ein Mann sich nicht stoppen lassen will? Wenn er unsere Einwände einfach ignoriert? »Reden allein nützt manchmal nichts«, weiß Katja Wolf. Dann muss man auf klare Weise schnell und uninterpretierbar deutlich werden. Und zwar in folgender Reihenfolge: »Seine Hände wegnehmen, den Schwanz wegschieben, sich wegdrehen, das Bett verlassen.«

7. Wem geht's besser in ersten Nächten: Frauen oder Männern?

Stolpersteine und Missverständnisse gibt es in ersten Nächten also zur Genüge. Was die ganze Schose noch kompliziert: Frauen verbringen (jedenfalls in der heterosexuellen Variante) erste Nächte *mit Männern*. Und was so ein Angehöriger des anderen Geschlechts nun wirklich denkt, fühlt und will, ist uns oft ein Buch mit sieben Siegeln. Ist nicht alles anders bei denen? Männer erleben erste Nächte auf jeden Fall *anders*, glaubten fast alle Frauen, mit denen ich sprach. »Dass Männer und Frauen bei ersten Nächten etwas anderes empfinden, das glaube ich schon. Aber das ist einfach mal in den Raum gestellt. Keine Ahnung, wie es für Männer ist!«, sagt Sabine.

Mehr Druck für Männer?

Die überwiegende Mehrheit der Frauen ist sich einig: Der Druck auf Männer ist stärker. »Männer haben bestimmt sehr viel Angst in der ersten Nacht. Sie stehen mindestens so unter Druck wie Frauen«, glaubt Ute. Was ihrer Ansicht nach bei Männern den Druck zusätzlich erhöht: die männliche Vorstellung, beim Sex etwas leisten zu müssen.

Auch Bettina ist sich sicher, dass Männer mehr Stress haben als Frauen: »Das ist ja das alte Lied: Männer können einfach nichts vortäuschen. Frauen können das, wenn sie wollen.« Was Männern nach Ansicht von Klara Druck macht: »Wenn bei Männern die Lust absackt, sackt der Schwanz mit ab. Sie können sich nicht verstellen. Außerdem sitzt ihnen bestimmt die Angst im Nacken, nicht gut genug, nicht potent genug, nicht phantasievoll genug zu sein.«

Frauen und Männern fällt es gleich schwer

In ersten Nächten gehe es um Eroberung und Grenzüberschreitung, und zwar für Männer und Frauen, betont Monika. Deshalb könne sie sich auch nicht vorstellen, dass es für Männer anders ist als für Frauen. Und Michaela glaubt: »Unsicherheit zum Beispiel gibt es bei Männern und Frauen. Auch sonst kommt es eher darauf an, welche Geschichten der Einzelne mit sich herumschleppt.« Hat es also weniger mit dem Geschlecht zu tun, dem man angehört, als mit individuellen Merkmalen?

Andere Frauen waren sich da nicht so sicher: Es könne schon sein, dass es für Männer leichter ist – jedenfalls für manche. Wenn sie es aber ernst meinten, ist der Stress für sie nicht geringer als für Frauen, meint Barbara. »Männer haben ein Handicap. Es ist ein Vorteil, dass man ihnen ihre Lust ansieht, aber mittlerweile habe ich begriffen, dass es auch ein Nachteil sein kann. Ein erigierter Penis bedeutet ja nicht automatisch, dass ein Mann Sex will.« Andrea dagegen glaubt, dass Sex in ersten Nächten für einige Männer lustvoller sei, weil sie sich schneller gehen lassen könnten. »Aber da gibt es auch Ausnahmen: die Männer, die wollen, dass beide einen Orgasmus haben. Und für die ist es auf keinen Fall leichter als für Frauen.« Einerseits könnten sich Männer mehr herausnehmen, findet Lisa: »Sie sind halt die tollen Männer.« Und andererseits: »Aber wahrscheinlich haben sie genau solche Probleme und machen sich einen Kopf wie wir auch.«

Der Mann, das rätselhafte Wesen. Julia erzählt, dass sie mit Freunden und Ex-Liebhabern länger über ihre ersten Nächte geredet habe: »Für die sind und waren erste Nächte auch nicht so ohne. Ihnen hat der Sex auch erst später besser gefallen. Wenn sie sicherer waren, dass es in Ordnung ist, was sie tun, und sie mehr über eine Frau wussten.«

Was sagen die Männer?

Was glauben eigentlich Männer – haben es Frauen oder Männer schwerer in ersten Nächten? Der größte Unterschied zu den Frauen: Die Männer, mit denen ich sprach, interessierten sich gar nicht für diese Frage. Am eindeutigsten formuliert es Carsten: »Darüber habe ich mir nie Gedanken gemacht. Und ehrlich gesagt, interessiert es mich auch nicht. Keine Ahnung, wie es für Frauen ist – ist Spaghettiessen für Männer anders als für Frauen? Ich weiß nur, wie es für mich ist.« Jens meinte, das sei eine Frage, die er nicht beurteilen kann: »Kann schon sein, dass Sex und erste Nächte für Frauen lustvoller sind. Das behaupten sie jedenfalls. Und das kann man glauben oder auch nicht.«

Es ist wirklich paradox. Oder ist es vielleicht gar typisch für Frauen, von zwei möglichen Wegen den zu wählen, der für sie von Nachteil ist? Da glauben sie zwar, dass es Männer schwerer oder zumindest ähnlich schwer haben in ersten Nächten wie sie selbst. Und was nützt ihnen dieses Wissen? Rein gar nichts. In der konkreten Situation blenden sie den Druck und die Unsicherheit aus, die auf ihren Partnern lasten, und konzentrieren sich stattdessen – mal wieder – auf ihre eigenen Unzulänglichkeiten. Wir können viel lockerer aufspielen, wir können um vieles entspannter sein in ersten Nächten, wenn wir im Auge behalten, dass unser Gegenüber sehr wahrscheinlich nicht der selbstsichere Typ ist, den wir aus eigener Unsicherheit phantasieren!

Teil 4

Nachspiele

Schläft er noch? Es sieht so aus. Sie sollte die Gelegenheit nutzen und schnell ins Bad gehen. Obwohl ... Vielleicht duschen sie ja zusammen, wäre doch nett. Oder lieber doch nicht: Sie ist so blass. Wäre sie doch letzte Woche bloß zwei- oder dreimal ins Solarium gegangen.

Ob sie Kaffee machen soll? Besser nicht, das könnte er falsch verstehen. Als wolle sie sich hier häuslich niederlassen. Sie würde sich gerne noch mal an ihn schmiegen, aber er liegt auf der anderen Seite des Bettes. Warum hat er sich eigentlich so weit weg gelegt? Ob er nicht gerne aneinandergekuschelt schläft? Oder nur mit ihr nicht?

Sie könnte leise aufstehen, sich anziehen und einfach verschwinden. Einen guten Abgang hinlegen, sich interessant machen. Einen Zettel aufs Kopfkissen legen. »Ruf doch mal an« oder so. Damit er nicht denkt, dass sie mehr von ihm will. Schließlich gehört sie nicht zu den Frauen, die sofort an eine feste Beziehung denken, nur weil sie mal mit einem Mann eine Nacht verbracht haben. Sie nicht. Sex macht Spaß, es muss nicht immer mehr sein. Obwohl es nicht schlecht wäre. Mit ihm kann sie sich mehr vorstellen. Aber erst mal abwarten, nicht mit der Tür ins Haus fallen.

Er räkelt sich neben ihr und steht auf. Sie stellt sich schlafend. Nun hört sie das Wasser in der Dusche. Sie schaut sich in Ruhe um: So lebt er also – ganz schön chaotisch. Wie gut, dass sie ihn nicht mit zu sich genommen hat. Hätte er bestimmt spießig gefunden. Wer wohl die Frau auf dem Foto ist? Vielleicht seine Schwester. Hoffentlich.

Als er zurückkommt, setzt er sich zu ihr ans Bett. Es scheint ihm gar nichts auszumachen, dass er nichts anhat. Wie unbefangen er ist. Er zieht die Bettdecke zur Seite, und automatisch zieht sie sie wieder über ihren Körper. Oh, das hat er falsch verstanden, schade! »Dann mache ich mal Kaffee«, sagt er, zieht lässig Shorts und T-Shirt an und geht in die Küche. Sah er nicht gerade überrascht aus? Positiv oder negativ überrascht? Keine Ahnung. Hoffentlich bereut er es nicht. Ihr ist es morgens danach immer ein bisschen peinlich. Ob er es schön fand heute Nacht? Er ist ja ziemlich bald eingeschlafen.

Schnell nimmt sie ihre Klamotten und huscht über den Flur. Im Badezimmer stehen zwei Zahnbürsten im Glas. Wem gehört die zweite? Sie schaut in den Spiegel: verwischtes Mascara, verstrubbelte Haare, verquollene Augen. Wie gut, dass sie sich eben nicht geküsst haben. Sie hat morgens immer einen schlechten Geschmack im Mund. Soll sie sich schminken? Bislang hat er sie nie ungeschminkt gesehen. Hinterher denkt er noch, dass sie immer geschminkt herumläuft. Und aufgedonnerte Frauen kann er nicht leiden, hat er gestern erzählt.

Als der Kaffee fertig ist, sitzen sie sich am Küchentisch gegenüber. Wieso hat er eigentlich kein Frühstück gemacht, nur Kaffee? Vielleicht wäre es ihm ja lieber, wenn ich jetzt gehe, denkt sie. Draußen scheint die Sonne, wir könnten doch zum Beispiel spazieren gehen. Oder frühstücken. Sag es, denkt sie, lass uns frühstücken gehen! Doch er sagt nichts. Also will er nicht. Mist.

Sie versucht, so langsam wie möglich ihren Kaffee zu trinken, um Zeit herauszuschinden. Vielleicht sagt er ja doch noch was. Wie zum Beispiel: »Es war schön mit dir« oder »Sehen wir uns wieder?«

Ob sie ihn fragen soll, wie es mit ihnen weitergeht? Und wenn er dann sagt, »Bestimmt laufen wir uns mal wieder über den Weg« oder »Lass doch deine Telefonnummer hier«? Kennt sie schon, dann sitzt sie wieder vor dem Telefon und wartet! Das wollte sie nie mehr, diese ungewissen Abschiede. In Gedanken geht sie ihr Adressbuch durch: Wen ruft sie zuerst an, um von der Nacht zu erzählen?

Jetzt schaut er auf die Uhr. Alles klar, er hat keine Zeit mehr! Wie nett, dass er ihr das so zu verstehen gibt, denkt sie ärgerlich. Vielleicht ist er ja verabredet. Mit einer anderen. Mit der Frau auf dem Foto. Sie steht auf und nimmt ihre Tasche. »Ich geh dann«, sagt sie. Pech gehabt. In Gedanken rechnet sie aus, wie viel Tage sie warten sollte, bis sie ihn anrufen kann. Da schaut er wieder auf die Uhr und sagt: »Wenn wir uns beeilen, bekommen wir im Café noch Frühstück. Wie wär's?«

1. Am Morgen danach

Tageslicht fällt durch die halb geöffneten Vorhänge. Auf einem zerwühlten Laken, halb bedeckt von weißen Tüchern, liegen zwei Leiber: Ein Mann und eine Frau, beide schlafen noch, auf ihren Gesichtern liegt ein friedlicher, befriedigter Ausdruck. Sie lächeln. Vom Bett aus führt eine Spur von Kleidungsstücken durch die ganze Wohnung zum Wohnzimmer: elegante Schuhe, schwarze Strümpfe, eine Bluse, ein Rock, weißes Herrenhemd; eine Krawatte hängt am Türgriff. Auf dem Wohnzimmertisch: zwei Gläser, ein Sektkühler, aus dem eine leere Flasche Champagner ragt.

So oder so ähnlich sieht das gängige Filmszenario zum *Morgen danach* aus. Der Zuschauer ahnt, was dieser Szene vorangegangen sein muss: Leidenschaft, Ekstase, Rausch der Sinne. Wachen die Darsteller auf, werden sie sich entweder gleich noch einmal lieben (wahlweise auf dem Laken oder unter der Dusche) oder zusammen frühstücken. Um auch die letzte Zuschauerin vor Neid platzen zu lassen, wird der – gut gebaute, braun gebrannte, charmante – Hauptdarsteller ein exquisites Frühstück auf einem großen Tablett zum Bett balancieren, und es fehlt weder der frisch gepresste Orangensaft noch die obligatorische Rose.

Dass ein erster Morgen ohne Regisseur, Kameramann und Requisiteur in der Regel anders abläuft, wissen wir. Aber was nützt unser Wissen? Wenig. Insgeheim hoffen wir trotzdem jedes Mal, doch endlich mal einem Mann zu begegnen, der die *Morgen-danach-Idylle* überzeugend darstellen kann. Neben dem man nicht befangen aufwacht, sondern gut gelaunt, entspannt, fröhlich. Der einem das Gefühl gibt, zur richtigen Zeit am richtigen Ort zu sein. Wo man sich keine Sekunde insgeheim fragt: »Was mache ich eigentlich hier?« Man würde aufwachen, so der sehnliche Wunsch von Frauen, mit der Gewissheit, dass man neben dem richtigen Mann aufgewacht ist, und müsste nicht erst überlegen, was man sagen soll, ob man zum Frühstück bleibt oder lieber geht, ob man sich wieder sieht, vielleicht oder vielleicht auch nicht. Ein idealer erster Morgen danach wäre frei von Unsicherheit. Viele Frauen wünschen sich sehnlichst, spätestens jetzt zu wissen, wie es weitergehen wird: Abschied oder Anfang?

Am ersten gemeinsamen Morgen zeigt sich, deutlicher als in der ersten Nacht, ob und wie eine Fortsetzung folgt. Fühlt man sich noch wohl in seiner Nähe, hat man sich etwas zu sagen, oder möchte man eigentlich nur so schnell wie möglich das Weite suchen? Alle Frauen, mit denen ich sprach, erinnerten sich sowohl an sehr schöne Morgen, an denen sie sich wohl fühlten, kannten aber auch die andere Sorte aus eigener Anschauung: Stunden danach, in denen sie sich fehl am Platz fühlten und befangen waren.

Die ersten Stunden

Obwohl wir einander durch Sex sehr nahe kommen, hören Unsicherheit und Befangenheit nicht schlagartig auf. Auch der erste gemeinsame Morgen ist *ein erstes Mal* und hat es in sich. Wieder gibt es keine Regeln, wie man sich zu verhalten hat, und wieder wird nicht darüber gesprochen. Malen wir uns eine Nacht mit einem Mann aus, reichen unsere Gedanken gerade bis zum Sex. Doch was passiert danach? Auch für das erste gemeinsame Aufstehen, Frühstücken, Anziehen, Abschied nehmen gibt es noch keine Rituale. Das macht den Morgen danach »so knifflig«, sagt Christiane. »Da musst du dich entscheiden, was jetzt passiert. Es sind halt noch keine Routinen da.«

Noch gibt es keine Selbstverständlichkeiten. Das macht die Situation reizvoll – und unsicher und anstrengend. Die Gefühle am Morgen danach sind meist nicht eindeutig; dass wir uns gleich nach dem Aufwachen sehr wohl oder sehr unwohl fühlen, ist die Ausnahme. Eher herrscht ein ambivalenter Gefühls-Mischmasch vor: Wir wissen noch nicht so recht, wie wir es finden sollen. Oder der Morgen ist schön, aber mit einem Wermutstropfen wie in der Geschichte von Sylvia. Der Morgen mit Thorsten war zunächst wunderbar, erzählt sie: »Wir sind genauso aufgewacht wie wir eingeschlafen sind, das war ein gutes Zeichen, fand ich, keiner hat sich weggedreht.« Alles ist selbstverständlich gewesen: »Wir hatten keine Angst vor schlechtem Mundgeruch. Wir haben schon wieder die ersten Witze gemacht. Dann haben wir gefrühstückt und mein Bett voll gekrümelt.« Doch als der Abschied nahte, drohte die Stimmung zu kippen: »Ich wusste, Thorsten geht wieder zu seiner Familie und ich bleibe allein zurück. Aber eigentlich war es mir ganz recht, ich hatte erst mal genug zu verdauen.«

Julia braucht morgens »mindestens eine Stunde ohne jeglichen zwischenmenschlichen Kontakt und eine Dusche«. Sie ist ein ausgesprochener Morgenmuffel und muss sich viel Mühe geben, um überhaupt ein Gespräch zu führen. Doch viel schwieriger an der Situation empfindet Julia immer die Unsicherheit: »Da wachst du neben irgendwem auf, siehst meistens furchtbar aus und weißt auch nicht, was der andere jetzt denkt.« Dazu kommen die Fragen, wie es weitergeht: Tauschen wir Telefonnummern aus, und falls ja, wer ruft wen schließlich an? Für Julia sind das jedesmal äußerst kritische Punkte.

Wie inszeniert man den Abschied? Das fragt sich auch Sonja immer wieder: »Was sage ich, bevor ich gehe? Ich rufe dich an oder Sehen wir uns wieder? Oder: Wir sollten das wiederholen, was meinst du?« Oft ist sich Sonja ihrer Sache selbst noch gar nicht sicher, da weiß sie beim Abschied noch nicht, ob sie diesen Mann wiedersehen möchte. »Da ist schon die Angst, sich zu outen und Interesse zu zeigen und ins offene Messer zu laufen. Die Befürchtung, der andere könnte sagen: Eigentlich war es das jetzt.«

Was denkt er wohl über mich? Diese Frage ist unsere ständige Begleiterin – vor, während und auch nach ersten Nächten zerbrechen wir uns den Kopf darüber, welches Bild der andere denn von uns hat. Wie findet er mich, was hält er von mir? – Diesen Fragen zollen wir mehr Aufmerksamkeit als den Fragen: Wie finde *ich ihn*, was halte *ich* von *ihm*? Andrea spürt, dass sie direkt unsicher wird, sobald sie sich versucht vorzustellen, was der Mann an ihrer Seite nach dem Aufwachen wohl über sie denkt: »Mitgegangen ist er mit einer ›Königin der Nacht‹, und am nächsten Morgen sitzt ihm dann so ein verquollenes Etwas gegenüber!« Zerzauste Haare anstatt gestylter Frisur und Schlafkrümel in den Augen anstatt gekonntes Make-up, T-Shirt und Unterhose anstatt verführerischer Garderobe, Schweißgeruch anstatt Parfüm – ein bisschen viel Intimität auf einmal.

Brigitte hat entschieden, an diese Fragen keinen Gedanken mehr zu verschwenden: »Darüber zerbreche ich mir nicht mehr den Kopf. Ich überlege nur, was ich will: Dadurch sind die Morgen danach viel stressfreier geworden.« Will sie bleiben oder gehen, lieber ausgiebig duschen oder schnell in ihre Klamotten springen, einen Kaffee mit ihm trinken oder alleine sein? »Ich schaue nur noch darauf, dass ich mich wohl fühle.« Um sich Gedanken über den anderen zu machen, ist später auch noch genug Zeit. Aber das macht sie lieber, wenn sie allein ist: »Und das geht nicht immer gleich am nächsten Morgen, da muss ich mir erst mal eine Auszeit nehmen, um Abstand zu gewinnen. Allein sein, es nachwirken lassen, Gedanken ordnen.«

Fremd und vertraut

Die Stimmung am Morgen ist fremd und vertraut. »Es ist immer etwas merkwürdig und befremdend am nächsten Morgen«, meint Bettina. »Da gibt es sehr vertraute Momente, gerade wenn man den anderen vorher schon ganz gut kannte. Aber es gibt immer auch Befremdendes, weil man bis dahin nicht sexuell, nicht intim mit ihm zusammen war. Wenn man das überhaupt trennen kann. Es sind gemischte Gefühle.« Und Christiane erzählt: »Nach manchen Nächten wachst du morgens auf und siehst nur einen fremden Körper neben dir liegen.«

Der Mann, neben dem wir aufwachen, hat uns nackt gesehen, schutzlos, erregt, stöhnend, verschwitzt und ohne die Barrieren, die wir normalerweise um uns herum errichtet haben. Die Distanz, die wir sonst zu Menschen einnehmen, wird durch Sex radikal verringert. Einerseits. Und andererseits ist dieser Mensch trotzdem noch ein Fremder: Es ist nicht plötzlich unser bester Freund. Er kennt uns nicht in- und auswendig, nur weil wir mit ihm geschlafen haben.

Diese Diskrepanz zwischen Intimität und Fremdeln irritiert uns. »Ich kenne es eher, dass ich am nächsten Morgen ziemlich befangen bin. Vor allem gibt es eine Nähe im Bett, die auf allen anderen Ebenen gar nicht da ist«, sagt Kristina. Das ist mit ein Grund, warum man am nächsten Morgen ambivalente Gefühle hat. »Man ist neugierig, aber auch ein bisschen verlegen miteinander.«

Wie ein typischer Morgen zwischen Fremdeln und Vertrautheit aussieht, beschreibt Klara. Sie hatte für zwei Wochen Besuch von Tobias, der in einer anderen Stadt lebte. Tobias schlief in ihrem Gästezimmer – bis sie dann nach einigen Tagen miteinander schliefen. In dieser Nacht fragte Klara, ob er nicht bei ihr im Bett schlafen wolle. Als Tobias dann aber neben ihr einschlummerte, bekam Klara kein Auge zu. »Das passte irgendwie gar nicht, ihn plötzlich in meinem Bett zu haben. Es war irgendwie nicht richtig, nicht stimmig.« Auf einen Schlag wurde zwischen ihnen eine Nähe hergestellt, die für beide offensichtlich zu groß und zu abrupt war. Klara wollte Tobias in dieser Nacht nicht wieder ins Gästezimmer verfrachten, fühlte sich aber sehr unwohl. Ihm ging es augenscheinlich ähnlich: Am nächsten Morgen stand er schnell auf und ging mit seinem Hund spazieren. »Wir wollten beide diese zu vertraute Situation unterbrechen. Durch seinen Spaziergang konnte ich mich sammeln, hatte Ruhe und wieder meinen Platz für mich.«

Vielleicht schlafen Sie gerne in der Löffelchen-Stellung ein, Ihrem neuen Liebhaber ist das aber zu eng, und er robbt auf die andere Seite des Bettes. Der unterschiedliche Umgang mit Nähe, die verschiedenen Bedürfnisse, wie schnell man jemandem nah kommen möchte, sind immer wieder Anlass für Missverständnisse und Kummer. Will der andere lieber allein sein, weil er dann besser schläft oder weil er nicht gerne neben mir liegen möchte? »Wenn jemand auf die andere Seite des Bettes kriecht, wird das oft als Kränkung empfunden«, erzählt auch Theo Gilbers, der Berliner Sexualtherapeut. Wir nehmen es persönlich: Neben dir will ich nicht liegen. Doch das muss es gar nicht bedeuten: »Da treffen einfach unterschiedliche Vorlieben und Persönlichkeiten aufeinander. Das muss nicht heißen: Ich kann dich nicht ertragen. Wir neigen dazu, gerade wenn wir unsicher sind, alles zu interpretieren.«

Männer und Frauen haben unterschiedliche Bedürfnisse

Zu den individuellen Vorlieben kommen tatsächliche Unterschiede zwischen den Geschlechtern: »Es gibt viele Männer, die sich einfach überfordert fühlen, nach dem Sex zu kuscheln und mit dem neuen Partner im Arm einzuschlafen«, berichtet Theo Gilbers. Das ist ein Umstand, mit dem viele Frauen schwer klarkommen. Sie missverstehen ihn als persönliche Abfuhr.

Zwei Welten treffen aufeinander. Nach dem Sex sehnt sie sich nach Nähe, und er braucht Distanz. Sie will über Gefühle reden. Und er? Erzählt von seinem Job, seinen Hobbys und anderen unverfänglichen Dingen.

Lassen wir uns dieses fundamentale Missverständnis zwischen Frauen und Männern von dem italienischen Soziologen Francesco Alberoni erläutern. Männer, so schreibt er, handelten nach dem Sex *diskontinuierlich*: Sie wenden sich Frauen zu, wenden sich wieder ab, wenden sich ihnen wieder zu und so weiter. Nach dem Sex verlieren sie zunächst einmal das Interesse an weiterer Nähe – vorübergehend. Sie sind satt, zufrieden und wenden sich anderen Dingen zu.

Frauen dagegen handelten *kontinuierlich*: Sie wollen nach dem Sex weitermachen, möchten Zärtlichkeit und Zuwendung geben und bekommen. So interpretieren sie die Haltung der Männer als mangelndes Interesse. Sie fühlen sich abgelehnt. Und diese Erfahrung datieren sie zurück auf einen Zeitpunkt vor dem Sex. Sie glauben: »Er wollte also nur seinen Orgasmus. Jetzt hat er kein Interesse mehr an mir. Er hat mir bloß vorgemacht mich zu mögen, um mich ins Bett zu bekommen.«

Alberoni betont, dass Männer diese Phase des Abwendens benötigen, um sich anschließend wieder der Partnerin zuwenden zu können.[112] Deutlicher könnten die Bedürfnisse der Geschlechter nicht kollidieren. Und die Folge: Frauen fühlen sich nach dem Sex oft allein gelassen. Dann ärgern sie sich darüber, dass sie sich haben gehen lassen, dass sie sich jemandem hingegeben haben, der sie eindeutig – das zeigt ja das Verhalten – gar nicht verdient.[113] Frauen fühlen sich betrogen. Dadurch unterscheiden sich die unmittelbaren Gefühle nach Sex bei Frauen und Männern drastisch: »Folglich durchlebt die Frau – während der Mann das Gefühl von Freiheit und Erfolg genießt – oft eine Verlusterfahrung, eine Enttäuschung. Als ob ihr etwas weggenommen wäre, als ob sie sich hätte reinlegen lassen.«[114]

Nähe braucht Zeit

Nach dem ersten intimen Zusammensein sollte man deshalb nicht erwarten, sich gleich mit dem anderen eins zu fühlen. Solche Erwartungen belasten den Kontakt eher, wie Theo Gilbers erklärt. »Bei manchen Menschen bricht nach dem ersten Sex alles hervor, sie wollen ihr Innerstes kundtun. Und das verschreckt den anderen häufig.« Da erzählt man am Morgen danach von der begonnenen Therapie, von eigenen Selbstzweifeln, von den Problemen mit der Mutter. Und am nächsten Tag ist es einem peinlich. Man hat das Gefühl, sich zu sehr entblößt und zu früh Grenzen überschritten zu haben. Das führt nicht selten zu einem vorläufigen Rückzug.

In anderen Bereichen unseres Lebens dagegen haben wir ein sehr gutes Gespür und dosieren Nähe: Wir präsentieren uns einem neuen Liebhaber nicht in unserem alten ausgeleierten Lieblingsschlafanzug und mit der Heilerde-Maske im Gesicht. Beim ersten gemeinsamen Frühstück vergraben wir uns nicht hinter der Zeitung. Und gehen auch nicht ungeniert ohne anzuklopfen auf die Toilette, während er im Bad ist.

Doch bei Gefühlen haben Frauen die fatale Tendenz, so schnell wie möglich *ans Eingemachte* zu wollen. Sie möchten sich so früh wie möglich vergewissern, ob der andere auch mehr will als nur die eine Nacht. Frauen wollen festhalten und sichern. Und das wirkt am Morgen danach auf viele Männer abschreckend. Die Journalistinnen Alexandra Berger und Andrea Ketterer haben einen kleinen Knigge der *NoNoNo-Fragen* aufgestellt, mit denen wir unsere neuen Liebhaber tunlichst verschonen sollten: »Denkst du an mich? Was denkst du? Wieviel verdienst du? Meinst du das ehrlich? Was hast du? War ich gut? Bin ich daran schuld? Bin ich schön? Findest du mich zu dick? Liebst du mich?«[115] Mit einem Bombardement von solchen Fragen überfordert man den anderen, drängt ihn in die Ecke und gibt ihm das Gefühl, in ihn hineinkriechen zu wollen.

Nicht mit der Tür ins Haus fallen! Und: »Nicht automatisch davon ausgehen, dass man nun ein Paar sei, nur weil man miteinander geschlafen hat – das heißt es nämlich noch lange nicht«, mahnt Theo Gilbers. Also weder am Morgen danach die eigene Zahnbürste sofort in seinem Bad deponieren, noch sein weiteres Leben direkt in Beschlag nehmen. Wer unaufgefordert versucht, alle Zäune niederzureißen, um die selbstverständlich noch vorhandene Distanz möglichst schnell zu überbrücken, erreicht oft genau das Gegenteil.

Was die Stunden danach schön macht

»Der Morgen danach war wunderschön. Ich bin vor Gerold aufgewacht und habe ihm beim Schlafen zugeschaut. Es war so wundervoll, seinen friedlichen Gesichtsausdruck zu sehen«, schwärmt Lisa. Die Bestandteile der Morgen, die wir in guter Erinnerung behalten, ähneln sich: eine vertraute Atmosphäre, keine Befangenheit, sich aufgehoben fühlen in der Gegenwart des anderen. Eben eine Nestatmosphäre. Als hätte man schon viele Nächte miteinander verbracht und nicht gerade erst eine.

Vertrauen durch Sicherheit

»Am nächsten Morgen war es direkt sehr vertraut mit Bastian, als wenn wir uns schon lange gekannt hätten«, erzählt Mareike. Beide waren völlig unbefangen miteinander umgegangen. »So konnte ich mich auch in seiner Wohnung bewegen. Ich hatte nicht das Gefühl, ich müsste jetzt erst mal unter die Dusche für eine halbe Stunde.« Für Mareike begann der Tag mit einem »unheimlich glücklichen Gefühl«, erinnert sie sich. Und mit großer Erleichterung, denn vorher hatte sie schon einige Bedenken: »Wer weiß, wie es wohl wird, mit Bastian zu schlafen? Es hätte ja auch enttäuschend sein können.« War es aber nicht. Ihr gutes Gefühl am Morgen resultierte aus der Sicherheit: »Daraus kann was werden, das kann sich entwickeln. Deshalb war ich unheimlich erleichtert.«

Frauen genießen den ersten Morgen mehr, wenn sie spüren, dass mehr mit einem Mann laufen kann als Sex. »Das Zusammensein mit Thomas war nicht nur ein körperlicher Akt, sondern eher seelisch. Wir haben uns beide aufeinander eingelassen«, beschreibt Christiane einen schönen ersten Morgen. Das, was in der Nacht geschehen war, hatte am Morgen nicht einfach aufgehört: »Wir haben zwischendurch geschlafen, sind aufgewacht, haben geredet, uns lange gestreichelt. Und dann war es plötzlich Mittag und der Hund musste versorgt werden. Danach haben wir gefrühstückt. Alles ging so fließend ineinander über.«

Vertrauen durch Ähnlichkeiten

Was kann Vertrauen am Morgen nach dem ersten gemeinsamen Sex schaffen? Zum Beispiel das Entdecken von Ähnlichkeiten und Gemeinsamkeiten: wenn man über die gleichen Dinge lachen kann, wenn man Schallplatten oder Bücher im Regal des anderen findet, die man selbst besitzt. Oder wenn beide feststellen, dass es für sie ungewöhnlich ist, so schnell zur Sache gekommen zu sein. Das war bei Barbara der Fall. Die Stimmung zwischen ihr und Andreas war sehr harmonisch am nächsten Morgen, weil beide überrascht waren, wie schnell und wie sehr sie sich auf den anderen eingelassen hatten. »Wir hatten uns beide dann versichert: Eigentlich gehören wir nicht zu der schnellen Sorte, die gleich mit jemandem ins Bett geht.« Und dann ist es doch geschehen. »Wir waren so erstaunt über uns selbst, dass wir gleich so weit gegangen sind.«

Entspannung, weil beide das Gleiche wollen

Natürlich gibt es auch andere Kriterien: Wenn beide ein erotisches Abenteuer gesucht und gefunden haben. Manche Frauen streben ganz bewusst einen unverbindlichen sexuellen Kontakt an. Sie sind zufrieden, wenn sie die Nacht mit einem Mann verbringen können, der nicht plötzlich am nächsten Morgen seine Beziehungswünsche aus dem Hut zaubert. Beide hatten ihren Spaß, waren in eine prickelnde, spannungsgeladene Atmosphäre eingetaucht und wussten schon vorher, dass ihr Kontakt nur für diese eine Nacht existieren würde. Und dann trinkt man noch einen Kaffee miteinander und geht mit guten Gefühlen auseinander: gut gelaunt, bestärkt, bestätigt und befriedigt.

Julia kennt solche Momente. Sie erinnert sich gern an ihren Urlaubsflirt Patrick: »Morgens haben wir uns in den Arm genommen, gelacht und uns darüber unterhalten, wie wir das finden, hier gemeinsam zu liegen.« Die Stimmung war unbefangen, was nach Julias Meinung vor allem daran lag, dass sie beide wussten, welchen Stellenwert die Nacht für sie hatte: Es war ein Urlaubsflirt, nicht mehr und nicht weniger. Ein weiterer Grund: Beide waren mit der Nacht äußerst zufrieden: »Wir fanden es beide gut, wie es gelaufen ist. Der Sex war gut. Keiner von uns hatte das Gefühl, er müsste sich abgrenzen oder distanzieren.« Selbstverständlich kennt auch Julia ungemütliche und befangene Momente danach. Das waren immer Situationen, erzählt sie, in denen man sich im Nachhinein gewünscht hätte, es wäre nichts geschehen, sie hätte nie mit dem Mann im Bett gelegen. »Es ist ja sehr peinlich, wenn der Sex schlecht ist. Dann muss man manchmal sehr schnell die Kurve kratzen, damit es nicht zu einer unangenehmen Atmosphäre kommt.« Wenn es ihr gelang, auch am nächsten Morgen noch zu ihrem Handeln zu stehen, war die Atmosphäre eigentlich immer gut.

Vertrauen durch Alltäglichkeit

Vielleicht war der Morgen auch deshalb so schön, überlegt Julia, weil er im Urlaub stattfand. In einer Situation fern des Alltags. Mag sein. Doch auch das Alltägliche kann seinen Reiz haben, wie Ute erzählt. Sie erlebte einen schönen Morgen, gerade weil er so alltäglich war: »Carsten musste früh aufstehen. Das war nicht so leicht, weil wir kaum geschlafen hatten. Wir sind nebeneinander aufgewacht. Er sagte: Ich muss jetzt gehen. Dann hat er mir im Bett noch einen Abschiedskuss gegeben. Das hatte was von einem alten Ehepaar! Es war sehr vertraut.« Durch die schnelle Trennung am frühen Morgen blieb keine Zeit für Unsicherheit oder Kopfzerbrechen. »Ich musste nicht überlegen: Wie geht es jetzt weiter, wann stehen wir auf, frühstücken wir noch? Ich fühlte mich einfach total gut, nachdem Carsten gegangen war und ich weiterschlafen konnte.«

Was bleibt

Der erotische Reiz ist ausgelebt und der Sex vorüber. Und nun? Wenn Sabine mit einem Mann mehr verbindet als sexuelle Anziehung, ist das für sie eine gute Bedingung, um den Morgen danach zu genießen: »Der Morgen mit Kai war wunderbar. Die Atmosphäre war irre, eine totale Vertrautheit. Es kann sein, dass es daran lag, dass wir so viel miteinander geredet hatten in der Nacht, auch über unsere Gefühle zueinander.« Dadurch war sofort Vertrautheit zwischen ihnen entstanden. Denn beide hatten sich vor, während und nach dem Sex viel Zeit füreinander genommen. Auch Sabine hat schon andere Erfahrungen gemacht. Morgen, an denen sie dachte: »Bloß weg hier, oder ich spürte, dass der andere das dachte.«

Wodurch die Stunden danach mies werden

Wenn man sich am nächsten Morgen nicht schämen muss, sei, so meint Sabine, ein Grund, warum die Stimmung gut ist. In der Tat ist Scham häufig mit im Spiel, wenn wir uns unwohl fühlen und schnell das Weite suchen. Wenn wir uns schämen, dass wir ausgerechnet bei diesem Mann gelandet sind. Oder wenn wir uns nur deshalb auf ihn eingelassen hatten, weil wir betrunken waren. Ist der Rausch vorbei, bleiben oft nur die Ernüchterung und die Kopfschmerzen. Therese erinnert sich mit Schrecken an einen Morgen. Sie wollte nur noch flüchten. »Das war eine üble Suffgeschichte«, erzählt sie, »und blöderweise konnte ich nicht abhauen, weil wir in meiner Wohnung waren.« Auch Doris erinnert sich an eine ähnlich blöde Situation: »Wir hatten uns überhaupt nichts zu sagen und ich war froh, als Volker endlich gegangen ist.« Sie hatten sich auf einer Party getroffen. Volker war schon lange hinter ihr her. Bislang allerdings ohne Erfolg. Er war absolut nicht ihr Fall. Doch in dieser Nacht trank Doris viel, zu viel, und nahm ihn mit nach Hause: »Ohne Alkohol wäre ich nie im Leben auf die Idee gekommen, etwas mit ihm anzufangen. Ich glaube im Nachhinein, dass Volker die Situation genutzt hat, die sich ihm bot.«

Wenn es schon beim Sex blöd läuft

Manchmal graut man sich bereits während des Sex vor dem gemeinsamen Aufwachen. Man ahnt schon, dass die Atmosphäre mies sein wird. Weil der Sex unbefriedigend ist, weil man sich benutzt fühlt, weil man nicht den Mut aufbringt, einfach aufzuhören. Als Karin mit Axel schlief, flüsterte er ihr während des Sex ins Ohr: »Gleich hast du es geschafft, gleich hast du es geschafft!« Für Karin klang das wie »›Lass uns schnell fertig sein. Mach schneller und heftiger und dann hast du es geschafft.‹ Da hatte ich das Gefühl, ich müsste etwas leisten.« Am nächsten Morgen fühlte sie sich schlecht und hatte ein schales Gefühl. Und war froh, als Axel endlich gegangen war.

Fehlgriff im Bett

Und manchmal merkt man erst morgens, dass er nicht der Richtige war. Noch nicht mal für eine Nacht. Nachdem Angelika die erste Nacht mit Rolf verbracht hatte, setzte er sich gleich nach dem Aufwachen vor ihren Fernseher – für Angelika ein absoluter Fauxpas: »Ich schalte doch nicht am ersten gemeinsamen Morgen den Fernseher an! Und Rolf schaute mich entgeistert an, weil ich mich bei ihm darüber beschwert hatte.« Dadurch war ihr nicht nur der Morgen verdorben, sondern auch auf die vorangegangene Nacht fiel ein Schatten. Angelika fühlte sich benutzt und achtlos behandelt. »Meistens spüre ich das aber schon in der Nacht. Da denke ich: Du bist nicht der Mann, mit dem ich mich wohl fühle, an den ich mich anlehnen kann. Und die müssen dann auch gehen. Die kann ich dann nicht in meinem Bett liegen lassen.«

Gehen oder bleiben?

»Das ist immer die Frage danach: Kann ich bleiben? Will ich bleiben? Das muss man erst mit sich selbst ausmachen und dann mit dem anderen«, erzählt Julia. Sie findet es schrecklich, wenn ein Mann sofort nach dem Sex geht, obwohl sie auch schon in Situationen war, in denen sie dachte: »Wo bitte ist hier die Tür?«

Wonach gehen Frauen? Wie entscheiden sie, ob sie gleich nach dem Sex aufspringen und nach Hause fahren, bis zum Frühstück bleiben oder sogar ihre Zahnbürste auspacken? Die entscheidenden Kriterien sind: Wenn man sich gut fühlt, den anderen sympathisch findet und spürt, er würde sich freuen, wenn man bleibt. »Ich entscheide ganz nach Sympathie«, meint Gabriele. Aber tendenziell ist sie eher der Typ, der noch am gleichen Abend geht: »Dadurch behalte ich ein Stück Privatsphäre, und das ist mir wichtig.«

Bei Sylvia ist es eine reine Bauchentscheidung: »Wenn die Atmosphäre nicht stimmt, wenn der Sex nicht schön war, dann sagt mir mein Bauch, dass ich wegmuss. Aber ich finde es schöner, wenn man anschließend noch zusammenbleibt.« Auch Friederike entscheidet nach Gefühl, ob sie bleibt oder geht: »Wenn es mir gefallen hat und ich zudem glaube, dass es auch gut mit ihm weitergeht, bleibe ich. Sonst gehe ich lieber oder schicke ihn nach Hause.« Ist ein Mann zärtlich und gefühlvoll, darf er gerne bleiben, erzählt Angelika, denn dann möchte sie noch den Morgen mit ihm genießen. Alle anderen Männer schickt sie direkt danach in die Nacht hinaus: »Ich kann die nicht in meinem Bett liegen lassen, weil ich dann nicht einschlafen kann.« Daher haben One-Night-Stands wenig Chancen, die ganze Nacht bei Angelika zu bleiben. »Wenn ich glaube, dass er sowieso kein Partner für mich werden kann, habe ich auch wenig

Lust, die ganze Nacht oder womöglich noch den Morgen mit ihm zu verbringen.«

Sind wir aber verliebt oder es bahnt sich eine Liebesbeziehung an, ringen wir um jede Stunde, die wir mit dem anderen verbringen können. »Immer, wenn ich mehr von dem Mann wollte, bin ich auch geblieben«, erzählt Brigitte. »Wollte ich dagegen nicht mehr als eine Nacht oder ein Affäre, dann war mir die Vertrautheit nicht so lieb, dann wollte ich nicht so viel Zeit mit dem anderen verbringen. Eine gewisse Distanz tut dann der Erotik viel besser.«

Gehen oder bleiben – für Christiane eine Entscheidung, die sie aus unterschiedlichen Gründen mal so und mal anders traf. Es hing davon ab, wie stark sie sich emotional engagiert hatte. Bis sie Mitte zwanzig war, ist sie stets geblieben – selbst wenn sie sich unwohl gefühlt hatte. »Ich hatte große Schwierigkeiten, Nein zu sagen. Und bin geblieben, bis der Morgen kam. Das hatte damals aber mehr mit mir zu tun, als mit den Männern, mit denen ich schlief.« Mit zunehmendem Alter und größerer Reife hat sie gelernt, Nein zu sagen. Und kann nun auch gehen, wenn sie nicht bleiben mag. »Und dann gibt es noch ein ganz pragmatisches Kriterium: die Zeit. Wenn ich morgens ganz früh aus den Federn muss, bleibe ich die Nacht lieber allein in meinem Bett.«

Missverständnisse

Auch die Entscheidung, nach dem Sex zu gehen oder noch einige Stunden beisammenzubleiben, kann leicht missverstanden werden: Unsere Bedürfnisse und die unseres Liebhabers müssen nicht übereinstimmen. Wieder ist es eine Frage des individuellen Umgangs mit Nähe. Wenn sich ein Mann nach dem Sex anzieht und nach Hause gehen möchte, empfinden wir das schnell als Affront, Ablehnung, Kränkung. Die Vorstellung, dass wir tollen Sex mit einem Mann hatten und er danach *trotzdem* den Wunsch hat, allein zu sein, befremdet uns und stößt uns vor den Kopf. Kann doch nicht sein! Kann es doch: »Das gemeinsame Verbringen der Nacht nach dem Sex ist nicht zwangsläufig mitgebucht«, betont auch der Berliner Sexualtherapeut Theo Gilbers. Das sollte man nicht überbewerten. Es ist wie mit dem Fremdeln am Morgen danach: »Beides bedeutet nicht automatisch: Wir passen nicht zusammen. Vielleicht ist es einfach nur zu viel des Guten.« Wenn Sie spüren, dass der Kontakt zum anderen für diesen Moment erst mal beendet ist, ist es passender zu gehen, anstatt die Situation auf Teufel komm raus zu verlängern. »Wenn man geht, muss das ja keine Trennung für immer bedeuten. Das heißt auch nicht, dass der andere nur seinen Spaß wollte und sonst nichts.« Mit anderen Worten: Wenn's am schönsten ist, soll man gehen? Manchmal ja, rät Theo Gilbers.

2. (Wie) geht es weiter?

Carrie, die hübsche Amerikanerin, und Charles, der smarte Engländer, haben zum ersten Mal eine Nacht miteinander verbracht. Als Charles am nächsten Morgen aufwacht, ist Carrie bereits angezogen und packt ihre Tasche: In wenigen Stunden wird sie in die USA zurückfliegen. Sie lächelt Charles an und fragt: »Wann gibst du unsere Verlobung bekannt?« Er ist sichtlich irritiert: »Wessen Verlobung?« Carrie: »Unsere. Weil wir miteinander geschlafen haben, nahm ich an, dass wir heiraten würden. Was hast du denn gedacht?« Offensichtlich etwas ganz anderes, wie Charles' belämmerter Gesichtsausdruck deutlich verrät. Sekunden später erlöst Carrie ihn und gesteht, dass sie nur einen Scherz gemacht hat.

Diese Szene aus der Komödie *Vier Hochzeiten und ein Todesfall* deutet ein Extrem an, das nach Sex folgen könnte: eine Heirat. Das Spektrum der Folgen spannt sich bis zum anderen Extrem: Sex ohne Wiederholung. Macht man sich klar, wie viele unterschiedliche Wege nach einer ersten gemeinsam verbrachten Nacht offenstehen, ist es kein Wunder, dass man nicht selten ratlos vor dem leeren Bett steht: Anything goes!

Den ersten gemeinsamen Morgen haben Sie nun irgendwie überstanden. Wie geht es weiter? Im Idealfall sind sich beide einig: Entweder Sie beschließen, es miteinander zu versuchen oder sich zumindest wiederzusehen, oder Sie finden beide, dass Sie auch ohne einander sehr gut weiterleben können. Doch solche eindeutigen und übereinstimmenden Positionen sind nicht die Regel. Und vor allem werden sie selten klar ausgesprochen. Oder wie oft haben Sie zu einem Mann gesagt: »Die Nacht mit dir hat mir überhaupt nicht gefallen, wir sollten das nicht wiederholen« oder »Der Sex war wunderbar. Was machst du morgen Abend?«

Bedürfnisse klären

Und irgendwann ist man wieder allein, sitzt zu Hause und verdaut die Nacht. Am Tag danach gehen uns viele Dinge durch den Kopf. Wir versuchen, die Situation einzuordnen: Welchen Stellenwert hat die Nacht – für mich und für den anderen? Solange die Männer, mit denen sie nachts zusammen war, noch in ihrer Nähe waren, so lange fühlte sich Tanja immer noch gut. Aber später dann, wenn sie weg waren, kamen ihr Zweifel: »Worauf lässt du dich da ein, willst du das überhaupt?« Und auch Angst und Unsicherheit stellten sich ein: »Dann bekam ich immer auch Angst davor, dass es mir wehtun könnte.«

Anne erinnert sich an Situationen, in denen sie wach neben dem Partner lag, nicht einschlafen konnte und dachte: »Was habe ich denn jetzt gemacht? Musste das ausgerechnet der sein? oder Was mache ich hier eigentlich?« Das sind aber die Ausnahmen gewesen, erzählt Anne. Solche Gedanken kennt sie eher aus Nächten, in denen sie vorher viel getrunken hat »und ich dann schlagartig nüchtern wurde«.

Auch Martina hat sich schon in solche Situationen hineinmanövriert: »Es gab Situationen, während deren plötzlich der Groschen fiel und ich dachte, was mache ich denn hier? Da habe ich dann viel Energie hineingesteckt, um den Mann wieder loszuwerden. Und dabei ist es auch schon vorgekommen, dass ich jemanden vor den Kopf gestoßen habe, für den ich etwas Besonderes war.« Manchmal verstand Martina im Nachhinein gar nicht mehr, warum sie eine Nacht mit diesem Mann verbringen wollte: »Keine Ahnung, was ich mir davon versprochen habe! Ich weiß nur, ich wollte es in dem Moment unbedingt.«

Um das zumindest im Nachhinein herauszufinden, hilft eine Auszeit: um Abstand zu gewinnen. »Nach Hause fahren, allein sein, die Nacht nachwirken lassen, Gedanken ordnen«, beschreibt Brigitte, wie sie die Stunden nach einer ersten Nacht verbringt. Spätestens jetzt wird es wichtig, sich Rechenschaft über die Gründe abzulegen: Was wollte ich eigentlich? Frauen verwechseln leicht Liebe, Sex und Nähe: Da sind wir auf der Suche nach dem Mann fürs Leben, landen aber im Bett des stadtbekannten Don Juan, weil uns nicht klar war, was wir wollten: Sex, Zärtlichkeit, Nähe, das Begehren des anderen spüren, Neugier befriedigen oder von allem etwas?

Wer sich vormacht, ein Abenteuer zu suchen, aber eigentlich nach dem Vater seiner noch zu zeugenden Kinder Ausschau hält, produziert Enttäuschung. Für unterschiedliche Absichten kommen oft auch unterschiedliche Kandidaten in Frage. Mit dem einen kann man sich eine scharfe Nummer vorstellen, mit dem anderen den Gang aufs Standesamt. Eine Frau sucht einen Mann für immer, eine andere möchte einen Liebhaber für ab und zu, die dritte träumt von einem unverbindlichen One-Night-Stand, die vierte braucht einen Vater für ihre Kinder, die fünfte sucht Trost,

Bestätigung oder Ablenkung, die sechste wünscht sich jemanden zum Reden und glaubt, dafür mit Sex zahlen zu müssen.

Man sollte vorher klären, was man sucht, betont Theo Gilbers. Spätestens aber am nächsten Tag innehalten: »Sich einen Tag Auszeit nehmen und nicht sofort das nächste Date vereinbaren, sondern erst mal für sich die drei Fragen klären: Was möchte ich? Was habe ich bekommen? Will ich davon überhaupt mehr?« Die Gefühle am nächsten Tag zeigen eine Tendenz: Empfinde ich für diesen Mann nun mehr als vor der Nacht oder weniger? Sind meine Gefühle für ihn stärker oder schwächer geworden?

Carla merkte erst nach zwei Tagen, dass sie Gregor wiedersehen möchte. Jetzt wusste sie, dass sie sich in ihn verliebt hatte und eine Fortsetzung wollte. Sie musste ständig an ihn denken. Vor allem daran, wie er sie in die Arme genommen hatte: »Im Nachhinein ist mir klar geworden, wodurch ich mich verliebt habe. Die Art und Weise, wie Gregor mich in den Arm genommen hat, das war für mich das Ding! Ich habe mich das erste Mal in meinem Leben geborgen gefühlt.«

Sylvia wusste bereits vor ihrer ersten Nacht mit Thorsten, dass er als Partner nicht in Frage kommen würde: »Mit ihm hätte ich niemals eine Beziehung aufbauen können, dazu ist er viel zu durchgeknallt. Aber er hatte eine Brückenfunktion für mich – so lange, bis ein anderer kommt.« Wenn man wie Sylvia genau weiß, was man will, kann man sich schneller entscheiden. Auch Gabriele weiß, was sie sucht. Und sie wählt genau, wen sie abschleppt: »Mittlerweile entscheide ich zuerst, ob jemand für eine verbindliche Beziehung geeignet ist. Wenn nicht, habe ich auch kein Interesse an einer Nacht mit ihm. Das war mir früher egal.« Warum hat sich das verändert? Weil sie die Kinderfrage sehr beschäftigt, sagt Gabriele: »Und mit Ende dreißig bin ich noch in dem Alter, in dem ich ein Kind bekommen kann.«

Frauen, die einen Mann fürs Leben suchen, haben oft andere Kriterien im Hinterkopf als Frauen, für die das keine Rolle spielt. Sie suchen einen Mann, der auf keinen Fall in einer festen Beziehung stecken darf. Andere Frauen suchen gerade im Gegenteil einen *vergebenen* Mann. Es kommt eben darauf an, welche Absichten man hat. Auf der Suche nach einem unverbindlichen One-Night-Stand kann es ratsamer sein, einen bereits gebundenen Mann zu bevorzugen. Die Gefahr, dass er einem die Tür einrennt, morgens nicht nach Hause will und die Wochenenden schon gemeinsam plant, ist geringer. Und deswegen eben praktischer – wenn man es möchte.

Bedürfnisse können sich ändern. Wenn ich in einer bestimmten Phase meines Lebens viele Abenteuer hatte und nichts anbrennen ließ, so kann ich heute auf der Suche nach dem Mann fürs Leben sein. Oder umgekehrt, wie bei Sarah. Früher war sie auf Beziehungssuche. »Da dachte ich immer: Du musst den lieben. Das war der Hauptgrund, um mit jemandem zu schlafen.« In einer späteren Phase wollte sie einfach ihren Spaß, nicht mehr und nicht weniger: »Da ging es nur darum, meine Lust auszuleben, und es war für mich vollkommen klar, dass da null Liebe, null Verliebtsein, gar nichts dahintersteckt.«

Wenn man nicht weiß, was man will

Sie glauben, dass Sie zurzeit nur auf erotische Abenteuer aus sind und wundern sich, warum alle Männer die Flucht ergreifen? Oder Sie sind auf der Suche nach einer Liebesbeziehung, ernten aber ausschließlich eindeutige Angebote? Passen Angebot und Nachfrage nicht zusammen? Dann haben Sie wahrscheinlich gerade die falsche Ausstrahlung. Und es geht Ihnen wie Tanja. »Ich wünschte mir total einen festen Partner und traf nur auf Männer, die eine Nacht mit mir verbringen wollten. Und obwohl mir Sex Spaß macht, dachte ich: Nein, das will ich nicht.« Und umgekehrt gilt natürlich das Gleiche: Auf der Suche nach Spaß und Abenteuer begegnen uns manchmal nur Männer, die uns nach der ersten Nacht am liebsten ihren Eltern vorstellen wollen. Wie kommt es zu solchen Diskrepanzen?

In manchen Phasen hat man eine falsche Ausstrahlung, erklärt Theo Gilbers. Wenn es uns nicht gut geht, wenn gerade etwas schief gelaufen ist, wir uns schwach fühlen, vielleicht gerade eine Trennung hinter uns haben, eine schmerzhafte Abfuhr erlebt haben und die Einsamkeitsgefühle sehr stark sind, laufen wir Gefahr, in die Falle zu tappen. Da sehnen wir uns nach Spaß, Lebensfreude, Abwechslung, Leichtigkeit, Flirts. Dummerweise sind Männer, die genau das ausstrahlen, ihrerseits eher auf der Suche nach Abenteuern. Und glauben, das ist auch genau das, was wir wollen. Stimmt aber nicht. Und wenn wir dann nach der ersten Nacht die Finger nach ihnen ausstrecken und mehr wollen, vergraulen wir sie. »Das geht immer schief, wenn ich denke, der andere will auch nur seinen Spaß, und dann will er mich plötzlich heiraten«, erklärt Gilbers. Es sei die logische Folge: »Wer nur einen One-Night-Stand wollte, dann aber den Beziehungswunsch des anderen riecht, muss gehen.«

Das Ende vom Lied: Sie sitzen allein zu Hause, sind das heulende Elend. Sie fühlen sich schlecht behandelt: verlassen, betrogen, benutzt. Schlimm – aber letztlich hausgemacht. Seien Sie nicht gekränkt, wenn andere Menschen eine andere Ausstrahlung an Ihnen wahrnehmen, rät Gilbers, sondern gehen Sie konstruktiv mit der Diskrepanz um: »Man kann es als eine interessante Rückmeldung verbuchen à la: Aha, so wirke ich also zurzeit.« Und: Wenn wir uns wohl fühlen und es uns gut geht, sind wir relativ gefeit davor, falsche Signale auszusenden – und entsprechend falsche Reaktionen zu bekommen.

Vielleicht hat sie manchmal ein falsches Signal durch das falsches Tempo gesetzt, überlegt Kristina. Sie suchte einen Mann für eine feste Beziehung. Was sie fand, war häufig etwas anderes. Im Nachhinein glaubt sie, dass sie hätte langsamer sein sollen: »Manchmal bin ich vielleicht zu schnell mit den Männern ins Bett gegangen, nur aus einer Laune heraus, anstatt vorher zu gucken, ob das überhaupt tragfähig ist, ob es überhaupt die Chance auf eine Beziehung gibt.«

Frauen fällt es schwer, zu ihren Bedürfnissen zu stehen. Sie wagen nicht, sich selbst – und anderen – einzugestehen, was sie suchen. Vielleicht suchen sie Liebe, bieten aber Sex an. Sie rechnen so: Ich will mit ihm zusammensein, also schlafe ich erst mal mit ihm, und vielleicht ist er dann so nett und bleibt. Aber Sex ist keine Tauschware. Sex ist Sex, mehr nicht. »Solange Frauen nicht zu ihren wahren Bedürfnissen in der Sexualität stehen, solange sie Sexualität als Tauschware gegen Liebe einsetzen«, mahnt die Psychotherapeutin Sigrid Steinbrecher, »werden sie immer zu kurz kommen.«[116]

Beispiel Seitensprungagentur: Eigentlich, so sollte man vermuten, ist es eindeutig, mit welchen Absichten sich Männer und Frauen an eine Agentur wenden, deren Name Programm ist. Vermittelt die Agentur einen Kontakt, geht es um Sex. Um eine Nacht oder höchstens eine erotische Affäre. Und eben nicht um Liebe. Männern ist das klar, vielen Frauen aber nicht. Sie kommen nach dem ersten Treffen ins Schleudern und vergessen ihre ursprünglichen Absichten. Nach der Erfahrung von Michaela Hellberg von der *Ersten Berliner Seitensprungagentur* sind Frauen bei Seitensprüngen immer mit Gefühlen dabei: »Wenn es schön war, wollen sie den Mann wiedersehen und ihn vielleicht sogar ganz haben.« Es sei daher schon häufiger vorgekommen, dass Frauen sich von ihrem alten Partner trennen wollten, um mit dem Seitensprung eine neue Bindung einzugehen. Bestimmt gibt es auch Frauen, die tatsächlich nur einen One-Night-Stand wollen, vermutet Michaela Hellberg, aber das seien die Ausnahmen.

Nach einem Seitensprung neigen Frauen dazu, ein schlechtes Gewissen zu haben. Im Gegensatz zu Männern. Frauen betrachten einen Seitensprung häufig als potenziellen ersten Kontakt – und nicht als einmaliges Erlebnis. »Sie rufen hinterher bei uns in der Agentur an und verstehen die Welt nicht mehr. Da haben sie einen tollen Abend mit einem Mann erlebt und begreifen nicht, warum der sich nicht mehr meldet. Und dann wollen sie wissen, ob dieser Mann sich bei uns mit anderen Frauen vermitteln lässt.« Männer interessiert das nicht, so Michaela Hellberg: »Selbst wenn die Frau, mit der ein Mann einen Seitensprung hatte, sich fünfmal jeden Tag mit einem anderen vermitteln ließe – ist das den Männern egal!«

Das mag an den unterschiedlichen Motiven bei Frauen und Männern liegen. Männer gehen fremd, weil sie Sex mit einer anderen Frau haben wollen und sexuelle Selbstbestätigung suchen. Ein Mann, der sich auf einen Seitensprung einlässt, ist mit seiner Partnerschaft in der Regel nicht unzufriedener als einer, der nicht fremd geht. Wenn Frauen sich dagegen auf einen Seitensprung einlassen, tun sie das häufig, um einen Partnerwechsel vorzubereiten. Auch sie sind auf der Suche nach Selbstbestätigung, fühlen sich aber in ihrer aktuellen Beziehung nicht wohl. Sie sind sexuell unzufrieden, haben sich von ihrem Partner innerlich entfernt oder bekommen nicht genügend Aufmerksamkeit von ihm. Nicht selten ist auch Rache das Motiv für das Fremdgehen. Der Partner soll wachgerüttelt und für die Nichtbeachtung *bestraft* werden.[117]

In der Praxis der Stuttgarter Familientherapeutin Isolde Schaugg landen Paare, die sich in der Krise befinden, weil einer von beiden eine außereheliche Affäre eingegangen ist: »Bei Seitensprüngen der Frau spielt der Neue oft überhaupt keine Rolle. Es geht nicht um ihn, sondern um ihren festen Partner.« Der – gestandene oder aufgedeckte – Seitensprung soll quälende Fragen beantworten, wie Isolde Schaugg berichtet: »Mag er mich noch? Wird er eifersüchtig? Welche Bedeutung habe ich noch für ihn? Wie kriege ich sein Interesse zurück?« Mit einem Seitensprung, so die Familientherapeutin, »locken Frauen ihren Partner hinter dem Ofen hervor«.

Und manchmal ahnen wir, was wir suchen und wonach uns der Sinn steht, mögen aber nicht auf unsere inneren Stimmen hören. Die Sextherapeutin Maggie Tapert erzählt von einer Klientin, die jahrelang behauptete, ausschließlich Sex bei Männern zu suchen. Bloß keine verbindliche Beziehung! »Die Wahrheit sah anders aus: Ihre Sehnsucht nach einer Beziehung war das tiefste Gefühl in ihr, das sie überhaupt hatte. Alles andere war reine Fassade. Sie hatte sich das Image zugelegt, nur Sex und keine Verpflichtung zu wollen, um sich zu schützen und um attraktiver für Männer zu sein.« Schließlich lernte sie einen Mann kennen, der ihr sehr gut gefiel und den sie gerne als Partner gehabt hätte. Das Resultat: Sie war verletzt, weil er sich ihrem Image entsprechend verhielt und lediglich eine sexuelle Begegnung wollte. Und er war verletzt, weil sie ihm etwas vorgemacht hatte und plötzlich mit emotionalen Ansprüchen an ihn herantrat.

Ein weiterer Grund, warum wir manchmal zwischen den Stühlen sitzen: Da glauben wir genau zu wissen, was wir suchen – um festzustellen, dass wir gleichzeitig auch Widerstand gegen das Gewünschte in uns tragen. Vielleicht sehnen Sie sich nach einer Liebesbeziehung, einerseits. Andererseits wollen Sie aber den Status quo erhalten. Sie haben sich Ihr Leben als Single so schön eingerichtet, sind engagiert im Beruf, haben viele Freunde und Bekannte; Ihr Leben ist ausgefüllt und im Großen und Ganzen gut. Wo soll da noch Platz sein für einen anderen Menschen, der Zeit, Energie und Aufmerksamkeit beansprucht, der Ihr wohlgeordnetes Leben durcheinanderwirbelt?

Nicht zu vergessen, dass Ihr neuer Partner in so viele Dinge seine Nase stecken wird: was Sie mit Ihrer freien Zeit anfangen, mit wem Sie Ihren Urlaub verbringen, was Sie mit Ihrem Geld machen. Der bekannte Soziologe Ulrich Beck beschreibt die Situation treffend: »Dies alles wird durch die erhoffte Zweisamkeit in seiner mühselig austarierten Feinbalance gefährdet. Die Konstruktionen der Selbständigkeit werden zu Gitterstäben der Einsamkeit.«[118] Es kann also sein, dass Sie zwar eine Partnerschaft suchen, zugleich aber Angst vor dem Preis haben, den Sie dafür zahlen müssen.

Beide wollen mehr

Manchmal weiß man von Anfang an, wie es weitergeht – nämlich *dass* es weitergeht. Und diese Klarheit ist für viele Frauen entscheidend. Wie Therese erzählt: »So eine ganz spontane erste Nacht wollte und hatte ich – fast – nie.« Die Männer, mit denen sie im Bett landete, kannte sie vorher schon gut. Das war ihr wichtig, schließlich war sie immer auf der Suche nach langfristigen Beziehungen: »Ich hatte mit den Männern schon länger Kontakt, wir kannten uns gut, und eigentlich war es vorher immer klar, dass es weitergehen wird.« Auch ein Grund dafür, dass sie die meisten Morgen mit neuen Männern in guter Erinnerung hat: »Am Morgen danach empfand ich deshalb meist eine große Freude, weil ich endlich etwas bekommen hatte, was ich mir schon lange gewünscht hatte.«

Bei Sabine kam mit Kai, mit dem sie ziemlich spontan geschlafen hatte, erst anschließend etwas ins Rollen – ungeplant und unerwartet. Schön, aber auch schwierig, da beide in anderen Beziehungen lebten: »Nach der ersten Nacht gab es plötzlich so viele Gefühle zwischen uns. Und es ging weiter mit uns. Aber immer wieder musste Kai gehen. Wir kamen einfach nicht zusammen, weil wir in verschiedenen Städten lebten und vor allem, weil wir beide eine Familie haben.«

Auch Stefanie merkte nach der ersten Nacht mit Jasper, dass sie auf jeden Fall mehr von ihm wollte. Das war ein Problem, denn er war in festen Händen. Die gemeinsam verbrachte Nacht wirbelte Stefanies Gefühle durcheinander: »Zwei, drei Tage habe ich es erst mal auf mich wirken lassen. Sexphantasien, die ich manchmal tagsüber habe, hatte ich in diesen Tagen überhaupt nicht mehr. Wahrscheinlich war mein Körper noch voll von Gefühlen. Dann habe ich gedacht, ich könnte ihn ja mal anrufen. Aber was sollte ich sagen? Wie geht's? Oder: Ich habe Sehnsucht? Nee, geht auch nicht. Also was sagt man?« Sie war sich nämlich nicht sicher, welche Bedeutung die Nacht für Jasper hatte und traute sich nicht, gleich mit ihrem Interesse herauszurücken. Schließlich hat sie bei ihm angerufen: »Sein Anrufbeantworter war eingeschaltet. Ich sagte: ›Ich habe gerade an dich gedacht‹, dann habe ich schnell aufgelegt!« Wie ging es weiter? Jasper rief Stefanie zwar zurück, sprach mit ihr aber nur über Berufliches, nicht über die gemeinsame Nacht: »Das hat mich im Nachhinein geärgert«, erzählt Stefanie. Noch immer wusste sie nicht, wie er eigentlich zu ihr stand.

Verbreitet ist folgende Konstellation: Beide Partner wollen mehr als eine Nacht, aber die Bedürfnisse überschneiden sich nur für gewisse Zeit. Meistens machen Männer den Anfang: Sie baggern und legen sich mächtig ins Zeug, um erhört zu werden. Frauen genießen diese Zeit des Flirts und der Werbung, was auch daran liegt, dass sie in dieser Phase das beruhigende Gefühl haben, am längeren Hebel zu sitzen. Doch irgendwann kommt der Tag X. Sie verbringen eine Nacht miteinander. Von diesem Moment an dreht sich der Spieß um: Nun sind es die Frauen, die am Telefon sitzen und auf seinen Anruf warten.

Angelikas Geschichte ist exemplarisch: Martin hatte sie zunächst regelrecht belagert, und sie hatte zuerst wenig Interesse. »Er war nämlich überhaupt nicht mein Typ. Er hat mir zu viel gequatscht.« Als sie sich schließlich auf ihn einließ, ging es wider Erwarten schön weiter. Angelika verliebte sich in Martin und war plötzlich ganz überrascht, als sie feststellte, wie viel ihr an ihm lag: »Ich hätte nie gedacht, dass ich mal so auf diesen Mann abfahren würde!« Doch aus heiterem Himmel verlor er das Interesse an ihr: »Auf einmal hat er auf Abstand gemacht. Er brauchte wohl eine Eroberung. Das hat er bei mir ziemlich hart gehabt. Ich mache es den Männern nicht so leicht.« Bei seinen anderen Ex sei es genauso gewesen, erzählte Martin ihr: Erst umwarb er sie mit großem Getöse und verlor dann rasch das Interesse. Drei Monate hatten er und Angelika eine Beziehung, »und die haben wir dann langsam ausklingen lassen«.

Wenn beide es nur einmal wollen

Die Journalistin Dorothee Schmitz-Köster befragte eine Reihe von Single-Frauen nach ihrer Einstellung zu One-Night-Stands. Das Ergebnis fasste sie zusammen: »Die bewusste Suche nach One-Night-Stands ist demnach nur eine Phase – die einige Frauen durchleben wollen oder durchleben müssen: Weil sie Nachholbedarf empfinden und dann auf den Geschmack kommen, weil sie sich nach Sex oder Nähe sehnen und dies ein Weg ist, Sex oder körperliche Nähe zu bekommen.«[119] Die Frauen gaben an, nicht bewusst nach Affären für eine Nacht zu suchen. Dorothee Schmitz-Köster vermutet, dass noch zu viele Hemm- und Hindernisse einer aktiven und direkten Suche nach einem Liebhaber für eine Nacht im Weg stehen.

Fast alle Frauen haben eine längerfristige Beziehung im Sinn, wenn sie mit einem Mann schlafen. Das ergeben verschiedene Untersuchungen, wie mir der Partnerschaftsforscher Georg Felser bestätigt. Aber grundsätzlich könne man nicht behaupten, dass Frauen *immer* eine Liebesbeziehung und *nie* einen One-Night-Stand suchen: »Die Bereitschaft zu kurzfristigen Sexualkontakten ist bei Menschen unterschiedlich stark ausgeprägt. Manche haben eine grundsätzliche Bereitschaft dazu, und für andere kommt das überhaupt nicht in Frage.« Langfristige Sozialkontakte suchen die meisten Menschen. Die Frage ist nur, ob kurzfristige Sexualkontakte *auch* in Betracht kommen.

Die Auswahlkriterien unterscheiden sich je nachdem, was wir von dem Mann wollen: »Für kurzfristige Sexualkontakte hat die physische Attraktivität ein relativ großes Gewicht. Bei langfristigen Kontakten hingegen wird das Aussehen des Partners zwar nicht unwichtig, aber es kommen andere Dinge hinzu«, erklärt Georg Felser. Bei längeren Kontakten kann die mangelnde Attraktivität mit anderen Merkmalen ausgeglichen werden. Sprich: Wer nur einen One-Night-Stand sucht, möchte dazu einen möglichst attraktiven Partner haben. Wer dagegen auf der Suche nach dem Mann fürs Leben ist, macht beim Aussehen Abstriche, wenn er ansonsten viel zu bieten hat.

Dass beide es nur einmal wollen, muss nicht immer von Anfang an geplant sein, wie Friederike es erzählte: »Es fing ganz nett an mit Boris, ging aber leider nicht so weiter. Es war für uns nicht zufriedenstellend, wir merkten beide, dass es sexuell nicht so richtig passt.« Am Morgen hatte Friederike das Gefühl, dass sie sich die Nacht besser gespart hätte – ein Gefühl, das durch das Verhalten von Boris noch verstärkt wurde: »Er tat so, als wäre nichts gewesen zwischen uns. Er zeigte gar keine Reaktion, keine Verbindung, und leugnete dadurch, was zwischen uns geschehen ist.« Sehr ärgerlich, wie sie fand: »Das passte nicht. Unter erwachsenen Leuten kann man auch anders damit umgehen. Man kann sagen: Okay, das war vielleicht nicht klasse!«

Das ist eine Möglichkeit: Man lässt es bei der einen Nacht, weil einer oder beide keine Lust auf eine Fortsetzung haben. Kann aber auch sein, dass sich beide von Anfang an einig sind, der ersten Nacht keine zweite folgen zu lassen. Obwohl der Sex für beide erfüllend war. Wenn sich die Nacht spontan ergeben hat zum Beispiel, wenn es aus einer bestimmten Situation heraus dazu gekommen ist, wenn die Atmosphäre ausschlaggebend war für den erotischen Reiz – das lässt sich nicht planen und wiederholen. Julia erzählt von so einer Nacht: »Alles hat haargenau gestimmt zwischen Patrick und mir. Wir waren beide Single, waren im Urlaub und hatten einfach nur großen Spaß miteinander!« Alles war richtig in dieser Nacht, und: »Es gab nichts, weswegen ich mich hätte mies fühlen müssen.«

Michaela Hellberg hat durch ihren Job in der Seitensprungagentur täglich mit Wünschen nach unverbindlichem Sex zu tun. Welche Haltung sollte man ihrer Meinung nach einnehmen, wenn man sich auf ein kurzes sexuelles Abenteuer einlässt? »Genießen und nicht weiter darüber nachdenken! Wenn man Lust hat, sollte man es tun, und nicht anschließend überlegen, ob das jetzt wohl falsch oder richtig war.« Diese Haltung findet sie allerdings vorwiegend bei ihren männlichen Kunden. Die sind mit den Gefühlen nicht bei der Sache, sagt sie: »Männer müssen sich erst verlieben, um mit dem Herzen dabei zu sein. Ansonsten ist es für sie der reine Sex.« Bei Kundinnen der Agentur, so vermutet sie, sind immer Gefühle dabei, die nicht in erster Linie sexuell sind: »Frauen können das wohl gar nicht abstellen.«

Er will, sie aber nicht

Beide träumen nach dem ersten Mal schon von der hundertsten Nacht, die sie gemeinsam erleben werden – schön. Beide sagen nach der ersten Nacht: Danke, das war's – auch gut. Schwierig wird es erst dann, wenn beide unterschiedliche Wünsche haben. Weil ihre Bedürfnisse zum Beispiel entgegengesetzt sind: Da trifft ein Single auf Beziehungssuche jemanden, der in einer festen Beziehung lebt. Das riecht nach Kummer und Stress. Der eine schreit nach Sicherheit, der andere nach Abenteuer. Als Single träumen Sie von langen Spaziergängen Hand in Hand, vom Kuscheln vorm Fernseher, von trauter Zweisamkeit. Und wenn Sie bereits gebunden sind und das alles täglich haben oder zumindest haben könnten, reizt Sie das Abenteuer, die sexuelle Abwechslung. Kicks and Thrills statt Beziehungs-Alltag! Eine Schieflage, durch die emotionales Chaos vorprogrammiert ist.

Wer am nächsten Morgen merkt, dass der Liebhaber kein Kandidat für eine Beziehung (und sei es eine rein sexuelle) ist, aber merkt, der andere ist in diesem Punkt völlig anderer Ansicht, hat ein Problem: Wie zieht man sich aus der Affäre? Was tun, wenn der andere sein Interesse outet und um eine Fortsetzung bittet? Bettina erzählte von der »absolut blöden, überflüssigen Nacht«, die sie mit Jürgen verbracht hat. Es war für sie sonnenklar, dass sie mit ihm sexuell überhaupt nichts anfangen kann. Wiedersehen – nein danke! Und das wollte sie ihm auch sagen, nett verpackt zwar, aber nichtsdestoweniger deutlich. Entsprechend gerüstet traf sie Jürgen wieder. Gerade als sie ihm sagen wollte, dass er sich keine Hoffnungen machen sollte, sagte er ganz zerknirscht: »Bestimmt willst du mir jetzt sagen, dass du kein Interesse an mir hast und dass wir uns nie wiedersehen!« Bettina fühlte sich miserabel, bekam Schuldgefühle – und brachte es nicht übers Herz, ihm zu sagen, dass er mit seiner Einschätzung Recht hatte. Er hatte ihr den Wind aus den Segeln genommen. Und so trafen sie sich wieder – und wieder und wieder, wochenlang. Bis sie endlich den Knoten durchschlug.

Schuldgefühle verhindern, dass wir uns so verhalten, wie es für uns richtig wäre. Frauen haben die Tendenz, eher Rücksicht auf die Gefühle des anderen zu nehmen, als auf ihre eigenen zu hören.

Frauen wollen geliebt werden, selbst von Menschen, denen sie keine Liebe entgegenbringen. Deshalb versuchen sie folgendes Kunststück: Sie mühen sich ab, dem anderen klarzumachen, dass er als Partner nicht in Frage kommt. Und gleichzeitig versuchen sie, ihn weiter an sich zu binden und an der langen Leine zu halten. Er soll uns zwar nicht mit seinen emotionalen Ansprüchen auf den Wecker fallen, uns aber bitte schön trotzdem anschmachten bis in alle Ewigkeit. »Wir alle wollen gerne von allen geliebt werden, und genau da liegt das Problem. Im Grunde unseres Herzens möchten wir lernen, so ›Nein‹ zu sagen, dass der oder die andere dennoch in uns verliebt bleibt.«[120]

Es ist schwer damit klarzukommen, meint Sarah, wenn sie merkt, dass sie einen Mann so schnell wie möglich loswerden möchte: »Aufzuwachen – oder sogar einzuschlafen – mit dem Gedanken, dass ich den nicht neben mir haben will, ist immer verdammt stressig.« Anstatt einzuschlafen oder zu gehen zerbricht sie sich den Kopf darüber, was sie ihm am nächsten Morgen erzählen soll. Brigitte versucht, sich in solchen Situationen möglichst eindeutig zu verhalten. Wenn sie merkt, mehr als eine Nacht wird mit dem anderen nicht herausspringen, lässt sie erst gar keine große

Vertrautheit aufkommen: »Dann will ich keine überflüssige Zeit mit ihm verbringen, weder frühstücken noch lange unterhalten danach.«

Angelika zermarterte sich auch zunächst den Kopf, wie sie sich Martin gegenüber verhalten sollte. Für sie war zu diesem Zeitpunkt noch überhaupt nicht klar, ob sie sich weiter mit ihm treffen wollte. »Er war am nächsten Morgen sehr entspannt, wollte gerne da weitermachen, wo wir in der Nacht aufgehört haben, und wäre am liebsten den ganzen Tag in meinem Bett geblieben. Ich war zurückhaltend, weil ich Zeit für mich brauchte. Deshalb habe ich es relativ schnell ausklingen lassen und zu ihm gesagt: ›Ich muss etwas erledigen. Wir können noch zusammen frühstücken, aber dann wäre es nicht schlecht, wenn du gehst.‹« Für Martin war die Sache schon entschieden: Durch den Sex war für ihn der Startschuss zu einer Beziehung gefallen. Angelika aber wollte erst mal in Ruhe darüber nachdenken. Außerdem nagten Schuldgefühle an ihr und sie machte sich Vorwürfe, weil sie glaubte, eine schlechte Entscheidung getroffen zu haben. Schließlich war sie zunächst sicher, dass er nicht ihr Typ ist. »Aber ich dachte: Okay, probierst du es mal aus, wie es so ist mit ihm, und lebst einfach deine Lust aus.«

Fair Play

Wie geht es weiter, wenn es nicht weitergehen soll? Schließlich ist es nicht nur schwierig, eine Abfuhr zu bekommen, sondern auch, sie zu erteilen. Wir wollen den anderen nicht verletzen und wollen auch selbst nicht schlecht dastehen. Sobald wir ihm mitteilen, dass er sich besser keine Hoffnung auf eine Fortsetzung machen solle, befürchten wir, seinen Zorn auf uns zu ziehen und in seinen Augen als eiskalte, hartherzige Person zu gelten. Und wie schon beschrieben, gibt es noch einen anderen Grund, warum wir nicht Tacheles reden: Es ist immer schmeichelhaft, begehrt und gewollt zu werden. Ein Fan weniger, schade! Trotzdem: Es gehört zum Fair Play, den anderen nicht hinzuhalten und ihm nichts vorzumachen.

Wie schafft man die nötige Klarheit? Das wollen Klienten der *Ersten Berliner Seitensprungagentur* manchmal von Michaela Hellberg und ihren Kollegen wissen. Der einfachste und beste Weg: »Direkt sein! *Mehr möchte ich nicht* sagen zum Beispiel. Ehrlich mit dem anderen umgehen, wenn man nichts von ihm will.«

Wichtig ist es, selbst zu äußern, was man möchte, anstatt darauf zu warten, bis der andere etwas sagt, rät auch die Flirtlehrerin Sylvia Baeck den Teilnehmern in ihren Seminaren. Nach einer ersten Nacht gäbe es drei Möglichkeiten, wie man sich den weiteren Verlauf wünscht, und das sollte man auch formulieren, so Baeck. Die erste Möglichkeit: Sie wollen den Mann wiedersehen. Wenn Sie das bereits gleich am Morgen danach wissen, sollten Sie ihm das auch sagen, bevor Sie gehen.

Die zweite Möglichkeit: Sie sind sicher, mit ihm nichts weiter anfangen zu wollen. Auch das sollten Sie ihm direkt und freundlich sagen, und zwar so früh wie möglich. »Das muss man nicht im Detail begründen, weil das zu verletzend wäre. Trotzdem darf es nicht an der nötigen Klarheit mangeln.« Seien Sie aber deutlich! Sagen Sie, dass Sie sich ganz sicher sind und genau wissen, dass Sie ihn nicht wiedertreffen wollen.

Und die dritte Variante: Sie wissen noch nicht genau, was Sie möchten. Vielleicht wollen Sie ihn wiedersehen, vielleicht auch nicht. Erst mal alles in Ruhe sacken lassen! Aber auch das kann man sagen. Und dann sollten Sie sich nicht zu viel Zeit lassen, nicht mehr als ein paar Tage, bis Sie sich entscheiden. Sylvia Baeck: »Für den anderen ist es wichtig zu wissen, ob es überhaupt Sinn macht, sich ins Zeug zu legen und weiter um Sie zu werben. Wenn Sie ganz sicher sind, ihn bestimmt nicht zu wollen, ist es unfair, ihn im Ungewissen zu lassen.« Was im Übrigen wichtig ist: Beide sollten beim ersten Auseinandergehen wissen, woran sie sind – ob Variante eins, zwei oder drei zutrifft.

Was selbstverständlich für Frauen sein sollte: Wie immer Sie die Nacht fanden, ziehen Sie danach nicht über den anderen her! Sex ist *die* Achillesferse. Wie Caroline mir zum Beispiel erzählte, befürchtete sie schon mehrmals, dass ein Mann schlecht über sie reden könnte, nachdem sie mit ihm geschlafen hatte: »Dass er erzählt, die bringt es nicht, davor hatte ich Angst. Dass er etwas Falsches über mich erzählt.« Bei Jugendlichen und jungen Erwachsenen, berichtet Anja Wilser vom *Mädchengesundheitsladen* in Stuttgart, sind vor allem die Jungen sehr dadurch zu treffen, wenn man ihnen im Nachhinein *mangelnde Leistung* attestiert. »Aber Mädchen neigen ja nicht so dazu, mit Bettgeschichten zu prahlen oder es in ihrer Mädchenclique herumzuerzählen. Sie reden nicht in größeren Gruppen darüber, sondern nur mit der besten Freundin.«

Sie will, er aber nicht

»Wenn ich mehr von einem Mann will, habe ich schon Angst, mein Interesse zu zeigen«, sagt Sonja, »schließlich will ich nicht ins offene Messer laufen.« Ihre Befürchtung: Sie signalisiert Interesse und er sagt, eigentlich war es das jetzt. »Das wäre einfach kränkend.«

Sie haben die Nacht mit einem Mann verbracht und er will Sie danach nicht mehr sehen. Die Abfuhr verursacht ein mieses Gefühl, es ist eine Niederlage. Und Niederlagen lösen Zweifel aus: Warum will er mich nicht mehr sehen? Gefalle ich ihm nicht? Habe ich etwas falsch gemacht? War ich nicht gut im Bett (was immer das heißen mag)? Frauen wollen für den Mann, mit dem sie geschlafen haben, etwas Besonderes sein. Er soll sich an sie erinnern – gut natürlich, und am besten für immer.

»Wenn mir ein Mann gefällt, zeige ich schon, dass ich ihn gerne wiedersehen möchte«, sagt Friederike. Sie findet es schön, nach einer gemeinsamen Nacht in guter Verbindung zu bleiben: »Und natürlich fühle ich mich dann abgewiesen, wenn er sagt: ›Nee, das war es dann.‹« Völlig normal, erst mal gekränkt zu sein, wenn man abgelehnt wird. Manche Frauen geben das bloß nicht zu, erzählt Sylvia Baeck, das erlebt sie immer wieder in ihren Kursen. Besonders Frauen, die als sehr selbstbewusst gelten wollen, haben Schwierigkeiten damit, sich diese Kränkung einzugestehen. Wobei das Problem gar nicht einmal die Kränkung ist, sondern die Frage, wie wir damit umgehen. Kränkungen kann man nicht vermeiden, aber: »Die Frage ist, wie lange ich mir danach die Wunden lecken muss. Hole ich dreimal tief Luft, ärgere mich den halben Tag, heule mich bei einer Freundin aus und wüte herum«, sagt Sylvia Baeck, »oder ziehe ich mich monatelang zurück von der Männerwelt und denke, ich habe es eben nicht besser verdient?« Männer, so weiß sie aus ihren gemischten Gruppen, haben im Übrigen die gleichen Ängste vor der Ablehnung, überspielen sie aber häufig.

Frauen reagieren selten sportlich auf eine Abfuhr. Sie suhlen sich lieber im Leid und lassen ihr Selbstbewusstsein tief in den Keller rutschen. Sie müssen akzeptieren, dass sie niemanden zwingen können, sie zu wollen: »Wenn Sie sich Mr. Right ausgesucht haben, er aber nicht auf Sie reagiert, können Sie ihn mit keinen Regeln der Welt in sich verliebt machen«, betont die Journalistin Regina Müller in ihrem Buch *Für mich soll's rote Rosen regnen.* Man kann keine Wünsche und Gefühle in jemanden einpflanzen, die er von sich aus nicht hat: »Sie erreichen bestenfalls eine gemeinsame Nacht, machen dadurch aber – wenn es Sie erwischt hat – Ihre Qualen nur noch größer.«[121]

Auf keinen Fall sollte man versuchen, sich dem Mann anzubiedern, um ihn doch noch für sich einzunehmen. Carla hat dazu einen klaren Standpunkt: »Bloß nicht verbiegen für einen Mann! Ich verstelle mich nicht. Ob das dem Mann gefällt oder nicht, das muss er entscheiden. Und wenn's ihm nicht gefällt, dann muss er eben nicht wiederkommen. Dann habe ich mit Zitronen gehandelt. Pech!«

Vielleicht geht es ja auch gar nicht um diesen Mann, mit dem man gerade eine Nacht verbracht hat. Da legen wir uns zwar ins Zeug und glauben, ihn unbedingt haben zu wollen – und dabei würden wir bei genauerem Hinsehen sofort merken, dass er kein geeigneter Kandidat ist. Aber wir sehnen uns so nach einer Beziehung, wir wären so gerne mal wieder verliebt – und der Liebhaber von letzter Nacht ist einfach gerade der Einzige in greifbarer Nähe. Und schwupps, denken und phantasieren und reden wir ihn uns passend. So lange, bis wir selber glauben, er sei der Richtige.

Die Abfuhr erträglich gestalten

Wie überleben wir eine Abfuhr? Diese Frage bekommt Sylvia Baeck immer wieder von ihren Kursteilnehmern gestellt. Sie rät Frauen, sich die Katastrophe – den Supergau »Er will mich nicht!« – vorher in Gedanken auszumalen. Was wäre wenn? »Selbst wenn er mir sagen würde, ich sei die blödeste Kuh der Welt, na und?«, meint Baeck. »Dann wäre ich zwar gekränkt, aber immer noch besser, er sagt es mir nach der ersten Nacht als nach zwei Jahren!« Und außerdem: Wer möchte schon mit einem Mann zusammensein, der einen so behandelt? Ist er in dieser Situation respektlos, hart und unverschämt, wird er es in anderen auch sein. Und vor allem: Was bedeutet es schon, wenn ein Mann, der mich gerade mal an ein paar Tagen und in einer einzigen Nacht erlebt hat, mich nicht will? Nichts! Welche Macht würde ich ihm eigentlich über mich geben, wenn ich zuließe, dass er mich tief kränkt? Sylvia Baeck noch einmal dazu: »Sie können sich guten Gewissens sagen: Der kennt mich ja gar nicht, nur ein paar Äußerlichkeiten von mir. Der weiß ja gar nicht, was ihm alles durch die Lappen geht.«

Phantasierte Liebe

Was ich an anderer Stelle mit dem *Kopfkino der Frauen* beschrieben habe, setzt sich nach einer ersten Nacht fort. Frauen neigen dazu, sehr schnell eine Liebesgeschichte zu phantasieren, auch dort, wo noch – fast – gar nichts stattgefunden hat. Nach der ersten Nacht geht das große Kopfzerbrechen weiter: Was will er, was denkt er, was fühlt er? Soll ich ihn anrufen, und wenn ja, lieber heute oder besser morgen? Erste Nächte sind ein gefundenes Fressen für weibliche Phantasien.

Bei einer Befragung von mehr als 1000 Studenten fand

man heraus, dass Frauen sehr viel mehr über Liebesgeschichten nachdenken als Männer.[122] »Frauen lernen einen Mann kennen – und prompt haben sie schon den Ehevertrag im Kopf und sehen ihn als Vater ihrer Kinder«, meint auch Sylvia Baeck. Besonders bei manchen Schlüsselbegriffen wie Kinder, Heirat, Urlaub, so die Flirtlehrerin, fangen Frauen schnell an, »abzudriften und zu phantasieren«. Sie befinden sich in Gedanken häufig schon in einer Liebesbeziehung, während ihr Partner noch nicht mal weiß, ob er Interesse an einem Wiedersehen hat. Während er am ersten Morgen zufrieden ist, mal wieder eine nette Nacht erlebt zu haben, überlegt sie schon, ob sie lieber den Urlaub absagen soll, den sie mit Freunden geplant hat – vielleicht will er ja in einem halben Jahr mit ihr zusammen verreisen. Während er sich noch am gleichen Tag mit einem Freund zum Squash verabredet, liegt sie auf ihrem Bett, hört Liebeslieder und beschließt, vorerst doch noch nicht auf Wohnungssuche zu gehen. Wer weiß, vielleicht suchen sie ja über kurz oder lang gemeinsam. Frauen reservieren viel zu früh einen Platz in ihrem Leben für Mister X. Kein Wunder, dass sie enttäuscht und vor den Kopf gestoßen sind, wenn er es sich dann anders überlegt. Kein Wunder auch, dass ein Gefühl der Leere zurückbleibt.

Der klinische Psychiater Morton Shaevitz stellt fest, dass sich viele Frauen in der Phase des Kennenlernens falsch verhalten, »indem sie einer ›Beziehung‹, lange bevor der geeignete Zeitpunkt gekommen ist, eine zu große Bedeutung beimessen. Sie glauben, es sei etwas da, noch bevor dieses ›etwas‹ überhaupt Gelegenheit hatte, sich zu entwickeln.«[123]

Und manchmal entwickelt sich erst gar nichts, das Interesse bleibt einseitig – was wir aber nicht wahrhaben wollen. Wie die Stuttgarter Familientherapeutin Isolde Schaugg erzählt, können manche Menschen überhaupt nicht mit einem Korb umgehen: »Sie weigern sich, die negativen Signale des anderen wahrzunehmen. Solange die Abweisung nicht ganz eindeutig ist, machen sie weiter. Selbst wenn eine Frau einen Mann anruft und er nie zurückruft, hält sie das nicht davon ab, ihn immer wieder anzurufen.« Lieber sucht sie nach Gründen, warum er keine Gelegenheit hatte, sich bei ihr zu melden. Vielleicht hat er ja Stress im Job, ist krank oder auf Geschäftsreise. Für eine Frau, die sich so verhält, ist ein Korb immer auch eine persönliche Abwertung, und das kann sie nicht ertragen. Die Folge: Sie verfängt sich in einer Endlosspirale und hangelt sich von Hoffnungsschimmer zu Hoffnungsschimmer. Vielleicht wird sie ja doch irgendwann erhört, so glaubt sie, wenn sie sich nur besonders viel Mühe gibt. Und sind es dann irgendwann einmal zu viele Körbe, wird sie es genau aus diesem Grund nie wieder versuchen. Denn sich ständig abgewertet fühlen will auf Dauer niemand.

Frauen warten oft nicht ab, ob und wie sich die Beziehung entwickelt und nehmen ihr damit von vornherein die Leichtigkeit. Jeder Satz und jede Geste des anderen wird auf seine mögliche Bedeutung hin abgeklopft – erst recht nach einer gemeinsam verbrachten Nacht.

Doch das Entschlüsseln und Interpretieren bringt wenig und liefert genauso häufig richtige wie falsche Ergebnisse, erzählt Sylvia Baeck. Wahrscheinlich wäre selbst Kaffeesatzlesen genauer. »Eigentlich ist das Wahrnehmungsvermögen bei Frauen viel ausgeprägter und genauer als bei Männern«, sagt Sylvia Baeck, »aber durch den Hang der Frauen zum Interpretieren kehrt sich dieser Vorteil um ins Gegenteil.«

Was kann man tun, um der eigenen Phantasie nicht auf den Leim zu gehen? Vor allem gelassen bleiben und abwarten, ob sich nach der ersten Nacht mehr entwickelt. Und sich bewusst machen, dass die eigenen Phantasien und Wünsche dazu neigen vorauszugaloppieren: »Wenn ich mich dabei ertappe, kann ich mich zurückpfeifen: ›Halt, hör erst mal richtig zu‹«, rät Sylvia Baeck. »Und dann konzentriere ich mich wieder auf das, was ein Mann wirklich sagt, und nicht auf das, was ich gerne von ihm hören würde.«

Machen Sie auch den dritten Schritt vor dem ersten und zermartern sich das Hirn, ob der Liebhaber der letzten Nacht wohl mal Kinder haben will? Geben Sie es auf, es lohnt sich nicht. Kann sein, dass er der Vater Ihrer Kinder wird. Kann aber auch sein, dass Sie sich in drei Monaten nicht mehr an seinen Namen erinnern können. Sie wissen sowieso nicht, was die Zukunft bringt. Wenn Sie sich das nächste Mal dabei ertappen, in Gedanken schon viel weiter zu sein als in Wirklichkeit, steigern Sie die Befürchtungen ins Absurde: »Und was mache ich, wenn er vor mir stirbt?«

3. Was von ersten Nächten übrig bleibt

In Spielfilmen ändern erste Nächte ein ganzes Leben. Nichts ist danach mehr so wie vorher. Und im *richtigen* Leben, fernab der Klischees? Was bleibt übrig von einer ersten Nacht, fragte ich meine knapp fünfzig Gesprächspartnerinnen zwischen achtzehn und fünfzig Jahren. Wie urteilen sie im Nachhinein? Welchen Stellenwert haben manche Nächte für ihr weiteres Leben? Gab es Nächte, die wichtig waren: ein außergewöhnliches Ereignis, das Einfluss auf ihr weiteres Leben hatte? Haben erste Nächte etwas in ihnen verändert?

Und ich war neugierig, ob man aus dem Verlauf einer ersten Nacht schließen kann, wie es weitergeht. Also: Ist die Nacht ein Indikator, ob aus dem Kontakt eine Liebesbeziehung wird? Wissen oder ahnen Frauen währenddessen oder am Morgen danach, ob die Beziehung ausbaufähig ist? Und woran genau könnte man das ablesen?

Um es noch mal zu betonen: Erste Nächte müssen keine weiterreichende Bedeutung haben. Wir verbringen eine Nacht mit einem Mann, weil wir ihn reizvoll finden, weil wir Spaß am Sex haben, weil wir gerade in Stimmung dazu sind – mehr nicht. »Manchmal ist es pure Lust«, wie Sonja sagt. Man muss nicht nach Bedeutungen suchen, wo keine sind. Lust muss nicht den Moment überdauern. Aber manchmal tut sie das – beabsichtigt oder nicht – trotzdem.

Neue Erfahrung

Sieben Jahre lang lebte Monika in einer festen Beziehung. Dann verbrachte sie eine Nacht mit Gerd und war erstaunt, wie anders der Sex war: »Es war sehr schön. Und trotzdem gab es da etwas ganz Fremdes. Gerd war nach sieben Jahren Beziehung der erste andere Mann für mich. Und es war wirklich anders: Er roch anders und hatte ein ganz anderes Tempo, so ein Tempo wie beim Bergsteigen. Sehr bedächtig und besonnen.« Eine ganz neue Erfahrung, die Monika erst mal irritierte.

Einige Frauen erzählten, dass sie gerade die Nächte als besonders empfanden, die nach einer längeren Zeit der sexuellen Abstinenz stattgefunden hätten. Stefanie hatte lange Zeit weder eine Beziehung noch eine Affäre. Und als dann die Nacht mit Jasper bevorstand, war sie sehr aufgeregt und unsicher. Im Nachhinein versteht sie diese Nacht als Startschuss und beruhigendes Signal, nach dem Motto: Was man einmal kann, das verlernt man nicht. Stefanie erzählt: »Es war einfach nur wunderschön, keine weggeworfene Nacht, die ich mir hätte sparen können. Ich dachte, jetzt ist endlich die Zeit der Abstinenz vorbei, jetzt habe ich's mal wieder erlebt. Es geht noch! Und es hat sich gelohnt.« Zudem war es eine neue Erfahrung für sie: Bis zu dieser Nacht wollte sie nach dem Sex immer alleine bleiben, und nun stellte sie fest, wie schön es sein kann, zusammen einzuschlafen. Stefanie fand es spannend, dass sie plötzlich ganz anders fühlte als jemals zuvor: »Ich war froh, dass Jasper die Nacht geblieben ist. Normalerweise schickte ich immer alle weg.« Daher war sie überrascht, als sie den Wunsch spürte, bei ihm zu bleiben: »Normalerweise schlafe ich allein, selbst als ich in einer Beziehung lebte. Aber mit ihm habe ich total eng umschlungen geschlafen. Dabei dachte ich immer, das könnte ich gar nicht. Und es war wunderbar! Eine schöne, neue Erfahrung: morgens aufzuwachen und da ist einer neben dir.«

Eignungstest

Die erste Nacht ist für Angelika *der Test*. Hier stellt sich heraus, ob der Mann als Partner in Frage kommt, ob er geeignet ist für mehr. Da Sex für sie ein wesentlicher Bestandteil der Beziehung ist, will sie vorher wissen, ob das auch funktionieren wird und ob sich die investierten Gefühle überhaupt lohnen: »Für mich spielt Sex in der Partnerschaft eine große Rolle, und wenn das nicht gut funktioniert, geht es mir in der Beziehung auch nicht gut.« Die Konsequenz, die sie daraus zieht: Schon sehr bald, wenn sie einen Mann kennen lernt, der ihr gefällt, schläft sie mit ihm – um ihn zu testen. Schließlich, so sagt Angelika, ist sie auf der Suche nach einem Mann, mit dem sie eine Familie gründen will: »Ich gucke schon, wer könnte Vater meines Kindes werden, mit wem kann ich eine Weile leben.« Aber in die engere Auswahl kommt eben nur ein Mann, mit dem sie auch Spaß beim Sex hat.

Miese Erfahrung

Von den konkreten unschönen Folgen erzählte mir Therese. In einer ersten Nacht platzte beim Sex das Kondom. Sie machten gerade Urlaub in Dänemark: »Dadurch war der Morgen danach ziemlich beschissen. Zumal wir im Ausland waren, und da war es nicht so leicht, eine Apotheke zu finden, um die Pille danach zu bekommen.« Was ihnen zum Glück gelungen ist. Denn auch eine ungewollte Schwangerschaft kann das Ergebnis einer ersten Nacht sein.

Erfolgserlebnis

Erste Nächte stärken das Selbstbewusstsein. »Das ist eine Art von Erfolg, wenn du denjenigen ins Bett gekriegt hast, den du haben wolltest«, erzählt Martina. »Es ist eine tolle Bestätigung. Da werden Hormone ausgeschüttet und man fühlt sich einfach großartig und euphorisch am Anfang!« Die Folge: »Man kriegt ein gutes Gefühl sich selber gegenüber.« Stimmt, vor allem, wenn Sie selbst die treibende Kraft waren und sich einen Mann genommen haben, den Sie wollten. »Ans Eingemachte geht's erst später. Dann muss man alle Grenzen wieder neu abstecken. Jeder hat seine Demarkationslinie. Wenn die überschritten ist, ist es auch oft schnell vorbei.«

Selbstbestätigung

Komme ich an? Gefalle ich überhaupt noch anderen Männern? Das sind Fragen, die sich gerade Frauen stellen, die schon lange in einer festen Beziehung leben. Nach vielen Jahren an der Seite des gleichen Mannes lässt häufig die Aufmerksamkeit füreinander nach. Man sehnt sich nach Bestätigung, vermisst das Begehren im Blick des Partners. Kristina lebte schon elf Jahre mit Georg zusammen, als sie mit Jörg schlief. Ein Seitensprung mit Folgen, der ihre Beziehung in Frage stellte: »Dass ich mich das überhaupt getraut habe, aus meiner festen Beziehung auszubrechen nach so vielen Jahren, und eine Eroberung gelandet habe, das hatte für mich eine riesige Bedeutung«, erzählt sie, »das hat mich sehr aufgewertet«. Also doch, ich gefalle noch anderen Männern – ein Motiv, das bei weiblichen Seitensprüngen häufig eine entscheidende Rolle spielt.

Müssen erste Nächte Folgen haben? Kann Sex nicht einfach nur Sex sein? Wir haben unseren Spaß – und das war's? Die Sextherapeutin Maggie Tapert veranstaltet seit Jahren Seminare zum Thema in Deutschland und der Schweiz. Für sie ist klar, dass Sex oft über das rein Körperliche hinausgeht. Man soll sich nichts vormachen: Menschen sind eben nicht *nur Körper*. Natürlich gibt es Zeiten, da ist Sex nichts weiter als pure Lust: »Du willst diesen Mann haben, mit ihm ins Bett gehen, ihm nahe kommen. Wenn es wirklich nur körperliche Anziehung ist, ist es einfach, damit umzugehen.« Aber Menschen, sagt Maggie Tapert, sind eben mehr als nur körperliche Wesen, und das mache das Ganze so verzwickt: »Wir sind zugleich emotionale und spirituelle Wesen.« In jedem Menschen gibt es eine tiefe Sehnsucht, mit einem anderen zusammenzukommen. Und deshalb suchen wir oft mehr beim anderen als Lust – zum Beispiel eine Seite an ihm, die uns selbst fehlt.

Lust oder Zärtlichkeit

»Man kann schon große Lust miteinander ausleben, wenn beide das wollen, ohne sich ansonsten nahe zu kommen«, sagt Kristina, »aber das verliert für mich unheimlich an Bedeutung. Das verblasst bald.« Was dagegen bleibt: die Erinnerung daran, wenn sie verliebt war. »Und dann ist es gar nicht so wichtig, wie toll es damals wirklich im Bett war, weil man dann sowieso alles toll findet – auch wenn es in der Realität ein ziemliches Gewürge war.«

Frauen, die relativ viele erste Nächte erlebt haben, können sich auf Anhieb zwar nicht an alle Liebhaber erinnern, wissen aber meist noch ganz genau, wann und in wen sie sich verliebt haben. Sie erinnern sich noch an das Kennenlernen, das erste Treffen und – ganz romantisch – an den ersten Kuss. Aber wie genau nun der Sex mit dem Mann war, das verschwindet ziemlich bald in der Versenkung. Sicher: Manche Nächte vergessen wir nie – die besonders schönen, aufregenden, lustvollen und intensiven Nächte, und leider auch die besonders miesen. Aber sonst ist es offensichtlich so, dass Liebeserfahrungen intensiver und einprägsamer sind als Sex.

Das ist auch eine Erfahrung, die Anja Wilser vom Stuttgarter *Mädchengesundheitsladen* gerade bei Mädchen macht: »Mädchen erzählen uns, dass die Sexualität gar nicht so wichtig für sie ist. Viel wichtiger ist es, einen Partner zu haben, dem sie vertrauen und mit dem sie ins Kino gehen können.« Wenn Mädchen gefragt werden, was ihnen in einer Beziehung wichtig ist, nennen sie erst viele andere Dinge, bevor Sex kommt. »Obwohl so viel darüber gesprochen wird, hat es für sie nicht eine so große Bedeutung«, meint Anja Wilser.

Martina hatte eine Reihe von One-Night-Stands in ihrem Leben, über die sie heute urteilt: »Es war eine Aneinanderreihung von blöden Geschichten. Die waren nicht schlimm oder so, aber überflüssig.« Die Erinnerung daran ist heute verschwommen: »Die haben auf mich tatsächlich keinen Eindruck gemacht. Das sind diese kleinen Geschichten, die mit der Zeit blass und blasser werden, da erinnere ich mich kaum noch an Einzelheiten.« Woran sie sich hingegen noch sehr gut erinnert, sind die Momente, in denen sie sich verliebte: »Das waren die Sekunden, in denen ich spürte: Jetzt, jetzt gerade verliebe ich mich. Das waren mit Abstand die intensivsten Momente!«

Was übrig bleibt von ersten Nächten, woran man sich viele Monate oder Jahre später noch erinnert, sind die Empfindungen und Momente, die in erster Linie mit Liebe und Verliebtheit und nicht unbedingt nur mit Sex zu tun haben, das erzählten viele Frauen.

Vorzeichen für den weiteren Verlauf?

Kann man am Verlauf der ersten Nacht ablesen, was daraus folgt? Unterscheiden sich Nächte, die der Auftakt zu einer Liebesbeziehung sind, von One-Night-Stands? Die Erfahrungen von Frauen lassen keinen eindeutigen Schluss zu.

Die erste Nacht ist nicht entscheidend

Sie haben eine tolle Nacht mit einem Mann verbracht. Es war berauschend, zärtlich, befriedigend – und trotzdem nicht das Wahre. Kann das sein? Es kann, sagt Tanja. Nach einer sehr schönen und aufregenden Nacht mit Frank wusste sie: Für eine Beziehung kommt er nicht in Frage. »So was gibt es, du verbringst eine supertolle Nacht, und danach denkst du: Aber dabei belassen wir es auch.« Ob es nach der ersten Nacht weitergeht, hängt eben nicht nur davon ab, wie toll der Sex war.

Auch den umgekehrten Fall erzählten mir die Frauen: Die Nacht war zwar nicht berauschend, trotzdem legt man den Liebhaber nicht vorschnell zu den Akten, sondern wartet erst mal ab. So verfährt Kristina: »Ich weiß, dass es anfangs im Bett gar nicht so knallt. Da muss man sich und dem anderen einfach mehr Zeit geben. Auch wenn man sich mag und gegenseitig attraktiv und erotisch findet, muss es trotzdem nicht gleich supertoll abgehen. Das kommt erst noch, das weiß ich.« Grund genug für sie, nicht gleich das Handtuch zu werfen, wenn der Sex sie nicht in den siebten Himmel der Lüste katapultiert. Außerdem, sagt Kristina, ist die erste Nacht auch gar nicht das Kriterium dafür, ob sie mit einem Mann eine Partnerschaft eingehen möchte: »Ich habe schon tolle erste Nächte erlebt, und nach kürzester Zeit fand ich die Männer vollkommen hohl, langweilig und nicht passend für mich.« Guter Sex allein ist eben keine stabile Basis für eine Beziehung.

Anne erzählt: »Es gab erste Nächte in meinem Leben, von denen ich es im Nachhinein wirklich erstaunlich finde, dass daraus eine Beziehung wurde, weil sie einfach nicht gut waren.« Andere Nächte dagegen, die keinen Deut besser waren, wiederholte sie nicht: »Da hatte es im Nachhinein betrachtet schon einen Sinn, dass es nicht weiterging. Weil schon in dieser Nacht deutlich wurde, dass man nicht zusammenpasst.«

Kann man aus der ersten Nacht schließen, wie es weitergeht? Nein, sagt auch Martina. Sie erzählt, dass sie immer auf der Suche nach einer verbindlichen Beziehung gewesen sei. One-Night-Stands haben sie noch nie sonderlich interessiert. Es musste zumindest die Chance geben, dass sich etwas Festes entwickeln könnte. Aber: »Ich habe zwar immer gehofft, dass es weitergeht, doch vorher gewusst habe ich es nie. Das merkt man erst später, wenn der andere sich seltsam verhält, die Verabredungen dauernd absagt oder so.«

Und manchmal entscheidet es sich in der ersten Nacht doch, wie es weitergeht

Bei anderen Frauen gingen die Gleichungen dagegen auf: tolle Nacht gleich Anfang einer Beziehung, blöde Nacht gleich Nimmerwiedersehen. Sie wussten in einer ersten Nacht (oder kurz darauf), worauf es hinausläuft. Dass es zum Beispiel nicht weitergehen wird mit diesem Mann, dass man die Nacht am besten auf sich beruhen lässt. Christiane erzählt, dass sie in manchen Nächten mehr als Sex gesucht, aber nicht gefunden hatte: »Manchmal hätte ich eigentlich Liebe, Nähe und Zuwendung gebraucht, und dann habe ich mich auf Sex eingelassen – weil ich es wollte oder weil es dazugehört. Und am nächsten Morgen merkte ich, der Mann hat mir nichts zu sagen, das war es jetzt.« Das kann an Kleinigkeiten liegen, am anderen Lebensrhythmus, wie Christiane beschreibt: »Ich liege morgens gerne lange im Bett, kuschle und wache langsam auf. Und dann stört es mich, wenn ein Mann aus dem Bett springt und mit Frühsport anfängt. Er beginnt schon mit dem Tag, wenn für mich die gemeinsame Bettnacht noch gar nicht zu Ende ist.« An solchen scheinbaren Kleinigkeiten liest Christiane ab, ob ein Mann als Partner für sie in Betracht kommt.

Auch Friederike weiß bereits sehr früh, ob es überhaupt Sinn macht, sich auf Sex einzulassen: »Ich bin wählerischer geworden mit der Zeit. Ich muss das Gefühl haben, dass es mit dem Mann auch stimmt. Und wenn da gleich etwas stört, dann wird das auch nix!« Sie registriert sehr genau, ob der Mann und die Umstände dazu beitragen können, dass die Nacht schön wird.

Nach dem Sex oder gleich nach dem Aufwachen sind wir uns manchmal sicher, dass wir unseren Liebhaber nicht noch einmal treffen wollen. Gabriele nannte zum Beispiel folgende Gründe dafür: »Wenn wir kaum Gemeinsamkeiten haben. Oder wenn ich unangenehm berührt bin, wenn er nur den Mund aufmacht. Oder auch ganz banale Dinge: wenn er nach Rauch oder Alkohol riecht. Ich lebe abstinent von solchen Giften und bin da empfindlich. Und wenn jemand ganz andere Gewohnheiten hat, ist mir das unangenehm.« Und dann kann der Sex mit ihm noch so toll gewesen sein – da sieht sie zu, dass sie so schnell wie möglich verschwindet.

Nach manchen Nächten wachen wir am nächsten Morgen ernüchtert auf – im wahrsten Sinne des Wortes. »Blöd ist es danach immer, wenn man sich irgendwie überrumpelt fühlt oder wenn Alkohol im Spiel war«, erzählt Sylvia. Nach so einer Nacht schaut man zur Seite und erschreckt: »Da hatte man am Abend vorher ein beeindruckendes Bild von dem Mann, und über Nacht verschwindet das. Oder noch schlimmer: Man verliert sogar den Respekt vor ihm.«

Liebesgeschichten

Und dann gibt es die anderen Geschichten. Auch sie beginnen so: Treffen sich ein Mann und eine Frau, finden sich anziehend, flirten, landen im Bett. Und trotzdem ist in diesen Geschichten einiges anders. Es geht um die Nächte, die dem Ideal ziemlich nahe kommen. Was unterscheidet sie von den vielen anderen?

Hören wir der Geschichte von Doris zu. Durch ihren Job hatte sie Robert kennen gelernt. Als sie das erste Mal miteinander schliefen, war eigentlich alles klar: »Am nächsten Morgen war ich nur glücklich«, erzählt Doris. »Wir haben uns immer wieder angeguckt, gelächelt, und waren froh, dass wir uns so gut gefielen und dass sich etwas so Schönes aus so einer seltsamen Zusammenkunft ergeben hat.« Schließlich kannten sie sich vorher ja nicht von Angesicht zu Angesicht und hatten lediglich einige Male telefoniert und sich E-Mails geschickt. »Auch wenn es kitschig klingt, ich hatte das Gefühl: ›Na endlich, da ist der Mann, auf den ich so lange gewartet habe!‹« Das Warten hat sich gelohnt, die beiden sind noch immer ein Paar.

Auch Anne hat so eine Nacht erlebt. Am Morgen danach wachte sie mit dem sicheren Gefühl auf: Henning ist es. Alles ist so selbstverständlich gewesen zwischen ihr und ihm, so leicht. »Was ich jetzt sage, wird Sie umhauen, oder vielleicht haben Sie es auch schon zwanzigmal gehört: Ich glaube, dass dieser Mann und ich zusammengehören. Wir sind füreinander bestimmt. Das ist einfach so!« Unnötig hinzuzufügen, dass die Partner von Anne und Doris es genauso empfanden. In beiden Liebesgeschichten beruht die Einschätzung auf Gegenseitigkeit.

Auch in der dritten *Aus Sex wird Liebe*-Geschichte wussten beide, dass viel mehr auf dem Spiel stand als Lust. Woran hatten sie es gemerkt? Barbara: »Ich habe es daran gemerkt, wie sehr Andreas sich auf mich eingelassen hat. Du merkst doch, ob ein Mann in erster Linie an dir oder am Sex interessiert ist.« Und bei Andreas (mit dem sie mittlerweile verheiratet ist und einen Sohn hat) spürte sie deutlich: Er meint mich. »Und schon am Morgen war klar: Es geht weiter mit uns.«

Was erste Nächte verändern

»Don't fuck in the firm« heißt ein Motto von Stefanie: Bloß nicht mit einem Kollegen anbändeln. Denn wenn das schief geht, so hat sie erfahren, geht nicht nur die Beziehung in die Brüche, sondern auch die Stimmung am Arbeitsplatz. Also lieber Finger weg von Kollegen! Für viele sind aus diesem Grund auch Mitbewohner und gute Freunde tabu. Sobald wir das erste Mal Sex miteinander hatten, ändert sich das Verhältnis schlagartig. Nichts ist mehr so, wie es war. Ein Phänomen, das uns besonders dann – oft schmerzhaft – bewusst wird, wenn wir die Nacht mit einem Mann verbrachten, mit dem uns vorher eine Freundschaft verband. Die ist nach dem Sex erst mal aus den Fugen. »Sobald Sex im Spiel ist, wird es kompliziert«, mahnt Monika. Sie kennt diese Momente mit guten Freunden: Man kennt sich gut, mag sich, kommt sich nahe. Und eigentlich könnte man auch miteinander ins Bett gehen. Eigentlich – aber: »Sobald Sex im Spiel ist, verändert sich die Freundschaft und es wird schwierig. Das ist der Preis, den man für ein paar Stunden Spaß zahlt.«

Gefährliche Intimität

Was passiert durch Sex? Unter anderem werden wir plötzlich verletzlicher. Alles trifft uns nun viel tiefer, heftiger und hat eine größere Bedeutung: was er sagt, wie er sich verhält. Ob er wieder anruft oder nicht, ob er eine Verabredung absagt, ob er eine Stunde zu spät zum Treffen kommt, ob er sich merkt, was wir ihm erzählt haben. Bildlich gesprochen, öffnet sich nach dem Sex ein großes Tor, durch das die Gefühle ungehindert einströmen.

Nach einer ersten Nacht hätte sie einen Mann am liebsten mal an sich festgebunden, erzählt Karin: »Das war dann auch der Fehler, an dem wir später gescheitert sind.« Jede Stimmung, jede Gereiztheit, jeden Anflug von Langeweile, die der andere äußert, bezieht man auf sich, nachdem man einmal mit ihm geschlafen hat. Wenn unser Kollege, unsere

Schwester, unser bester Freund schlecht gelaunt oder wütend sind, fühlen wir uns nicht automatisch verantwortlich und beziehen ihre Stimmung nicht auf uns. »Doch sobald es der Sexualpartner ist, sehen wir in schlechter Laune nur noch persönliche Ablehnung.«[124]

Die Intimität, die durch Sex hergestellt wurde, ist »gefährlich und aufregend zugleich«, sagt Maggie Tapert. Kann man etwas lernen aus ersten Nächten, wollte ich von ihr wissen. Ja, wenn man den Willen und den Mut hat hinzuschauen, besonders dann, wenn es keine zweite Nacht gab: »Überlege, wie du dich dem anderen gegenüber verhalten hast. Warst du authentisch, hast du dich so gezeigt, wie du bist? Oder hast du dich versteckt, eine Menge Dinge gesagt, die du gar nicht meinst, und dich auf eine Weise verhalten, die nichts mit dir zu tun hat?« Maggie Tapert plädiert dafür, sich nicht zu verstellen. Und schon gar nicht deshalb, weil man hofft, dem anderen dadurch vielleicht besser zu gefallen.

Chancen erster Nächte

Das Sich-Verstellen, oder besser gesagt das Spiel mit verschiedenen Rollen kann aber auch sehr reizvoll sein, wie Julia findet. Sie hat das Besondere an ersten Nächten, ihre Chancen und ihren Reiz so auf den Punkt gebracht, dass ich ihr Statement vollständig wiedergebe: »Erste Nächte haben den Vorteil, dass man vieles ausprobieren kann, was in eingefahrenen Beziehungen nicht mehr so gut möglich ist, oder was man ausprobiert hat, aber nicht funktionierte. Man kann jemand anders sein, als man es eigentlich ist: verruchter zum Beispiel oder freizügiger. Man muss sich keine Gedanken um sein Image machen. Das sollte man auch ausnützen, finde ich. Also in ersten Nächten kann man durchaus mal etwas ausprobieren und sich anders geben, als man sich sonst immer gibt, und mal gucken, was noch alles in einem steckt. Etwas anderes, was erste Nächte so reizvoll macht: Man kann sich besser gehen lassen, weil noch alles offen ist. Es gibt keine Geschichte und auch erst mal keine Zukunft. Und: Männer erwarten nicht, dass du in der ersten Nacht besonders viel machst, den Sieben-Schleier-Tanz oder fünf Stunden Fellatio. Sie geben sich noch richtig Mühe, das finde ich sehr angenehm. Während sie später manchmal ziemlich abstumpfen und faul werden: Mach's mir mal heute, ich bin so müde. Das passiert dir in der ersten Nacht nie, das ist meine Erfahrung, und das finde ich ziemlich klasse! Sagen wir so: In ersten Nächten kriegst du mehr geboten an Show und Action.«

Teil 5

Worauf es ankommt in ersten Nächten

»Wenn ich es mir richtig überlege, ist es schon absurd, dass ausgerechnet die Nacht mit Christoph zu meinen sexuellen Highlights zählt. Es sah eigentlich nicht danach aus, als ob es gute Voraussetzungen gäbe«, erzählt Sonja. Vor einigen Monaten war sie nach der Arbeit mit einer Kollegin ein Bier trinken gegangen. Im Biergarten traf sie Christoph. Er ist ein Freund ihres Nachbarn und ihr schon häufig im Treppenhaus aufgefallen. Er hatte ihr gleich gut gefallen, aber da ihr Nachbar schwul ist, ging sie davon aus, dass auch Christoph nicht auf Frauen steht. »Im Nachhinein betrachtet war das ein Vorteil, dass ich dachte, als Frau habe ich bei ihm sowieso keine Chancen. Dadurch habe ich mich natürlich verhalten«, meint Sonja. »Wenn mir ein Mann gefällt, werde ich sonst schnell befangen.« Nachdem die Kollegin gegangen war, blieben Sonja und Christoph sitzen und unterhielten sich. Ziemlich schnell wurde das Gespräch intensiver. Christoph musste über Sonjas Vermutung lachen, dass er schwul sei. Ist er nämlich nicht.

Irgendwann wurden beide hungrig. Christoph machte den Vorschlag, gemeinsam zu kochen. Sie fuhren in seine Wohnung, aber zum Kochen kam es nicht mehr, sie landeten im Bett. »Ausgerechnet an diesem Tag trug ich die hässlichste Unterhose, die ich überhaupt besitze. Die ziehe ich eigentlich nur an, wenn ich meine Tage habe. Schreckliches

Ding, labberig, verwaschen, mit doofen Blumen drauf.« Normalerweise wäre Sonja das peinlich gewesen, sie hätte sich unwohl gefühlt: ungeduscht, verschwitzt mit einem unmöglichen Slip. Als Christoph den sah, lachte er: »Was ist das denn, das neueste Modell aus Paris? Warte mal, da kann ich mithalten!« Er zog seine Jeans aus. »Was er anhatte, war auch nicht viel besser. Der reinste Liebestöter, Feinripp mit Eingriff«, erzählt Sonja. Beide mussten lachen, die alberne Unterwäsche entpuppte sich als Eisbrecher. Die Nacht ging zunächst in bester *Pleiten, Pech und Pannen*-Manier weiter: »Ich fummelte ewig an seinem Gürtel herum, weil ich keine Ahnung hatte, wie die verdammte Schnalle aufging. Und als er versuchte, die Knöpfe an meinem Pulli aufzumachen – die sich aber gar nicht öffnen lassen, weil sie nur aufgenäht sind –, brach er sich fast die Finger.« War aber alles kein Problem: »Zwischen uns stimmte es einfach«, erzählt Sonja, »ich habe mich selten so wohl gefühlt in einer ersten Nacht! Es war wunderschön.«

Ob eine erste Nacht es wert ist, in Erinnerung zu bleiben, hat nur wenig mit Sex zu tun. Und mit perfekter Vorbereitung und reibungslosen Abläufen schon mal gar nicht. Wer sich Tipps erhofft über verführerische Kleidung, außergewöhnliche Stellungen oder sonstiges erotisches Knowhow, sucht an der falschen Stelle. Entspannungsübungen statt Kamasutra! Besser das Selbstbewusstsein stärken, als etwas für die Figur tun. Es ist wichtiger, die eigenen Erwartungen zu kennen, anstatt die Frage zu klären, ob man ein Frühjahrs-, Sommer-, Herbst- oder Wintertyp ist. Es ist wichtiger, unbefangen und gelassen zu bleiben, anstatt raffinierte Dessous zu tragen. Wir müssen uns von der Illusion verabschieden, dass wir Idealfigur, perfektes Make-up und koketten Augenaufschlag brauchen, und dann wird alles gut.

Was können wir tun, damit das Abenteuer *erste Nacht* so schön und lustvoll wie möglich wird? Das wollte ich zum einen von den »Profis für Zwischenmenschliches« wissen, und zum anderen sammelte ich positive Erfahrungen, Ratschläge und Hinweise der Frauen, mit denen ich gesprochen hatte. Die Antworten gleichen sich:

- Frauen sollen die Verantwortung für sich übernehmen.
- Sie sollen lernen, Forderungen zu stellen und Grenzen zu ziehen.
- Sie sollen selbst dafür sorgen, dass sie bekommen, was sie brauchen.
- Sie sollten ihre eigenen Bedürfnisse kennen und respektieren und sich von der Vorstellung befreien, dass es etwas Schlechtes ist, eigene Interessen zu verfolgen. Eine Portion gesunder Egoismus schadet nicht.
- Und: Vor allem sollten sie ihre Erwartungen auf Normalmaß herunterschrauben.

Verantwortung übernehmen

»Früher war ich in ersten Nächten sehr passiv und habe eigentlich alles mehr oder weniger geschehen lassen«, erzählt Doris. »Das ist heute überhaupt nicht mehr so: Ich bin aktiv geworden. Schließlich will ich ja auch was davon haben.« Eine Erfahrung, die viele Frauen teilen: Je erfahrener sie werden, desto besser wissen sie, was sie wollen und brauchen. Und je selbstbewusster sie werden, desto größeren Einfluß nehmen sie. »Ich treffe meine Wahl selbst und gebe mich nicht mit irgendwas zufrieden«, beschreibt es Tanja, »ich ergreife die Initiative, wenn ich etwas will.«

Verantwortung für Sex

In Sachen Sexualität weisen wir die Verantwortung gerne von uns: »Sex, so befinden wir, ist etwas, das uns ›zustößt‹, nicht aber etwas, das wir herbeiführen. Diese Haltung findet sich auffällig oft bei jungen Frauen, die unter Schuldgefühlen leiden und sich auf Sex nur dann einlassen können, wenn es sie ›fortreißt‹«, so die Sexualtherapeutin Dagmar O'Connor. »Solange der Sex ›einfach passiert‹, müssen wir uns deswegen nicht schuldig fühlen oder Angst davor haben.«[125] Das bestätigen auch die Studien der amerikanischen Sexualpädagogin Carol Cassell: »Wir weigern uns, unsere sexuelle Natur anzuerkennen, und weigern uns, die Verantwortung für uns selbst zu übernehmen. Wir legen unser sexuelles Glück in die Hände der Männer und machen sie für alles verantwortlich, indem wir uns ihnen unterwerfen«, schreibt Cassell. Und was folgt daraus? »Wir werden abhängig, passiv. Sexualität darf nicht stattfinden, wenn wir nicht verführt werden, wenn uns nicht die Kontrolle aus der Hand genommen wird. Was wir nicht kontrollieren können, das kann uns auch nicht zur Last gelegt werden.«[126]

Auf den ersten Blick scheint es einfacher zu sein, dem Mann die Verantwortung zu überlassen. Soll er gefälligst dafür sorgen, dass die Nacht schön wird, dass der Morgen harmonisch verläuft und so weiter. Und wenn das Ergebnis nicht zufriedenstellend ist, schmollt man, grollt ihm oder heult sich bei der besten Freundin aus. Die Spielerinnen auf der Ersatzbank werden nicht verantwortlich gemacht fürs Spiel. Aber sie sahnen auch nie den Erfolg ab oder können stolz auf sich sein. Sprich: Sie lassen die Gelegenheiten, ihr Selbstbewusstsein aufzupeppen, ungenutzt verstreichen. Je öfter man über den eigenen Schatten springt und die Initiative ergreift, desto leichter wird es. Brigitte meint dazu:

»Egal ob flirten, abschleppen, verhüten oder über sexuelle Wünsche reden – das ist alles reine Übungssache!«

Verantwortung für Verhütung

Verantwortung übernehmen bedeutet auch, sich rechtzeitig darum zu kümmern, dass der Liebhaber Kondome benutzt. Es reicht nicht, sie in der Tasche zu haben. Es ist eine Frage der Haltung. Wenn wir überzeugt davon sind: »Es geht um meinen Körper und um meine Gesundheit: Ein Mann, dem das egal ist, kommt für mich nicht in Frage«, dann fällt es leicht, auf die Nutzung von Kondomen zu bestehen. Und der Rest ist nichts weiter als eine Sache der Übung. Wir müssen üben, Kondome ins Spiel zu bringen. Sei es, indem wir sie aufs Bett werfen, dem Partner überstülpen oder das Thema Verhütung frühzeitig ansprechen. Zu glauben, ungewollte Schwangerschaften oder HIV-Infektionen treffen nur die anderen, ist naiv, denn »die anderen« glauben das vorher auch.

Eigene Bedürfnisse in den Mittelpunkt stellen

»In ersten Nächten sollte man sich nicht mit dem Kopf reinhängen, sondern dem Gefühl folgen«, ist Stefanies Überzeugung. »Mach das, worauf du in dem Moment Lust hast, und wenn Schamgefühle einsetzen: Scheiß drauf!« Der Rat, sich nur von den eigenen Gefühlen leiten zu lassen, kam von vielen Frauen. Marianne findet es zum Beispiel wichtig, aufmerksam auf ihren Körper zu hören: »Vielleicht sagt er nämlich: Eigentlich will ich gar nicht. Und wenn man währenddessen denkt, um Gotteswillen, wen habe ich denn hier?, dann ist es besser, aufzuhören!« Mareike sieht es ähnlich: »Wenn es irgendwie nicht stimmt und man sich nicht treiben lassen kann, sollte man es lieber ganz bleiben lassen!«

Soll ich – soll ich nicht?

Das fängt schon mit der Frage an, ob man mit einem Mann die Nacht verbringen will, erzählt Bettina: »Man sollte sich nur darauf einlassen, wenn man Lust auf ihn hat, und nicht, weil er eigentlich so ein netter Mensch ist oder weil er unbedingt will.« Auch Lisa überlässt diese Entscheidung nur ihrem Gefühl: »Da denke ich nicht lange drüber nach: Wenn ich fühle, das ist der Richtige – why not?«

Slowmotion oder Eilzug?

Ein weiteres Kriterium: auf das eigene Tempo achten. »Für mich ist das absolut gute Rezept, sich Zeit zu lassen beim Näherkommen, bis man sich wirklich gut kennt«, erzählt Therese. Auch Kristina plädiert für Slowmotion. Sie hatte Sex früher oft als Vehikel benutzt, um herauszufinden, »was mit einem Mann an Nähe möglich ist. Heute denke ich, dass man das auf anderen Ebenen viel besser testen kann. Und deshalb gehe ich mittlerweile nicht mehr so schnell, wie es üblich ist, mit jemandem ins Bett.«

Andere Frauen bevorzugen ein schnelles Tempo, Brigitte zum Beispiel. Sie erzählt von einem Erlebnis: »Ich fand Uli unglaublich anziehend. Das war's, ich wollte gar nicht mehr von ihm, nichts Näheres. Mich hat nicht interessiert, was für ein Mensch er ist. Es ging nur um das Begehren.« Um sich auf eine erste Nacht einzulassen reicht es für Brigitte, dass ein Mann »einen gewissen erotischen Reiz für mich hat. Er muss eine Saite in mir zum Klingen bringen.«

Und wenn sie einen Mann erregend findet, zögert sie nicht lange.

Gehen oder bleiben?

Solange Sie sich wohl fühlen, können Sie tun, was Ihnen beliebt. Brechen Sie gleich nach dem Sex auf oder bleiben Sie bis zum nächsten Tag. Wenn Ihnen danach zumute ist, sollten Sie gehen – ob vor, während oder gar statt einer erotischen Nummer. Aber verbleiben Sie »irgendwie« mit dem anderen, bevor Sie sich trennen. Nach der ersten Nacht sollten beide wissen, woran sie sind, ob man sich wiedersieht oder nicht.

Eigene Bedürfnisse mitteilen

Die eigenen Wünsche zu kennen ist der erste Schritt – der allerdings wenig nützt, wenn man nicht zugleich dafür sorgt, dass sie auch in Erfüllung gehen. Da es sehr unwahrscheinlich ist, dass wir einen Mann finden, der schon in der ersten Nacht haargenau ahnt, was wir mögen, müssen wir über Sex reden. Keine Bange, das kann man lernen! Je nach Vorliebe sollten Sie erst mal alleine üben, sexuelle Wünsche, erotische Phantasien, aber auch Abneigungen (laut!) auszusprechen. Oder zur Übung erotische Literatur (laut!) lesen. Trauen Sie sich, mit Freundinnen detaillierter über Sex zu sprechen, als Sie es bislang gewohnt sind. Oder schreiben Sie auf, was Sie anmacht und abtörnt. Aber nicht bei Allgemeinheiten verharren und abstrakte Begriffe benutzen! Zum Üben sind auch unverfängliche erotische Chats im Internet geeignet. Wie Sie es anstellen, eine eigene Sprache der Lust zu finden, ist unwichtig. Hauptsache, Sie tun es.

Motive klären

Sex oder Liebe, Abenteuerlust oder Beziehungssehnsucht – mit welchen Erwartungen begibt man sich in das Abenteuer? Sicher, so trennscharf lässt sich das oft nicht beantworten. Die meisten Frauen suchen ihr Vergnügen, und wenn mehr daraus wird, wäre es auch nicht schlecht. Die eigenen Motive lassen sich nicht immer exakt ausloten. Aber spätestens am nächsten Tag sollten Sie sich Rechenschaft darüber ablegen, was Sie gesucht und was Sie gefunden haben. Und ob beides zusammenpasst. Wer falsche Signale aussendet, erwacht am nächsten Morgen nicht selten ernüchtert und überrascht. Da dachte man, den Mann fürs Leben gefunden zu haben, und der verabschiedet sich mit den Worten: Vielleicht laufen wir uns ja mal wieder über den Weg. Oder man glaubte, auch für den Liebhaber von letzter Nacht war es nur ein One-Night-Stand, und er fragt beim morgendlichen Kaffee, ob man auch so froh sei, nun nicht mehr zu den Singles zu gehören.

»Meine Erwartungen haben sich im Laufe der Jahre verändert. Früher habe ich automatisch an eine längere Beziehung gedacht, wenn ich mit einem Mann ins Bett gegangen bin«, erzählt Sylvia, »aber heute nicht mehr.« Was will ich in dieser Nacht und von diesem Mann? Und bekomme ich das auch? Das sind Fragen, die man möglichst schon vorher klären sollte. Der Kollege, der jeden Monat von einer anderen tollen Frau schwärmt und mit allen Praktikantinnen flirtet, wird nicht unbedingt der passende Kandidat für die traute Zweisamkeit sein. Eine Frau, die das erwartet, sollte sich vorsichtshalber einen großen Vorrat Kleenex zulegen.

Wer dazu neigt, einen neuen Partner schnell zum Mittelpunkt des eigenen Lebens zu machen, sollte seine Erwartungen zügeln, meint Michaela. Sie wurde erzkatholisch erzogen, was ihr auch heute noch im Nacken sitzt: »Bei den Katholiken ist es eben so: Es hat nur einen Mann im Leben einer Frau zu geben, und den muss sie geheiratet haben, bevor überhaupt etwas laufen darf. Und wenn du dann verheiratet bist, und dann jemanden anderes hast, dann ist das eine Todsünde.« Durch ihre Erziehung war Michaela darauf geeicht, *the one and only* zu suchen, nur für ihn da zu sein und ihre eigenen Bedürfnisse hintenanzustellen. Heute sagt sie: »Man sollte den anderen aus Selbstschutz nicht gleich so nahe an sich herankommen lassen, jedenfalls nicht in der ersten Nacht. Nicht gleich so viel Gefühle investieren und den Mann ins Zentrum rücken.«

Und der Sex?

Was kann man vom Sex in ersten Nächten erwarten? Idealerweise dürfen beide Partner ihre Unsicherheit und Scheu, ihr Interesse und ihre Lust zeigen. Und das, ohne Angst zu haben, das Gesicht dabei zu verlieren. Am besten nehmen sie Peinlichkeiten mit Humor. Er kriegt den BH nicht auf oder stolpert über seine Unterhose? Sie reißt die Kerze um oder verheddert sich mit den Haaren in seinem Reißverschluss? Je nach Sicht kann es eine Katastrophe oder auch ein Eisbrecher sein. Solche Situationen kann man mit hochrotem Kopf oder aber mit grinsendem Gesicht durchstehen. Wenn zwei miteinander lachen können, ist das eine gute Voraussetzung für Intimität. Schließlich ist es nicht Sinn der Sache, eine filmreife Leistung abzuliefern oder imaginäre Punktrichter zu beeindrucken.

Fordern und abgrenzen

»Frauen sollten im Bett viel fordernder sein, finde ich. Männer fordern schließlich auch die Dinge ein, die sie wollen, warum sollen wir das nicht auch tun?«, meint Christine. Besonders was Sexualität betrifft, kann Frauen ein größeres Selbstbewusstsein nicht schaden, betont sie. »Und Frauen sollten sich auch nicht aus Angst vor Einsamkeit auf irgendwas einlassen, schließlich laufen genug Männer herum!«

Was will ich und wozu bin ich unter keinen Umständen bereit? Worauf lasse ich mich ein, weil ich neugierig bin und etwas Neues ausprobieren möchte, und was liegt eindeutig jenseits meiner Toleranzgrenze? Frauen sollten ihr Radarsystem einschalten und überprüfen, ob sie bekommen, was sie wollen. Vielen fällt es generell schwer, Nein zu sagen. Sie fühlen sich schlecht, wenn sie Bitten abschlagen oder Wünsche nicht erfüllen. Lieber lassen sie sich auf Dinge ein, die sie nicht wollen, als dass sie den Bedürfnissen ihres Gegenübers Steine in den Weg legen. Von wegen *Ladies first*!

Christiane erzählt zum Beispiel, dass sie früher auch zu den Frauen gehörte, die es lieber allen anderen recht machen wollten. Erst später hat sie erkannt, wie wichtig es ist, selbstbewusst zu werden und Stärke zu gewinnen. Ab diesem Zeitpunkt hat sie sich andere Männer als Partner gesucht. Männer, die eine selbstbewusste Frau an ihrer Seite schätzen. Christiane sagt: »Irgendwann kam der Punkt, an dem ich dachte: Das ist verdammt noch mal mein Körper, meine Lust und meine Sexualität. Ich kann nicht darauf warten, dass ein Mann kommt und sagt, jetzt erfülle ich dir alle deine Wünsche. Man muss selbst dafür sorgen! Ich habe zu oft Scheißerfahrungen gemacht, und das ist blöd und langweilig. Aber das muss ich mir immer wieder neu erkämpfen: stark zu bleiben und mich nicht zu verlieren. In manchen Situationen überlege ich: Moment, was willst du jetzt eigentlich? Und das muss ich dann auch rüberbringen. Daran habe ich immer mal wieder zu arbeiten: dass ich das Recht habe, Forderungen zu stellen.«

Es gehört Mut dazu, findet auch Inge, einem neuen Partner zu sagen, was einem nicht gefällt: »Trotzdem, auch wenn's schwer fällt – bloß nicht alles akzeptieren! Man muss sagen, was man möchte und was einem unangenehm ist.« Ein Standpunkt, den auch Monika einnimmt: In eine erste Nacht sollte man sich mit wachen Sinnen begeben und sich alles gut anschauen, sagt sie. Und wenn man ein ungutes Gefühl bekommt, sollte man sich auch nicht fürchten, einfach wieder zu gehen: »Ich nehme mir die Freiheit, mich hinzugeben, wenn alles stimmt, oder aber zu sagen, Nee, irgendwie ist hier was komisch, lieber nicht!«

Wenn man bedenkt, welchen Mindeststandard Frauen an Männer stellen, könnte es auch nichts schaden, die Messlatte höher zu hängen und die inakzeptablen Exemplare der Gattung Mann auszusortieren. Stefanie berichtet von Alex, einem Ex-Liebhaber, der ihre Schmerzgrenze in puncto Hygiene sprengte: »Ich musste vorher Alkohol trinken, bevor ich Alex küssen konnte, weil er ganz ungepflegte Zähne hatte. Irgendwie wollte ich schon Sex mit ihm haben, aber vorher musste ich mich wirklich besaufen. Er trug lila Baumwollschlüpfer, roch nach unglaublich vielen Zigaretten und hatte verfilzte Achselhaare. Da dachte ich schon: Hast du sie noch alle, dass du mit dem ins Bett gehst?«

Kurz gesagt: Nur weil ein Mann kein hundertprozentiger Kotzbrocken ist, reicht das nicht, um die Nacht mit ihm zu verbringen. Sie haben bestimmt keinen Traummann vor sich, nur weil er nicht gleich schreiend davonrennt, wenn Sie zwei Kilo zugenommen oder sich die Haare abgeschnitten haben, sondern er *nur* den ganzen Abend lang darüber meckert und lästert. Wenn sein erotischer Beitrag darin besteht, eine rote Glühbirne in die Nachttischlampe zu drehen, wenn er Sie für prüde hält, weil Sie keinen Oralsex mögen, oder er beleidigt ist, weil Sie auf Kondomen bestehen, haben Sie leider eine Niete gezogen. Das kommt vor. Beenden Sie es kurz und schmerzlos.

Apropos Männer: Von ihren Erwartungen sollten wir uns natürlich abgrenzen, wenn wir ihnen nicht entsprechen wollen. Katja Wolf, die als Hure in Berlin arbeitet, erzählt, dass Männer, die öfter Sex mit Professionellen haben, häufig riesige Erwartungen hegen, die bei unbezahltem Sex gar nicht erfüllt werden können. »Männer, mit denen ich eine Beziehung hatte und die früher Kunden von mir waren, sind oft enttäuscht, weil ich privat natürlich anders bin. Als Hure mache ich Rollenspiele. Aber privat richte ich mich natürlich in erster Linie nach meinen Wünschen.«

Manche Frauen müssen unbedingt schon vor dem Sex mit dem Partner reden. Tanja zum Beispiel, denn früher hatte sie bei manchen Stellungen Schmerzen. Ein neuer Liebhaber musste das natürlich wissen, um ihr nicht wehzutun. Wann hat sie den Männern davon erzählt? »Wenn ich merkte, es geht von den Zärtlichkeiten in Richtung Sex. Wenn ich die Absicht hatte, mit ihm zu schlafen.« Es war für Tanja unausweichlich, das Thema vorher anzusprechen. Meist hatte sie zwar zuerst »ein komisches Gefühl im Bauch« und war verlegen, hat sich dann aber einen Ruck gegeben: »Ich sagte mir, es mag in dem Moment zwar etwas störend sein, aber schlimmer ist es, wenn der andere nichts davon weiß.« Sie musste ins kalte Wasser springen, bei jeder ersten Nacht aufs Neue. Ihre positiven Erfahrungen zeigen, dass es erfolgversprechender ist, aktiv für seine Bedürfnisse einzutreten, als passiv abzuwarten, dass sie erfüllt werden. Auch wenn es schwer fällt und Überwindung kostet.

Forderungen stellen und sich abgrenzen – damit scheinen Männer weniger Probleme zu haben als Frauen. Im Internet stieß ich auf einen Text über One-Night-Stands. Er stellt Spielregeln zum Fair Play auf – von Männern für Männer. Besonders aussagekräftig fand ich die Tipps, wie Männer verhindern sollen, dass die Frauen ihr Verlangen nach Sex womöglich mit Liebe verwechseln. Da wird dem Single-Mann geraten, eine Freundin zu erfinden, um vorzutäuschen, anderweitig emotional gebunden zu sein: »Die beste Masche ist die mit der alten Liebe, von der Sie nicht loskommen«, rät der Autor. Zugleich warnt er vor Sprüchen, die man vor dem Sex auf gar keinen Fall sagen sollte, wie zum Beispiel: »Du würdest meiner Mutter gefallen«, »Vielleicht fahren wir mal gemeinsam in den Urlaub« oder »Ich glaube, ich habe mich in dich verliebt«. Frauen kämen da nur auf dumme Gedanken und nähmen es womöglich ernst. Und wenn eine Frau trotz aller männlichen Vorsicht glaubt, sie habe sich verliebt, dann solle man sie zum Essen einladen und sich dabei unmöglich benehmen: schmatzen, in der Nase bohren, rülpsen und schlürfen. Das würde jede Frau abtörnen und ihr den Zahn ziehen, einen unbedingt haben zu wollen. Womit der Autor hoffentlich Recht hat!

Selbstbewusstsein stärken

»Früher war es mir wahnsinnig wichtig, wie ein Mann mich findet«, sagt Doris, »heute ist es mir egal, ob er denkt, ich sei blöd oder sonst was.« Viele Frauen erzählen, dass sie im Laufe der Jahre selbstbewusster geworden sind. Früher waren sie passiv, erzählen sie, und hatten starke Zweifel, ob sie gut genug im Bett sind, attraktiv genug, sexy genug, um einem Mann zu gefallen. »Die Einstellung mir selbst gegenüber hat sich total geändert«, erzählt Tanja. »Je älter ich werde, desto attraktiver finde ich mich.« Ein willkommener Nebeneffekt: Der Sex verbessert sich, selbstsichere Frauen haben mehr Spaß dabei.

Dass junge Frauen sich unattraktiv finden und ein wackliges Selbstbewusstsein haben, ist eine Folge der weiblichen Sozialisation. »Das Selbstbewusstsein von Mädchen knickt in der Pubertät ab«, erklärt Anja Wilser vom Stuttgarter *Mädchengesundheitsladen*. Danach dauert es Jahre, bis sie sich wieder »hochgearbeitet« haben. Was kann man für junge Mädchen, aber auch nachträglich für sich selbst und seine Freundinnen tun, um das Selbstbewusstsein zu stärken? Besonders in Bezug auf die körperliche Attraktivität – ein Bereich, in dem Frauen extrem anfällig sind? »Zum einen brauchen Mädchen positive Rückmeldungen: Man sollte ihnen immer wieder sagen, dass sie klasse aussehen«, sagt Anja Wilser. »Zum anderen müssen dringend die Normen für Attraktivität erweitert werden. Das Bild, das wir auf den Plakatwänden und Frauenzeitschriften sehen, ist viel zu eng und eintönig. Das Aussehen von Frauen ist vielseitig, und diese Vielfalt muss man betonen. Weg von den engen Normen, sowohl was Verhalten als auch das Aussehen betrifft!« Sagen wir unseren Freundinnen immer wieder, wie wunderbar sie sind, wie spannend und wie schön!

Ein anderer Weg führt über die konkrete Auseinandersetzung mit den vorherrschenden Schönheitsidealen. Die sind eh vollkommen willkürlich und differieren nach Kulturkreis und Zeit. Und in Bezug auf Sex spielt körperliche Attraktivität sowieso längst keine so bedeutende Rolle, wie wir glauben. Wenn wir uns mit Gedanken plagen, wie wir am besten Orangenhaut und Blinddarmnarbe kaschieren können, machen wir uns unnötigen Stress. Männer haben einen anderen Blick. Sie schauen längst nicht so detailliert und kritisch auf uns, wie wir selbst. Und die Männer mit eingebautem Zentimetermaß und Waage können Sie getrost anderen Frauen überlassen. Sollen die sich mit Fragen quälen, ob sie wohl schön genug sind, sollen die ihre Minderwertigkeitskomplexe austoben!

»Manchmal hat man das ja, dass man beim Sex plötzlich denkt, jetzt sieht er die Narbe oder das Fett oder was auch immer«, meint Stefanie. Gedanken, die man nach ihrer Erfahrung einfach ausblenden sollte: »Vergiss es! So sind Männer nicht gestrickt, und die so sind, kannst du eh vergessen!« Im Übrigen haben auch Männer so ihre Sorgen, was das Äußere betrifft. Bei einer Umfrage des Magazins *Men's Health* antworteten ganze fünfzehn Prozent der befragten Männer, dass sie mit ihrem Körper zufrieden seien. Alle anderen beklagten sich über zu viel Gewicht, schlechte Kondition, zu wenig Muskeln, ihre Körperhaltung, schlechte Haut, fehlende Haare, starke Körperbehaarung, graue Haare oder Falten.

Befreien wir uns vom Blick der Männer, wechseln wir die Perspektive! Anstatt zu fragen: Gefalle ich ihm, sollten wir darauf schauen, ob er uns gefällt. Angelika erzählt, dass sie früher sehr unsicher gewesen sei. Erst in den letzten Jahren, nach der Trennung von ihrem Mann, ist sie selbstbewusster geworden: »Jetzt spreche ich von mir aus das Thema Kondome an und habe keine Schuldgefühle mehr, wenn ich mit einem Mann schlafen will. Heute nehme ich meine Sexualität an und lebe sie auch aus. Männer, die mir keine Zärtlichkeit geben können, schicke ich weg. Ich frage mich bei jedem: Tut er mir gut? Ist er in der Lage, mir das zu geben, was ich brauche?«

Dieser Perspektivenwechsel ist ein hartes Stück Arbeit für Frauen, die jahrelang darauf geeicht waren, sich mit den Augen eines Mannes zu sehen, wie die Sextherapeutin Maggie Tapert erzählt. In ihren Seminaren lehrt sie Frauen, endlich damit aufzuhören, ihre Aufmerksamkeit auf ihren Partner zu konzentrieren: »Lerne dich selbst lieben und schätzen! Das ist harte Arbeit, die Frauen leisten müssen. Aber sie können keine gleichwertigen Partnerinnen sein – weder fürs Leben noch fürs Bett –, bis sie diese Arbeit geleistet haben.« Es ist der immerwährende Traum von Frauen: Haben wir nur die richtige Lippenstiftfarbe, Haarlänge und Figur, dann klappt's auch mit dem Nachbarn. Doch die Realität sieht anders aus: »Wenn du eine gute Beziehung und ein befriedigendes Sexleben haben willst, musst du zuerst an dir selbst arbeiten. Du musst zu dir stehen und sagen können: So bin ich!«, sagt Maggie Tapert. Was ist eine gute Liebhaberin? Eine Frau, die sich akzeptiert und sich nimmt, was ihr Lust macht. Kurz: eine selbstbewusste Frau.

Übrigens ist es nicht nur der männliche Blick, der uns einschränkt. Frauen machen sich das Leben manchmal auch untereinander ganz schön schwer, wie Karin findet: »Männern wird viel eher zugestanden, dass sie ihre Lust ausleben. Ärgerlicherweise sehen selbst Frauen das so! Eine Frau, die sich nimmt, was sie will, wird von anderen Frauen schräg angeguckt, nach dem Motto: Was ist das denn für eine? Frauen sind da nicht besonders solidarisch!« Gut möglich, dass wir selbst mit zweierlei Maß messen und zwischen »anständigen und unanständigen« Frauen unterscheiden. Was wir dabei vergessen: dass letztere mit Sicherheit mehr Spaß haben.

Egoistisch sein

Auf der Suche nach dem Namen für ein neues Herrenparfüm wurden Frauen nach der Haupteigenschaft von Männern befragt. So sollte der neue Duft heißen. Der Name des Parfüms: *Egoïste*.

Männer sind aus Frauensicht egoistisch. Frauen verstehen darunter ein selbstsüchtiges, rücksichtsloses Verhalten. Egoisten sind Menschen, die ihre eigenen Interessen ohne Wenn und Aber verfolgen, gleichgültig, ob sie anderen damit schaden. Stimmt? Stimmt nicht: Das ist nur die eine – extreme – Seite. Was ist eigentlich so schlecht daran, die eigenen Interessen in den Vordergrund zu stellen? Wessen Interessen sollten denn wichtiger sein?

Frauen machen ihren Partner schnell zum Lebensmittelpunkt. Sie verbringen viel Zeit und Energie damit herauszufinden, was er sich wünscht. Auch beim Sex: Anstatt sich darum zu kümmern, möglichst viel Spaß und Befriedigung zu finden, sorgen sie sich darum, ihren Partner zu befriedigen. Das ist zwar sehr nett und fürsorglich, aber kein Verhalten, das einer Beziehung zwischen gleichwertigen Erwachsenen angemessen ist.

Sie wollen erahnen, was der Neue sich im Bett wünscht? Finger weg, das ist seine Sache, dafür hat er zu sorgen! Kümmern Sie sich um sich. So lauten die Ratschläge selbstbewusster Frauen. »Natürlich muss man auch sensibel für den anderen sein«, meint Marianne, »aber in erster Linie sollen Frauen mal an sich denken. Sie denken ohnehin genug an andere!« Und Sarah ist überzeugt: »Man sollte auf jeden Fall an sich denken und nicht nur an die Jungs, um es denen recht zu machen. Das ist total wichtig!«

»Niemand macht uns glücklich, wenn wir nicht bei uns selbst anfangen«, schreibt die Journalistin Regina Müller: »Das können wir übrigens von Männern lernen; die meisten Männer achten hervorragend auf ihre Bedürfnisse – wir werfen ihnen das nur vor, weil wir selbst es nicht können. Wir kümmern uns um andere und erwarten dafür Dank.«[127]

Rat an die jüngere Schwester

Was würden Sie Ihrer jüngeren Schwester raten: Worauf soll sie achten, damit erste Nächte für sie schön werden? Diese Frage habe ich abschließend allen Frauen gestellt. An sich soll sie denken und ruhig egoistisch sein, rieten spontan die meisten Frauen. Sonja meint: »Sie sollte nur das tun und zulassen, was sie möchte und worauf sie Lust hat. Das ist auch für den Partner von Vorteil, denn ich glaube, das überträgt sich: Je mehr Freude man selber beim Sex hat, desto schöner ist es auch für den anderen.« Klingt überzeugend. Eine Meinung, die Carla teilt: »Einer jüngeren Schwester würde ich raten, dass sie zusehen soll, ihr Vergnügen zu haben und nicht daran zu denken, dass es dem Mann gefällt.« Nur wenn man an sich selbst denkt, hat man Vergnügen:

»Und wenn man selber Spaß hat, kommt der andere auch schon nicht zu kurz!«

Mit einem Mann schlafen, nur weil er es möchte? Sich auf Sexpraktiken einlassen, die nur ihm gefallen? Auf die eigene Befriedigung verzichten, Hauptsache, er hat Spaß? Diese Einstellung passt vielleicht zu einer devoten Dienerin, aber nicht zu einer Geliebten oder Freundin. Frauen schadet eine kräftige Portion Egoismus nicht. Doch die muss man sich erst erarbeiten, weiß Andrea. Daher würde sie einer jüngeren Schwester raten: »Sie sollte gucken, dass der Typ ihr gefällt, dass sie Lust auf ihn hat, dass sie mit ihm reden und ihre Bedürfnisse mitteilen kann. Sie sollte ihren Spaß nach vorne stellen, nicht die Überlegung: Wie kann ich dem jetzt gefallen? Ich selbst habe das erst spät gelernt, dazu brauchte ich ein paar Jahre. Früher habe ich es einfach getan, weil es dazugehörte. Ich habe einen Orgasmus vorgespielt, nur damit es aufhört. Heute nicht mehr. Schließlich schlafe ich mit einem Mann, weil ich Vergnügen haben will!«

Erwartungen auf Normalmaß bringen

Erste Nächte sind aufregend, schön, seltsam, verkrampft, lustvoll, abtörnend, komisch, umwerfend, frustrierend, befriedigend. Sie sind wahre Abenteuer. Und eines sind sie auf jeden Fall: unberechenbar. Die einzige Gewissheit: Sie werden nie so, wie die Mythen und Märchen uns weismachen wollen. Man bildet nicht von der ersten Sekunde an ein eingespieltes Team mit dem anderen. Es verläuft längst nicht alles synchron, perfekt und reibungslos. Irgendwo zwischen Hollywood und Trauma sind die meisten ersten Nächte einzuordnen. »Es ist sowieso jedesmal anders, da gibt es kein

Patentrezept«, meint Doris. »Da treffen verschiedene Individuen aufeinander, und jedesmal passiert etwas anderes zwischen ihnen.«

Viele Vorstellungen von ersten Nächten gehören auf den Müll, sie sind einfach falsch, übertrieben oder höchstens theoretisch wahr. Sex muss man lernen. »Es ist fast wie lesen und schreiben, das kann man auch nicht einfach«, sagt Anja Wilser vom Stuttgarter *Mädchengesundheitsladen.* »Am Anfang klappt es selten, da ist man unbeholfen und unsicher, aber das gehört dazu. Man muss eben lernen: die eigenen Bedürfnisse und Lüste und die des Partners kennen lernen.« Zum Lernen muss man sich die Freiheit nehmen: auszuprobieren, was geht und was nicht. »Wahrscheinlich muss man das Augenmerk eher auf die zweite oder dritte Nacht richten. Die erste Nacht ist viel zu schwierig, weil beide aufgeregt und angespannt sind, so dass sich die Chance, dass es gut wird, deutlich reduziert.«

Alles, was als Stressbremse dient, ist willkommen. Auf die Frage, wie für sie eine ideale erste Nacht aussieht, antwortete Christiane: »Am besten würden sich beide langsam aneinander herantasten. Sie sollten unter keinem Leistungsdruck stehen und den Orgasmus nicht ins Zentrum stellen. Alles andere müsste genauso wichtig sein wie der Höhepunkt: reden zum Beispiel und in Ruhe die Körper erforschen.«

Bloß nicht gleich das Perfekte wollen, meint auch Mareike: »Man weiß ja noch nichts von dem anderen. Und trotzdem kann es ganz schön werden. Über manche Dinge, die noch nicht eingeschliffen sind, sollte man einfach lächeln, zum Beispiel, wenn er den BH nicht aufkriegt.« Mit anderen Worten: Kalkulieren Sie Pannen ein. Die müssen Ihnen nicht peinlich sein. Verbringen Sie einen vergnüglichen Nachmittag mit guten Freunden, indem Sie sich gegenseitig von Ihren erotischen Missgeschicken erzählen. Es ist amüsant und äußerst befreiend zu hören, was so alles schief laufen kann beim ersten Sex.

»In einer schnellen ersten Nacht, bei einem One-Night-Stand, kann vieles nicht passieren, weil das Zeit braucht«, meint Karin. »Und umgekehrt: Wenn es nur um das Körperliche geht, darf man seelisch nicht so viel erwarten.« Sexuelle Höhenflüge sind eher unwahrscheinlich. Wenn wir diese Tatsache bis zum nächsten Erotik-Date im Kopf behalten, senken wir den Leistungsdruck – für uns selbst und auch für den Mann. Christiane verbrachte eine Nacht mit Thomas. Einem Mann, der wusste, dass Sex das erste Mal selten optimal läuft. Und der auch vorher darüber sprach. Christiane: »Dadurch war ich viel entspannter als sonst. Der Druck war weg, dass es ganz besonders toll werden müsse, sonst sei es eine Pleite.« Auch nach dem Sex sprachen sie darüber, dass es wichtiger sei, den anderen erst mal in Ruhe zu entdecken, als sexuelle Erfolge zu feiern. »Intuitiv wusste ich das zwar immer«, erzählt Christiane, »aber bislang war ich zu befangen, um das auch formulieren zu können.«

Was kann man beim ersten Sex erwarten? Es ist unwahrscheinlich, dass wir auf einen Mann treffen, der unsere Gedanken lesen kann und wissen wird, wovor es uns graust. Oder dass beide einen Super-Orgasmus haben, und das auch noch gleichzeitig. Mag sein, dass einem von beiden zwischendurch die Lust abhanden kommt und man am Morgen danach erst fremdelt: Beides ist kein Drama, sondern eine normale Begleiterscheinung. Wenn (viel) Alkohol mit im Spiel war, ist es realistisch, dass man zwar leichter zur Sache kommt und sich besser gehen lassen kann, am nächsten Morgen aber einen schalen Geschmack im Mund hat. Was nicht weiter schlimm ist, man sollte es nur einkalkulieren.

Kann man sich einen neuen Liebhaber zurechtbiegen?

Eher unrealistisch, meint Katja Wolf: »Wenn man glaubt, der Typ ist zwar schüchtern, aber das kriegen wir schon hin oder: Er ist zwar grob, aber schauen wir mal, ob ich ihn verändern kann, dann fängt es an, schief zu werden. Da soll man sich keine Illusionen machen.« Das heißt: Die zweite Nacht wird nicht das krasse Gegenteil der ersten werden. Trotzdem gibt es genügend Spielraum. »Man sollte versuchen, eine Schlaftablette in Bewegung zu bringen oder einen, der immer rumhampelt, zur Ruhe zu bringen«, so Katja Wolf. Und wenn in der ersten Nacht nicht gleich das Feuerwerk der Lüste abbrennt, es aber sonst sehr schön ist und sich richtig anfühlt, lohnt es sich auf jeden Fall, es auf einen zweiten Versuch ankommen zu lassen.

Ist die Hoffnung realistisch, dass man in der ersten Nacht spürt: »Der isses«? Schwer zu sagen. Manche Frauen haben schon währenddessen gewusst, dass sie gerade mit dem Mann ihres Lebens schlafen, was sich anschließend auch bestätigt hat. Andere haben es ebenfalls geglaubt, aber fälschlicherweise. Wieder andere Frauen stellten erst im Nachhinein erstaunt fest, dass der Mann eine viel größere Bedeutung für sie hatte, als sie vorher ahnten.

Und was meinen Männer? Auf meine Frage nach realistischen Erwartungen in ersten Nächten antwortete Jens: »Natürlich will jeder, dass gerade die erste Nacht die tollste Sache der Welt wird. Aber das kann gar nicht gleich klappen, die Körper müssen sich ja erst mal kennen lernen. Man muss einfach weitermachen und kräftig üben!« Am wichtigsten sei es, »relaxed zu sein«, meint Johannes: »Und vielleicht bleibt es ja nicht nur bei diesem einen Mal. Deshalb muss man nicht alles gleich in der ersten Nacht ausprobieren.« Worauf sollte man achten in ersten Nächten, wollte ich auch von Carsten wissen? Dass man nur das tut, was einem Spaß macht: »Bloß kein Pflichtprogramm abziehen, keinen Film abspulen, sondern bei sich bleiben, auf die eigenen Gefühle hören und einen gesunden Egoismus an den Tag legen!« Welche Kriterien entscheiden, ob der ersten Nacht weitere folgen werden, fragte ich Dennis – wie eine Frau aussieht zum Beispiel? »Entweder bin ich verliebt, dann finde ich sie sowieso schön. Oder ich will von vornherein nur eine Nacht. Dann ist mir aber auch egal, ob sie rasierte Beine hat oder Cellulitis am Hintern. Ob ich nach einer ersten Nacht mehr will, hängt von ganz anderen Dingen ab: Ob ich mich wohl fühle und etwas mit ihr anfangen kann, ganz banal gesagt.« Merke: Manchmal können wir auch von Männern lernen!

Zum Schluss soll Martina zu Wort kommen. Sie blickt auf eine Reihe erster Nächte zurück. Von ihr wollte ich wissen, ob diese Stunden für sie einen besonderen Stellenwert haben: »Bei meiner allerersten Nacht, beim ersten Mal, war ich mit ganzem Herzen dabei – und trotzdem war es blöd. Meine Hochzeitsnacht war auch nicht berauschend. Eigentlich kein Wunder, an diesen ersten Nächten hängt so viel dran an Mythos, an romantischen Vorstellungen und verqueren und verklärten Erwartungen – das kann nur schlechter werden als in der Phantasie!« Man sollte sich auch von der Vorstellung verabschieden, meint Martina, dass man alles bis ins Letzte planen kann: »Ich kannte mal einen Mann, der hatte eine Nacht so wunderbar vorbereitet und inszeniert. Erst gab es Häppchen und dann Drinks. Und ich war trotzdem überhaupt nicht in Stimmung! Das tat mir wirklich Leid, aber es war einfach der falsche Tag, die falsche Uhrzeit, der falsche Mann.«

Literaturhinweise

Teil 1 Mythen und Märchen rund um Sex

1 Horst Güntheroth/Sabine Kartte: Rettet den Sex! In: Stern, Heft 31/2000.
2 Reinhard Mohr: Die Tyrannei der Lust. In: Der Spiegel, Heft 27/2000.
3 Horst Güntheroth/Sabine Kartte, a. a. O.
4 Ebd.
5 Ingrid Füller: Eine Affäre in Ehren. Oder: Warum Frauen Verhältnisse haben. Reinbek 1992, S. 32.
6 Frust mit der Lust: Frauen oft mit Sexualleben unzufrieden. In: Focus vom 25.7.2000.
7 Horst Güntheroth/Sabine Kartte, a. a. O.
8 Ebd.
9 Irene Kassorla: Auch anständige Frauen tun es. Und ich sage Ihnen, wie. München 1988, S. 27.
10 Ebd., S. 27 f.
11 Das moderne Lexikon der Sexualität. Datenbank auf Focus-Online
12 Reinhard Mohr, a. a. O.
13 Christoph Kucklick: Neuer Mann – was nun? In: Geo Wissen Nr. 26/2000.
14 Bernie Zilbergeld: Männliche Sexualität. Was nicht alle schon immer über Männer wussten. 30. Auflage Tübingen 1996, S. 1 f.
15 Wir gestehen alles! (Men's Health-Umfrage) In: Men's Health, Juni 2000.
16 Männer um die 30: Beim Sex Klasse statt Masse. In: Spiegel Online, 19.6.2000.
17 Bonnie Kreps: Abschied vom Märchenprinzen. Eine Abrechnung mit der romantischen Liebe. Frankfurt a. M. 1994, S. 57.
18 Kris Rosenberg: Sag endlich was! Wie Frauen das Schweigen der Männer durchbrechen können. München 1995, S. 32.
19 Anja Haegele: Sexuelle Analphabeten. In: Stern, Heft 31/2000.
20 Bernie Zilbergeld, a. a. O., S. 122.
21 Ebd., S. 3.
22 Wir gestehen alles! (Men's Health-Umfrage), a. a. O.

23 Marty Klein: Über Sex reden. Heimliche Wünsche, verschwiegene Ängste. Reinbek 1991, S. 63.
24 Shere Hite: Frauen und Liebe. Der neue Hite-Report. München 1988, S. 886.

Teil 2 Vorspiele

25 Horst Güntheroth/Sabine Kartte, a. a. O.
26 Carol Cassell: Die Sehnsucht nach dem siebten Himmel. Frauen zwischen Liebe und Sexualität. Reinbek 1986, S. 29.
27 Werner Meidinger: Der verführte Eroberer. Wie Frauen ihre Partner wählen. Genf, München 1992, S. 70.
28 Partnerwahl: Sie weiß, was sie will. In: Geo Magazin Nr. 8/2000.
29 Zit. nach: Jeffrey Ullmann »Singles Almanach«, zitiert in: Ulrich Beck/Elisabeth Beck-Gernsheim: Das ganz normale Chaos der Liebe. Frankfurt a. M. 1990, S. 116.
30 Morton Shaevitz: Liebe und Rivalität. Probleme moderner Partnerschaft. München 1990, S. 46.
31 Julius Fast/Meredith Bernstein: Körpersignale der Liebe. Reinbek 1992, S. 73 f.
32 Ebd., S. 74.
33 Henner Ertel/Bernd Horn: Sexualität. Offene Antworten auf die häufigsten Fragen. Düsseldorf 1992, S. 9.
34 Vgl. Paul Watzlawick: Anleitung zum Unglücklichsein. 21. Auflage München 2000, S. 37 f.
35 Werner Meidinger, a. a. O., S. 65 f.
36 Francesco Alberoni: Erotik. Weibliche Erotik, männliche Erotik – was ist das? München 1991, S. 15.
37 Werner Meidinger, a. a. O., S. 81 ff.
38 Carol Cassell, a. a. O., S. 51.
39 Alexandra Berger/Andrea Ketterer: Immer muss ich an dich denken. Was Verliebte wissen wollen. München 1999, S. 140.
40 Vgl. Julius Fast/Meredith Bernstein, a. a. O., S. 179.
41 Dean C. Delis/Cassandra Phillips: Ich lieb' Dich nicht, wenn Du mich liebst. Nähe und Distanz in Liebesbeziehungen. Düsseldorf 1991, S. 41.
42 Julius Fast/Meredith Bernstein, a. a. O., S. 96 f.
43 Ebd.
44 Ebd.
45 Werner Meidinger, a. a. O., S. 75.
46 Regina Müller: Für mich soll's rote Rosen regnen. Wie Frauen sich aus der Romantikfalle befreien. Frankfurt a. M. 1999, S. 153.

47 Francesco Alberoni, a. a. O., S. 35.
48 Vgl. ebd., S. 36.
49 Vgl. ebd., S. 47.
50 Wolfgang Schmidbauer: »Du verstehst mich nicht!« Die Semantik der Geschlechter. Reinbek 1993, S. 78.
51 Sigrid Steinbrecher: Funkstille in der Liebe. Warum Männer und Frauen aneinander vorbeilieben. Zürich 1990, S. 175.
52 Wir gestehen alles! (Men's Health-Umfrage), a. a. O.
53 Stephanie Covington: Dornröschen schläft nicht mehr. Das Erwachen der weiblichen Sexualität. Zürich 1993, S. 191.
54 Francesco Alberoni, a. a. O., S. 46.
55 Sabine Reichel: Frustriert, halbiert und atemlos – Die Emanzipation entlässt ihre Frauen. München 1993, S. 94.
56 Stephanie Covington, a. a. O., S. 67.
57 Francesco Alberoni, a. a. O., S. 177.
58 Carol Cassell, a. a. O., S. 144.
59 Ebd., S. 183.
60 Alexandra Berger/Andrea Ketterer: Warum nur davon träumen? Was Frauen über Sex wissen wollen. München 1997, S. 65 f.
61 Werner Meidinger, a. a. O., S. 47.
62 Inez van Eijk: Zu dir oder zu mir? Das Buch der erotischen Etiquette. München 1998, S. 175 f.
63 Ebd., S. 208.

Teil 3 Sex (und so weiter)

64 Klaus Heer: Wonneworte. Lustvolle Entführung aus der sexuellen Sprachlosigkeit. Reinbek 2000, S. 210.
65 Reinhard Mohr, a. a. O.
66 Vgl. Carol Cassell, a. a. O., S. 65.
67 Ebd.
68 Das moderne Lexikon der Sexualität. Datenbank auf Focus-Online.
69 Stephanie Covington, a. a. O., S. 212.
70 Carol Cassell, a. a. O., S. 95.
71 Stephanie Covington, a. a. O., S. 88 f.
72 Martina Keller: Wenn der Blick in den Spiegel zur Qual wird. In: Psychologie heute, Juli 2001, S. 45.
73 Marty Klein, a. a. O., S. 63.
74 Cheryl Benard/Edit Schlaffer: Männer. Eine Gebrauchsanweisung für Frauen. Reinbek 1988, S. 202.
75 Der männliche Blick auf weibliche Körper. In: Psychologie heute, Heft 8 August 2001.

76 Natalie Angier: Frau. Eine intime Geographie des weiblichen Körpers. 2. Auflage München 2000, S. 290.
77 Sabine Reichel, a. a. O., S. 102.
78 Helga Levend: Der Körper als Handicap auf dem Weg in den Beruf. In: Psychologie heute, April 2001, S. 16.
79 Spiegel Gespräch: Ich hab' ein freies Herz. Monika Maron über Autoren in der Politik und die Zukunft des VS. In: Spiegel Nr. 17/1994.
80 Kurt Tucholsky: Der Mensch. Aus: Das Gesamtwerk. Reinbek 1960.
81 Alexandra Berger/Andrea Ketterer: Warum nur davon träumen? A. a. O., S. 247 f.
82 Klaus Heer, a. a. O., S. 274.
83 Vgl. Bernie Zilbergeld, a. a. O., S. 132.
84 Morton Shaevitz, a. a. O., S. 71.
85 Wolfgang Schmidbauer, a. a. O., S. 152 f.
86 Vgl. Carol Cassell, a. a. O., S. 128.
87 Renate Köcher: Ursachen und Konsequenzen der hohen Scheidungsquote. Allensbach 1990, S. 8.
88 Shere Hite, a. a. O., S. 221.
89 Felicitas Bachmann: Vom Ja-Sagen und Nein-Meinen. Weibliche Sozialisation und Sexualität. Reinbek 1988, S. 63.
90 Wolfgang Schmidbauer, a. a. O., S. 32 f.
91 Sigrid Steinbrecher: Die Sexfalle. Was Frauen alles wollen und Männer alles sollen. Reinbek 1993, S. 198 f.
92 Bundeszentrale für gesundheitliche Aufklärung (Hg.): Jugendsexualität 1998. Ergebnisse der aktuellen Repräsentativbefragung. Wiederholungsbefragung von 14–17-Jährigen und ihren Eltern im Auftrag der Bundeszentrale für gesundheitliche Aufklärung. Köln 1998, S. 46 ff.
93 Ebd.
94 Carol Cassell, a. a. O., S. 131.
95 Marty Klein, a. a. O., S. 19.
96 John Selby: Magische Ekstase. Das Tor zu Erfüllung und Seelenpartnerschaft. Reinbek 1997, S. 61.
97 Alexandra Berger/Andrea Ketterer: Warum nur davon träumen? A. a. O., S. 219.
98 Institut für Demoskopie Allensbach (Hg.): Frauen in Deutschland. Lebensverhältnisse, Lebensstile und Zukunftserwartungen. Köln 1993, S. 103.
99 Ebd., S. 106.
100 Morton Shaevitz, a. a. O., S. 37.
101 Ingrid Füller, a. a. O., S. 8.
102 Bernie Zilbergeld, a. a. O., S. 60.
103 Alexandra Berger/Andrea Ketterer: Warum nur davon träumen? A. a. O., S. 95.
104 Ebd., S. 102.

105 Ebd., S. 82.
106 Ebd., S. 98.
107 Shere Hite, a. a. O., S. 225.
108 Horst Güntheroth/Sabine Kartte, a. a. O.
109 Dagmar O'Connor: Lust auf Sex, Spaß an der Treue. Für ein erfülltes Sexualleben mit einem Partner. Berlin 1988, S.115.
110 Carol Cassell, a. a. O., S. 73.
111 Alexandra Berger/Andrea Ketterer: Warum nur davon träumen? A. a. O., S. 91.

Teil 4 Nachspiele

112 Francesco Alberoni, a. a. O., S. 21 f.
113 Vgl. ebd., S. 85.
114 Ebd.
115 Alexandra Berger/Andrea Ketterer: Immer muss ich an dich denken. A. a. O., S. 259.
116 Sigrid Steinbrecher, a. a. O., S. 176.
117 Uschi Fellner: Die Zukunftsfrau. Leben, Liebe, Arbeit im 21. Jahrhundert. München 1998, S. 82.
118 Ulrich Beck/Elisabeth Beck-Gernsheim, a. a. O., S. 191.
119 Dorothee Schmitz-Köster: Frauensolo. Eine selbstbewusste Lebensform. Reinbek 1993, S. 201.
120 Inez van Eijk, a. a. O., S. 185.
121 Regina Müller, a. a. O., S. 39.
122 Carol Cassell, a. a. O., S. 64.
123 Morton Shaevitz, a. a. O., S. 55.
124 Dagmar O'Connor, a. a. O., S. 35.

Teil 5 Worauf es ankommt in ersten Nächten

125 Dagmar O'Connor, a. a. O., S. 16.
126 Carol Cassell, a. a. O., S. 22.
127 Regina Müller, a. a. O., S. 209.

Lesetipps

Thema: **Sprache**
Klaus Heer: WonneWorte. Lustvolle Entführung aus der sexuellen Sprachlosigkeit. Reinbek 2000.
Der Schweizer Paartherapeut plädiert für Sprache im Bett als Aphrodisiakum. Er macht Mut und gibt Tipps, wie man über das »Unaussprechliche« sprechen kann – lustvoll und ungeniert. Auf seiner Homepage (www.klausheer.com) findet man jede Menge Anregungen.

Thema: **Partnerwahrnehmung**
Georg Felser: Bin ich so, wie du mich siehst? Die Psychologie der Partnerwahrnehmung. München 1999.
Der promovierte Partnerschaftsforscher, der am Fachbereich Psychologie der Universität Halle arbeitet, beschreibt die Regeln, denen unsere Wahrnehmung folgt. Wie werden wir vom anderen wahrgenommen, wie nehmen wir ihn wahr?

Thema: **Sexualität und Liebe**
Carol Cassell: Die Sehnsucht nach dem siebten Himmel. Frauen zwischen Liebe und Sexualität. Reinbek 1986.
Die amerikanische Sexualpädagogin geht den Fragen nach, warum so viele Frauen Liebe und Sex miteinander verwechseln und wie sie die Suche nach dem Märchenprinzen daran hindert, ihre Sexualität selbstbestimmt auszuleben.

Thema: **Frauen und Sex**
Alexandra Berger/Andrea Ketterer: Warum nur davon träumen? Was Frauen über Sex wissen wollen. München 1997.
Die Journalistinnen beschreiben alle Facetten weiblicher Lust, sprechen auch über tabuisierte Themen wie Selbstbefriedigung, Fesselspiele etc. und geben Tipps und Anregungen. Ihr Anliegen: Damit Frauen Männern sagen können, was sie wollen, müssen sie das erst mal für sich herausfinden.

Thema: **Männer und Sex**
Bernie Zilbergeld: Männliche Sexualität. Was nicht alle schon immer über Männer wussten. Tübingen 1983.
Der amerikanische Sexualtherapeut räumt mit Vorurteilen über männliche Sexualität auf und beschreibt, wie Männer Sex erleben, welche Erwartungen, Ängste und Sehnsüchte sie haben. Nicht nur für Männer aufschlussreich.

Thema: **Selbstbewusstsein**
Cheryl Benard/Edit Schlaffer: Lasst endlich die Männer in Ruhe! Oder Wie man sie weniger und sich selbst mehr liebt. Reinbek 1992.
Die bekannten Soziologinnen plädieren dafür, die Männer so zu nehmen, wie sie sind: Wir können sie eh nicht verändern. Mit dem Optimismus und der Energie, die Frauen sonst in diese hoffnungslose Aufgabe investieren, sollen sie sich stattdessen lieber um ihr eigenes Leben kümmern und sich lohnenderen Aufgaben zuwenden.

Thema: **Vor und nach dem ersten Date**
Inez van Eijk: Zu dir oder zu mir? Das Buch der erotischen Etiquette. München 1998.
Das Buch der niederländischen Autorin ist ein Crash-Kurs über die Themen Anmache und Abfuhr, Flirt und Verführung, Partnersuche und Seitensprung. Es gibt Hinweise zum Kennenlernen und Tipps für die Stunden vor und nach dem ersten Rendezvous.

Thema: **Frauenbilder**
Annie Leibowitz: Women (mit einem Vorwort von Susan Sontag). New York 1999.
Die renommierte amerikanische Fotografin Annie Leibowitz hat 150 Frauen porträtiert: berühmte und unbekannte, alte und junge, farbige und weiße. Was der Betrachterin ins Auge springt, ist die Vielfältigkeit weiblichen Aussehens – jenseits des uniformen synthetischen Frauenbildes.

Profis für Zwischenmenschliches

An dieser Stelle möchte ich den Expertinnen und Experten ganz herzlich danken, die mir ihre Zeit zur Verfügung gestellt und mich mit ihrem Wissen unterstützt haben.

- *Sylvia Baeck* leitet die *Berliner Flirtschule*, die sie 1990 gründete. In ihren Seminaren lernen jeweils vier Frauen und vier Männer das Flirten. Zudem bietet sie Sonderseminare an zu den Themen Partnersuche/Partnerwahl, Körpersprache und Selbstbewusstsein.
- *Georg Felser* ist promovierter Diplompsychologe und wissenschaftlicher Assistent am Fachbereich Psychologie der Universität Halle. Ein Schwerpunkt seiner Arbeit ist die Partnerschaftsforschung.
- *Theo Gilbers* arbeitet als Sexualtherapeut sowohl beim *Centrum für Sexualwissenschaft* in Berlin als auch im Berliner Familienzentrum *Balance*. Er führt Beratungen und Therapien mit Einzelpersonen und Paaren durch. Seine thematischen Schwerpunkte: sexuelle Probleme und Partnerschaftskonflikte.
- *Michaela Hellberg* ist Mitarbeiterin in der *Ersten Berliner Seitensprungagentur*, die seit 1994 besteht. Sie vermittelt Männer und Frauen miteinander, die in festen Beziehungen leben und Gleichgesinnte für Seitensprünge kennen lernen möchten.
- *Isolde Schaugg* ist Familientherapeutin in Stuttgart. In ihrer Praxis arbeitet sie mit Einzelnen, Paaren und Familien. Zu ihr kommen Personen, die Probleme mit ihrem Partner oder bei der Partnersuche haben, Paare, die gerade in der Krise sind, oder Familien, die Hilfe bei der Bearbeitung ihrer Konflikte suchen. (www.schaugg.de)
- *Maggie Tapert*, gebürtige Amerikanerin, arbeitet als Sextherapeutin. Sie hat eine Praxis in Zürich und veranstaltet seit vielen Jahren Seminare für Männer und Frauen in Deutschland und in der Schweiz zum Thema »Sacred Sexuality«. (www.maggietapert.com)
- *Christiane Freya Weinand* ist HIV-Präventionsexpertin in der Schweiz. Sie macht Sexualberatung und -erziehung. In dieser Funktion bietet sie Einzelberatungen an und hält Vorträge vor Schulklas-

sen zum Thema HIV-Infektion. Zudem ist sie Mitinhaberin der Schweizer *Condomeria* (Spezialgeschäft für Präservative und Erotikzubehör).

- *Anja Wilser* ist pädagogische Mitarbeiterin im Stuttgarter *Mädchengesundheitsladen*, einer Einrichtung zur Gesundheitsförderung, Suchtprävention und Sexualerziehung von Mädchen. Sie macht Beratungen und geht in Schulen, um mit Mädchen über Körper und Sexualität zu sprechen. (www.maedchengesundheitsladen.de)
- *Katja Wolf* ist Sexarbeiterin in Berlin. Sie ist bei *Hydra e.V.* organisiert, der ersten autonomen Hurenorganisation in Deutschland, die sich engagiert für die Rechte der Prostituierten einsetzt. (www.lustgarten.de/hydra)

Gesprächspartnerinnen und -partner

Mein Dank gilt allen Frauen und Männern, durch deren Offenheit, Gesprächsbereitschaft und Interesse dieses Buch erst möglich wurde. Diejenigen, die ich häufig im Buch zitiert habe, möchte ich kurz vorstellen. Um ihre Anonymität zu wahren, sind sämtliche Namen geändert.

- *Andrea Lehmann*, 36 Jahre, ist Single und arbeitet als Reisekauffrau
- *Angelika Steinmetz*, 36 Jahre, ist geschieden, hat eine Tochter
- *Anne Bemel*, 36 Jahre, lebt in fester Beziehung und arbeitet als Übersetzerin
- *Barbara Ludwig*, 36 Jahre, ist verheiratet, hat einen Sohn und arbeitet als Psychotherapeutin
- *Bettina Wolfermann*, 38 Jahre, lebt in fester Beziehung und arbeitet als Dolmetscherin
- *Brigitte Krüger*, 36 Jahre, lebt in fester Beziehung und ist Lektorin
- *Carla Manstein*, 47 Jahre, ist zweimal geschieden, lebt als Single und arbeitet als Technikerin
- *Caroline Schröder*, 18 Jahre, lebt in fester Beziehung und ist Schülerin
- *Carsten Schäfer*, 37 Jahre, ist verheiratet, hat zwei Kinder und arbeitet als Diplompädagoge
- *Christiane Nowak*, 32 Jahre, lebt in fester Beziehung und arbeitet als Autorin
- *Dennis Barkow*, 36 Jahre, ist verheiratet, hat einen Sohn und arbeitet als Journalist
- *Doris Hofmeister*, 35 Jahre, lebt in fester Beziehung, arbeitet als Vertriebsassistentin
- *Evelyn Simon*, 41 Jahre, lebt in fester Beziehung, hat ein Kind, arbeitet als Psychotherapeutin
- *Friederike Meyer*, 31 Jahre, lebt in offener Dreiecksbeziehung, arbeitet als Autorin
- *Gabriele Fink*, 37 Jahre, ist geschieden, lebt als Single
- *Jens Hildebrandt*, 39 Jahre, ist geschieden, lebt als Single und ist Freiberufler

- *Johannes Dietz*, 36 Jahre, geschieden, lebt in fester Beziehung, zwei Söhne, arbeitet als Reiseleiter
- *Julia Greifenhagen*, 26 Jahre, lebt als Single
- *Karin Rau*, 28 Jahre, lebt als Single
- *Klara Härtel*, 35 Jahre, lebt in fester Beziehung, arbeitet als Heilpädagogin
- *Kristina Schmitz*, 39 Jahre, lebt in fester Beziehung, ein Sohn, arbeitet als Sozialpädagogin
- *Lisa Dietrichsen*, 31 Jahre, lebt in fester Beziehung, arbeitet als Assistentin bei einer Unternehmensberatung
- *Mareike Wolff*, 33 Jahre, Single, arbeitet als wissenschaftliche Mitarbeiterin
- *Marianne Bach*, 50 Jahre, ist Single und Verlegerin
- *Martina Jung*, 43 Jahre, verheiratet, lebt mit anderem Mann in fester Beziehung, ein Sohn
- *Michaela Behrens*, 39 Jahre, lebt in Scheidung, hat ein Kind, arbeitet als Personalreferentin
- *Monika Niemann*, 37 Jahre, verheiratet, hat drei Kinder
- *Sabine Koch*, 35 Jahre, Single
- *Sonja Ketzler*, 37 Jahre, verheiratet, ein Sohn, arbeitet als Journalistin
- *Sarah Klein*, 37 Jahre, lebt in fester Beziehung
- *Stefanie Heunemann*, 33 Jahre, lebt getrennt von ihrem Mann, hat eine Tochter, arbeitet als Moderatorin
- *Susanne Bachmann*, 44 Jahre, lebt in fester Beziehung und hat zwei Kinder
- *Sylvia Busch*, 24 Jahre, Single, arbeitet als Sozialarbeiterin
- *Tanja Möller*, 31 Jahre, lebt in fester Beziehung
- *Therese Mann*, 33 Jahre, lebt in fester Beziehung, ist Studentin
- *Ute Jäger*, 34 Jahre, verheiratet, ein Kind, ist Lehrerin